Alice Aarau / Cathie Draine / Barbara Hall

Reisegast in Indonesien

W0086948

Alice Aarau / Cathie Draine / Barbara Hall

Reisegast
in
Indonesien

Herausgeber der Reihe *Reisegast:*
Claudia Magiera + Gerd Simon

Reisebuchverlag Iwanowski

© 1994 Verlagsbüro Gerd Simon & Claudia Magiera, München
und Reisebuchverlag Iwanowski, Dormagen

Redaktion, Lektorat, DTP, Bildredaktion:
Verlagsbüro Simon & Magiera, München

Übersetzung der englischsprachigen Texte:
Claudia Magiera und Gerd Simon mit technischer Unterstützung durch
Ingrid Schott

Illustrationen: Bernard Napitupulu (Seiten: 15, 18, 20, 21, 23, 25, 35, 39,
53, 55, 61, 69, 99, 109, 123, 153, 163, 179, 198-209), *Jakarta Post*
(Seiten: 11, 13, 31, 33, 49, 87, 89, 113, 125, 129, 133, 137, 169, 181, 183,
187, 191), Renate Ramb (Seite: 8), Cliff Vestner (Seite: 57),
Bildarchiv Verlagsbüro Simon & Magiera (Seiten: 8, 9 44, 47, 85, 91, 105),
Indonesisches Fremdenverkehrsamt (Seiten: 17, 19, 22, 27, 37, 61, 77, 95,
117, 147, 157, 165, 171, 175,), Petra und Yu-Chien Kuan (Seite: 145)

Gesamtherstellung: F. X. Stückle, D 77955 Ettenheim

ISBN 3-923975-73-2

Inhaltsverzeichnis

1
Einheit in Vielfalt

Kulturschock?

Reiseführer beschreiben vornehmlich, was Sie in Ihrem Reiseland **sehen** werden. Ziel dieses Buches, insbesondere seines ersten Teils, ist es, Sie mit einigen Wahrnehmungen bekannt zu machen, die Sie **fühlen** werden. Wir meinen dabei nicht etwa Hitze und Schweiß, sondern den Pulsschlag des Landes, die tiefen Gefühle von Nationalstolz und Kraft, die die Menschen aus ihrer *suku* (ihrer ethnischen Gruppe) und der Nation beziehen.

Nehmen Sie dieses erste Kapitel als unabdingbar notwendige Hausaufgabe hin. Danach machen wir dann endlich »Leinen los«. Wir segeln aus zur Erkundung einiger geschichtlicher Ankerplätze und tauchen schließlich ein in die Gischt des Lebens in Indonesien, zunächst (im zweiten Kapitel) ins Straßengetümmel.

Merdeka! Freiheit!

Die moderne indonesische Nation entstand binnen nur vierzig Jahren – also wenig mehr als einer Generation. Dies erklärt vielleicht den Überschwang,

*Die kulturelle Identität Indonesiens verschärfte ihre Konturen im Kampf
gegen die holländische Kolonialmacht.
(Hier: Surabaya in den 20er Jahren)*

die Begeisterung, den **Nationalstolz** und die innere Überzeugung der Indonesier, viel erreicht zu haben.

Der Kampf für die Einheit der Nation

Der ersehnten Einheit der Nation stellte sich die Tatsache entgegen, daß das Land in Tausende von Inseln verstreut inmitten der Meere liegt. Als die Menschen für **koloniale Unabhängigkeit und Einheit** zu kämpfen begannen, sprach zunächst alles gegen den Erfolg dieses Kampfes. Und dennoch: Im Jahre 1928 verpflichteten sich die Mitglieder des Jugendkongresses im *Eid der Jugend (Sumpah Pemuda)* dem Ziel der Unabhängigkeit und Einheit. Sie erstrebten *satu nusa* (»ein Land«), *satu bangsa* (»ein Volk«) und *satu bahasa* (»eine Sprache«).

Tanah Air Kita: »Unser Land und Wasser«

Tanah air heißt wörtlich übersetzt »Land und Wasser«, und es wundert nicht, daß dieser Ausdruck für den Begriff **»Vaterland«** steht. Indonesien ist in seinen Außenmarkierung so groß wie Australien und größer als China oder die Vereinigten Staaten von Amerika. Allein seine Landmasse umfaßt etwa ein Drittel der Größe Europas (ohne die Länder der ehemaligen Sowjetunion).

Der ehemalige Vizepräsident Hatta schrieb 1953: »Die Natur hat es so gefügt, daß Indonesien, da es zwischen zwei Kontinenten (dem asiatischen Festland und Australien) liegt und von den Wassern zweier riesiger Ozeane (dem Indischen und dem Pazifischen) umflutet wird, Kontakt pflegen muß mit den Ländern, die in einem weiten Kreis um es herum liegen.«

Diese Erkenntnis wurde zur politischen Verpflichtung, die sich heute noch in Indonesiens Aktivitäten in der **Vereinigung Südostasiatischer Nationen** (dem Bündnis der ASEAN-Staaten) ausdrückt.

Inseln

Die **mehr als 6.000 bewohnten Inseln des größten Inselreiches der Welt** werden üblicherweise unterteilt in:

• die **Großen Sundainseln** (Sumatra, Java, Kalimantan und Sulawesi),
• die **Kleinen Sundainseln** (die Inselkette von Bali bis Timor, auch bekannt als Nusa Tenggara)
• sowie die **Molukken** (nördlich der Kleinen Sundas und östlich von Sulawesi).

Java, Bali und Sumatra nennt man die **»Inneren Inseln«. Java** ist das fruchtbarste Eiland und ernährt nahezu 60% der Bevölkerung Indonesiens. Es ist

Der Jugendreichtum des Landes –
Hypothek oder Hoffnung?

ein Reich von **Bauern**, die in kleinen Dörfern leben und weiterhin Reis, Gummi, Kaffee, Tee, Zucker und Tabak erzeugen, Produkte, die jahrhundertelang für Wohlstand sorgten. Die Hauptstadt **Jakarta** liegt an der Nordküste Javas, und von hier gehen die wesentlichen Impulse für das soziale und geschäftliche Leben des Landes aus.

Sumatra ist mit ungefähr einem Viertel der gesamten Landfläche Indonesiens drittgrößte Insel.

Neu-Guinea (Irian Jaya) und **Kalimantan** sind die zweit- und drittgrößten Inseln der Welt. Kalimantan besteht überwiegend aus Sümpfen, dichtem Wald und in Mäanderschleifen dahinziehenden Flüssen. Nur wenige Einwohner leben dort – weniger als sechs Menschen pro qkm.

Bevölkerung

Mit über 190 Mio. Einwohnern nimmt Indonesien einen der ersten Ränge in der Liste der Weltbevölkerung ein. Diese Bevölkerung ist von **Völkervielfalt** geprägt. Neben den Ureinwohnern finden sich Araber, Chinesen, Pakistani, Inder, Europäer, Eurasier, und dies erklärt den babylonischen **Sprachenreichtum**: Zwischen 250 und 400 Sprachen und regionale Dialekte sollen verbreitet sein.

Der Staat: Ein Ameisenhügel von Dörfern

Indonesien ist **ein Volk von Bauern**. Die 27 politischen Provinzen zerfallen in die erstaunliche Zahl von über 60.000 Dörfern, in denen nahezu 90% der Bevölkerung leben. 30% der Gesamtbevölkerung verfügen über 71% des Bodens, während 46% sich nur 12% des Bauernlandes teilen müssen.

Die Grundlagen der indonesischen Nation

Es kennzeichnet seit Jahrhunderten die indonesische Identität, die vielfältigsten **fremden Kultureinflüsse** aufgenommen, sich diese anverwandelt und schließlich in eigenständige und typische Wesensmerkmale umgewandelt zu haben. So hauchten etwa die indonesischen *Wayang*-Puppenspieler den hinduistischen Mythenerzählungen des *Ramayana* und *Mahabharata* neues Leben ein und setzen selbst heute noch moralische Leitlinien für den einzelnen.

Die Erbauer der Nation erkannten und würdigten diese Anverwandlung fremder Kultur, waren sich jedoch zugleich der **eigenen, weit zurückreichenden Wurzeln** durchaus bewußt. Sie sahen die Menschen der neuen Nation als Erben von Verhaltensweisen, Persönlichkeit und Geist, die altüberliefert und als typisch indonesisch zu betrachten waren. Beim Rückblick auf diese Vergangenheit galt ihnen das hochentwickelte, fein- und kunstsinnige »Goldene Zeitalter« des **Majapahit-Reiches** im 14. Jh. (1293–1389)

Widersprüche eines Entwicklungslandes

als Maßstab. Weiterhin beriefen sie sich auf das traditionelle Prinzip, **Entscheidungen nur in Übereinstimmung zu treffen** *(musyawarah mufakat)*, sowie die langeingeübte Praxis der **wechselseitigen Unterstützung**

13

(gotong-royong) bei der Bewältigung ökonomischer Aufgaben wie etwa dem Bau von Dämmen und Bewässerungssystemen in der Landwirtschaft. Dieser **traditionellen Werte**, die sich zu wesentlichen Elementen des heutigen Nationalgefühls entwickelt haben, ist sich der indonesische Bürger sehr gewahr. So trägt auch heute noch *gotong-royong* dazu bei, das Gefühl der Zusammengehörigkeit zu erwecken, im Büro wie bei der Arbeit auf dem Feld.

Lebensqualität

Eine der politischen Verheißungen der Nationalrevolution lautete, die **Lebensbedingungen** für alle zu verbessern. In der Folge ist die **Lebenserwartung** auf über fünfzig Jahre angestiegen. Weit über ein Drittel der Bevölkerung ist weniger als zwanzig Jahre alt, was Indonesien zu einer **»jungen Nation«** macht.

Indonesien wird international als Entwicklungsland mit Schwellenland-Perspektive eingeschätzt. Die **Alphabetisierungsrate** liegt landesweit und für alle Altersgruppen bei über 70 Prozent; mehr als 700.000 Studenten besuchen Einrichtungen der höheren Bildung. In den Dörfern wurden *puskesmas*, öffentliche Gesundheitszentren, errichtet. Kliniken für Kleinkinder werden in verstärktem Maße gebaut, und die **Familienplanung** *(keluarga berencana)* gilt als nationales Anliegen.

Auf der anderen Seite jedoch hat nur jeder achte Zugang zu sauberem Trinkwasser. Etwa die Hälfte der Kinder sterben, ehe sie das Alter von fünf Jahren erreicht haben. Wir wollen hier nur Stichworte geben – die Liste der Widersprüche ließe sich lange fortsetzen.

Ein Stelldichein mit den wichtigsten Volksgruppen Indonesiens

Wo sollen wir beginnen? Wir sind überfrachtet von Statistiken, die die Unterschiede der indonesischen Volksgruppen offenlegen: **Über 300 ethnische Gruppen**; Kulturen zwischen Steinzeit und High-Tech; eine Landschaftsvielfalt, die Wüste und schneebedeckte Berge einschließt – und zwischen all dem zahllose Schattierungen. Wo also sollen wir ansetzen?

Dem europäischen Reisenden erscheint vieles merkwürdig. Er hört verwirrende Geschichten über die **Steinzeitmenschen aus Irian Jaya**. Allerdings sind die Chancen, zum Beispiel einem Nackten aus dem Baliem-Tal, der lediglich eine Kürbisflasche zum Schutz seines verletzlichsten Teils trägt, tatsächlich auf einer Dinner Party gegenüberzustehen, eher gering (nun ja, wenn auch nicht ausgeschlossen). Bei Erzählungen über **Kopfjäger aus Kalimantan** (Borneo) sträuben sich die Haare zu Berge – und legen sich alsbald wieder, weil alles doch nur Vergangenheit ist. So sehr den Fremden all diese **»exotischen«** Erscheinungen, die Indonesien in der Tat zu bieten hat,

14

Atjèher (links) und Badui

faszinieren mögen, geht es doch vordringlich darum, **einen Blick für den Alltag zu gewinnen**.

Wäre die Wirklichkeit doch bloß so simpel wie die Geistesblitze beim Cocktailglas-Klimpern: »… Alle Batak spielen Gitarre und singen in Restaurants; alle Balinesen schnitzen Holzfiguren und tanzen; alle Javaner kichern, wenn sie traurig sind.« Wo sollen wir also ansetzen?

Noch immer gilt: Nichts ist spannender als die Wirklichkeit. (Vielleicht merken Sie sich dies für Ihren nächsten Cocktailplausch?) Deshalb bieten wir Ihnen **einige wichtige Informationen über die am häufigsten anzutreffenden ethnischen Gruppen**. In Indonesien wird man davon ausgehen, daß Sie über dieses Grundwissen verfügen (einschließlich einiger Anhaltspunkte wie etwa den Namen, an denen Sie die Identität der einzelnen Gruppen erkennen).

Diese Informationen bilden weder ein Vergleichsraster, noch sind sie vollständig. Sie stellen lediglich **die wichtigsten Aspekte jeder Kultur** kurz vor, um dem Reisenden so die Orientierung im Völkergemisch ein wenig zu erleichtern. Betrachten Sie diese Informationen als winzige Keimlinge, und pflanzen Sie sie in Ihrem sozialen Garten an.

Atjèher

Die Atjèher (fälschlich: Atchinesen) entstanden aus der jahrhundertelangen Vermischung von Batakern, Hindu, Javanesen, drawidischen Völkern, Arabern, Chinesen und Sklaven aus Nisan als ein **Menschenschlag von meist hohem schlanken Wuchs und nahezu kaukasischem Aussehen**.

15

Die Atjèher, ein kriegerisches und seefahrendes Volk, wurden erst im Jahre 1961 der indonesischen Nation eingegliedert. Seit mehr als tausend Jahren ist **Atjèh** ein wichtiger Umschlagplatz und kam als eine der ersten Gegenden Indonesiens mit dem Islam in Berührung.
Die Dörfer sind traditionell von Reisfeldern umgeben und von Bäumen dicht umfriedet. Die Bewohner arbeiten vorrangig als **Bauern, Weber, Töpfer, Bootsbauer und Feinmetallhandwerker.**
Hochzeiten finden im Rahmen der islamischen Tradition statt. Scheidungen und erneute Eheschließungen sind weit verbreitet, und das *adat* (das traditionelle Gesetz) übt starken Einfluß aus. Zwar ist der **Islam** bestimmend, doch behauptet sich neben ihm ein »**ketzerischer, pantheistischer Mystizismus**«. Zauberei spielt im Landleben eine bedeutende Rolle. Man mißt Traumdeutungen großen Wert bei und führt Krankheiten häufig auf den Einfluß böser Geister zurück, die man wiederum durch Zauberei zu heilen versucht. Die **Personennamen** der Atjèher klingen aufgrund der geschichtlichen Einwirkung oft arabisch.

Badui

Dieses geheimnisvolle Volk lebt im Westen Javas in 35 kleinen, abgeschiedenen Dörfern, die sich in die »inneren« und »äußeren« Dörfer teilen, je nach der Intensität des Kontaktes zur restlichen Gesellschaft. Es heißt, sie hätten 1579 das alte **Königreich Pajajaran** auf der Flucht vor den muslimischen Batamesen verlassen.
Die Badui sind **Brandrodungsbauern und Jäger**. Sie glauben an Geister und verfügen über ein umfangreiches **System von Werten und Tabus**. Schriftstücke zum Beispiel sind tabu, da ihnen Zauberkraft zugeschrieben wird. Die Badui scheinen sich kaum für die Welt außerhalb ihres Lebensbereiches zu interessieren. Sie sind bekannt als **Sammler von Durian-Früchten**.

Balinesen

Bei vielen beschwört die Insel Bali paradiesische Traumvorstellungen herauf: Vulkane, tosende Brandung, terrassierte Reisfelder und ein reiches kulturelles und spirituelles Leben. Seit 1950 haben sich auf Bali jedoch auch sehr diesseitige Entwicklungen eingestellt, im Bereich politischer Aktivitäten ebenso wie dem des Tourismus.
Durch den Einfluß Indiens (8.–11. Jh.) und später des hinduistischen Java (11.–15. Jh.) behielten die Balinesen die **äußeren Erscheinungsformen hinduistischer Rituale** bei, weniger dagegen die hinduistische Philosophie und den Mystizismus.
Ein **typischer Wohnbereich im Dorf** wird schützend umgeben von hohen Mauern und besteht aus dem Wohnhaus, verschiedenen Höfen und kleinen

Balinesische Mädchen

Familienschreinen. Nahezu jedes Dorf ist bekannt für ein bestimmtes **Handwerk**. So gilt Ubud zum Beispiel als Dorf der Maler und Mas als Dorf der Holzschnitzer.

Die Formen von Landbesitz und -nutzung sind in den Dörfern sehr durchdacht organisiert. **Reis** wird mit Hilfe eines hochentwickelten Bewässerungssystems angebaut.

Die Vorstellung, **jede Familie stamme von einer bestimmten nichtmenschlichen Ursprungsquelle ab**, etwa einer Gottheit oder einem Ort, hält die einzelnen Familien eng zusammen. Der gesellschaftliche Rang spiegelt sich oft in den **Namen** wider.

Die **balinesische Religion** ist »die Religion des Wassers« oder das *agama tirta*. Der Brahmanenpriester segnet das Wasser und verwendet es bei Zeremonien.

Ein jeder Tempel feiert sein Fest (alle 210 Tage nach dem balinesischen oder alle 365 Tage nach dem gregorianischen Kalender), wobei Essen, Musik, Tanz (mitunter auch Trance-Tänze), Gebete und das Verspritzen heiligen Wassers eine bedeutende Rolle spielen.

Vielen Touristen werden die Masken und das **Tanzschauspiel** um die Hexe Rangda und den Drachen Barong bekannt sein, jene beiden Charaktere, die eng mit dem Totentempel und *adat desa* (Gesetz des Dorfes) verbunden sind.

Die Balinesen glauben, daß Krankheiten von Geistern ausgelöst und durch **Zauberei** in spiritistischen Sitzungen geheilt werden können. Aufwendige **Verbrennungszeremonien** sorgen für die Befreiung der Seele nach dem Tod.

Balinesen (links) und Batak

Batak

Diese Bevölkerungsgruppe aus dem Inneren Nordzentral-Sumatras gilt Völkerkundlern als ein Modell der **urmalaiischen Sozialkultur**, das sich bis in die heutigen Tage erhalten hat. Die Batak stehen in dem Ruf, früher **Kannibalen** gewesen zu sein. Ihr heroischer Vorfahr ist Si Radja Batak, der der Überlieferung zufolge auf dem heiligen Fels in der Nähe des Toba-Sees als Sohn übernatürlicher Eltern das Licht der Welt erblickte. In den letzten 150 Jahren wurden sie stark von der Rheinischen Mission beeinflußt; die größte **christliche Gruppe** findet sich am Toba-See.

Die charakteristischen **Häuser** der Batak verfügen über eine im Boden eingelassene Falltür und große Giebelenden und sind mit geschnitzten Büffelhörnern verziert. Die **Holzschnitzereien und Webarbeiten**, vor allem die *ulo* (Schals), dieser Volksgruppe sind weithin bekannt.

Die Batak gelten als stolz, von leb- und wechselhaftem Temperament. Viele ihrer berühmten **Sänger** sind über die Grenzen Sumatras hinaus als Unterhalter bekannt. Die Mädchen und Jungen machen einander bei Dichtwettbewerben den Hof und haben komplizierte **Heiratsrituale** zu beachten.

Das Toba-Wort für »Dorf«, *huta*, erscheint in vielen **Familiennamen**.

Buginesen

Diese »Schiffsmenschen« von den Stränden und Meeren des südlichen Sulawesi, lange bekannt als **seefahrende Zigeuner**, stammen angeblich von der gleichen ethnischen Gruppe ab wie die Toraja aus dem Binnenland. Sie sind

Batak-Frauen aus Nord-Sumatra

als Händler, Piraten und Kolonisatoren der Küstenregion in die Geschichte eingegangen. Ihnen gehören die farbenfrohen Segelboote, die im Hafen von Sunda Kelapa auf Java vor Anker liegen. Sie waren schon sehr früh Anhänger des **Islam**.

Sie produzieren in Heimarbeit **Seide** bester Qualität, die bei Einheimischen wie Touristen sehr begehrt ist.

Der männliche **Vorname** Andi deutet auf die Zugehörigkeit zum Bugis-Clan hin und zeigt einen hohen sozialen Rang an.

Dajak

Diese Bevölkerungsgruppe ist **nicht muslimisch** und lebt in **Langhäusern** an den Flüssen Kalimantans (Borneo). Die Dajak sind **Fischer**, gehen aber auch mit **Blasrohren** auf die Jagd.

Sie haben **äußerst komplizierte Regeln für den Umgang der Geschlechter und die Ehe sowie eine Vielzahl von Tabus** entwickelt.

Neben diesen ist auch heute noch der **Glaube an die Geister der Vorfahren**, die in Bäumen, Felsen, im Wasser und in Pflanzen hausen, lebendig.

Schamanen, meist alte Frauen, sorgen für das physische und psychische Wohlergehen der Gemeinschaft.

Die Dajak beherrschen vielfältige, altüberlieferte **kunsthandwerkliche Fähigkeiten** bei der Holz- und Bambusschnitzerei, Metallbearbeitung, Weberei sowie der Herstellung von Perlenschmuck und dem Korb- und Mattenflechten.

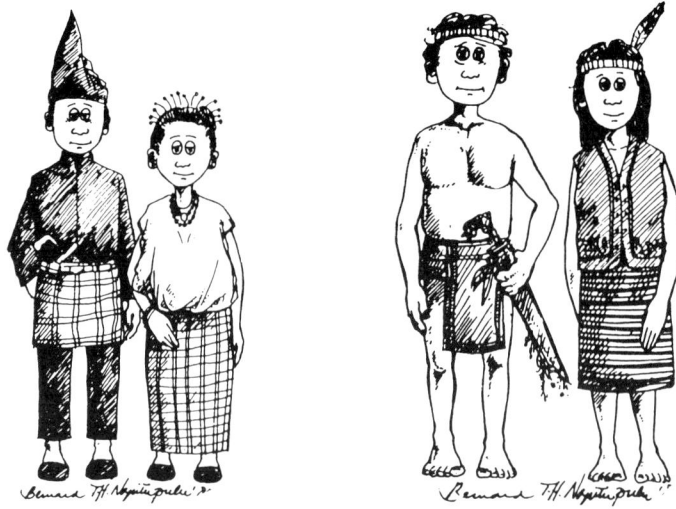

Buginesen (links) und Dajak

Javaner

Die Bezeichnung *Jawa*, wie sie sich selbst nennen, geht auf das Sanskrit-Wort *Yawa* (Gerste) zurück. Zwei Drittel der Bevölkerung Indonesiens leben auf Java. In den meist wie Eidotter in kleinen Baumhainen gebetteten Dörfern leben jeweils zwischen 300 und 3.000 Einwohner. Die Bauern leben vom **Naß-Reisanbau** auf kleinen, verstreut liegenden Feldern. Die meisten von ihnen sind mittlerweile jedoch **landlose Tagelöhner**.

Die traditionellen **Häuser der Oberschicht** und auch die Regierungsgebäude auf Java verfügen über einen großen offenen Pavillon, den *pendopo*.

Die Geschichte der **javanischen Literatur** reicht bis in das 11. Jh. zurück. Die Javaner haben die **Batik** zu einer Kunstform entwickelt, das Spiel des *gamelan* kultiviert und das indische **Schattenspiel** als *wayang kulit* ihrer eigenen kulturellen und ethischen Welt angeeignet.

Die **moderne javanische Sprache** kennt neun Sprachebenen, die Rang, Stellung, Alter und Grad der Beziehung und Bekanntheit der Sprecher widerspiegeln. Selbst die Namen kennzeichnen eher die **soziale Stellung** (älter/jünger) als die Geschlechtszugehörigkeit (Bruder/Schwester). *Priyayi*, ein Wort, das Sie häufig hören werden, heißt heute soviel wie Regierungsangestellter und Beamter. Früher bezog sich der Ausdruck auf die ersten Nationalisten, die für die Unabhängigkeit kämpften.

Die Javaner tragen meist nur einen einzelnen **Namen**; Mitglieder der Oberschicht nehmen darüber hinaus einen Familiennamen an. Allgemein gängige Nachnamen enden oft auf »o«: Subroto, Suharto, Sukarno, Widodo, Sartono …

Javaner (links) und Minahasa

Minahasa

Die Minahasa, eine größtenteils **eurasische Bevölkerungsgruppe** aus dem nördlichen Sulawesi, sind ebenfalls **Bauern**. Ihrem Glauben nach wurde ihre Stammutter Liminu'ut, die Göttin der Erde, aus einem Stein geboren und heiratete später ihren Sohn To'ar, den Sonnengott.

Die Holländer **christianisierten** die Minahasa fast völlig, doch haben sich einige *adat* (Verbote, Tabus) bis heute erhalten. **Feste und große soziale Zusammenkünfte** finden bei ihnen häufig statt.

Typische **Familiennamen** lauten: Lantang, Kawilarang, Gerungan, Rumantir, Mantik, Wowor, Pontoh, Wowungan und Mogot.

Minangkabau

Die Minangkabau sind **Muslime** und kommen aus dem Hochland West-Zentral-Sumatras. Ihre Provinzhauptstadt ist **Padang**. Funde weisen auf Verbindungen der Minangkabau zum **Hindu-Königreich von Majapahit** hin. Im 19. Jh. standen sie unter starkem Einfluß der Holländer. Sie waren während der indonesischen Revolution sehr aktiv und sind auch heute in der Regierung unübersehbar.

Das typische große **Minangkabau-Haus** wird von einem weit geschwungenen Satteldach in Form von Wasserbüffelhörnern bedeckt.

Ihre Gesellschaft beruht auf dem **Mutterrecht**, und die Frauen beherrschen das Haus. Scheidungen und erneute Eheschließungen sind üblich. Die Minangkabau glauben an Übernatürliches und Geister. Sie sind davon über-

21

Javanischer **Kuda-lumping-***Tanz*

Minangkabau (links) und Sundanesen

zeugt, daß »der Himmel sich unter der Fußsohle der Mutter befindet«; eine himmlische Erlösung kann also nur derjenige erlangen, der seine Mutter liebe- und respektvoll behandelt.

Die **Namen** der Minangkabau klingen oft islamisch. Viele Eigennamen weisen den Buchstaben »z« auf, so etwa in Faizal, Gozali und Armizal.

Überseechinesen

Diese **größte und wichtigste fremde Bevölkerungsgruppe Indonesiens** ist meist in den Hafenstädten, auf Java, im östlichen Sumatra und in West-Kalimantan anzutreffen. Die Chinesen sind schon seit Jahrhunderten in Indonesien. In der zweiten Hälfte des 19. Jh. warben die Holländer viele ledige Männer der **Hakka** und **Hokkien** als Arbeitskräfte für die Plantagen und den Bergbau an und ermutigten später die Chinesen, mittlere Positionen im Handel- und Finanzwesen zu übernehmen. Chinesische Frauen erhielten erst im frühen 20. Jh. die Erlaubnis, nach Indonesien einzuwandern.

Es ist heute sehr schwierig, den Begriff »chinesisch« als Kategorie für eine Nationalitätenbestimmung zu fassen: Die Peranakan-Chinesen scheinen völlig eingegliedert zu sein, während die Totok-Chinesen nach wie vor China als ihre Heimat begreifen und somit weniger angepaßt erscheinen.

Sundanesen

»Land des *parahyangan*« (Paradies), so nennt man auch ihre Heimat im **Hochland von Priangan** in West-Java. In seinem Buch *Die Geschichte*

23

Javas bezeichnet Sir Stamford Raffles die Hochebenen als Zentrum des von den Holländern im 19. Jh. erzwungenen und kontrollierten Kaffee-Anbaus. Die Sundanesen teilen mit den Javanern nicht nur die Insel, sie haben auch manche **Zeremonien** und **Kunstformen** mit ihnen gemein. So ist eine sundanesische Hochzeit etwa eine gleichermaßen liebevoll bis ins kleinste vorbereitete, überaus anmutige Feier. *Wayang golek* (Holzpuppen) sind die sundanesische Form der javanischen Lederpuppen *(wayang kulit)*. So wie man das *Gamelan*-Orchester mit den Javanern assoziiert, so läßt die Suling -Flöte an die Sundanesen denken.

Magie und Zauberei spielen in allen Bereichen des sundanesischen Lebens eine wichtige Rolle. Die Sundanesen glauben zum Beispiel, daß »ehrlose Menschen« sich nach dem Tode in ewig umherirrende böse Geister verwandeln.

Typische **Familiennamen** und auch **Vornamen** enden oft auf »a«: Suhanda, Suhanya, Juanda … Häufige **Spitznamen** lauten: Ujang, Iim, Juju, Ucup und Dadang.

Toraja

Diese »**Bergmenschen**« aus den zerklüfteten Gebieten von Zentral-Sulawesi sind **Jäger und Schnitzer** und stellen Stoffe aus Baumrinde her. Büffel und Büffelhörner gelten bei ihnen als Statussymbole; Büffel dienen auch als Brautgeschenk.

Bestattungen sind bedeutende Familienereignisse (und mittlerweile auch beliebte Touristenattraktionen). Die Toten der Toraja finden ihre letzte Ruhestätte in den Kalkfelsen, und auf den Zugängen zu diesen Felsen werden Figuren der Verstorbenen zurückgelassen.

Die südlichen Stämme glauben, daß sie mit Kanus *(lembang)* auf die Insel gelangten. Ihre **Häuser** erinnern im Aussehen an Boote.

2
Im Straßengetümmel

Straßennamen: Eine Reise in die Geschichte und Mythologie Indonesiens

Einstieg ins indonesische Leben

Wer zähneknirschend in einem hoffnungslosen Verkehrsgewirr eingekeilt ist, wird sich wohl kaum gelehrten Gedanken über jenen mythischen Prinzen hingeben wollen, dessen Namen die Straße trägt, in der er unfreiwillig festsitzt. Doch gerade in solch unglaublichen Gegensätzen, dem Aufeinanderprallen von Lächerlichem und Heiligem, die sich dennoch ergänzen wie *yin* und *yang* – und natürlich dem unaufhörlichen Hupen und Schreien in den Straßen – scheint das Geheimnis der Würze des Lebens zu liegen.
In diesem Kapitel wollen wir **einige jener wichtigen Persönlichkeiten vorstellen, die in den Straßennamen und den Straßen selbst fortleben.** *Selamat jalan!* Wir wünschen Ihnen eine gute Reise!

Straßennamen: Eine Reise in die Geschichte

Überall in Indonesien sind die Straßen nach landesweit bekannten und geehrten Heroen benannt. Wenn Sie diese heldenhaften Persönlichkeiten bei

Namen kennen, so wissen Sie auch schon ein wenig über **indonesische Geschichte**. Mit diesem Wissen können Sie außerdem bei jeder Unterhaltung glänzen und Ihre indonesischen Bekanntschaften begeistern. Übrigens: **Straßennamen werden stets klein geschrieben**.

Könige und Königreiche

Straßenbezeichnungen, die auf das **6. bis 10. Jh.** zurückverweisen, beziehen sich meist auf Könige, Dynastien und Königreiche.
Purnawarman war der erste hinduistische Herrscher auf **Java**. Um 500 u.Z. erstreckte sich sein Reich, **Taruma Negara**, von Jakarta bis Bogor.
Sriwijaya (600–1378 u.Z.) hingegen bezeichnet nicht einen König, sondern ein Reich in **Südsumatra**, das sowohl als Zentrum der buddhistischen Lehre als auch für seine seefahrerischen und ökonomischen Leistungen bekannt war. Es wurde von javanischen Herrschern zerstört, und noch im heutigen Indonesien lebt die Erinnerung daran fort, daß Sumatra einst ein Rivale Javas war.
Die Namen **Shailendra** und **Daksa** verweisen auf die »Könige der Berge«, die angeblich aus **Kambodscha** kamen. Sie waren die Herrscher des vom Hinduismus beeinflußten Königreiches in Zentral-Java (759–900 u.Z.) und schrieben sich durch den Bau der **Tempelanlagen von Prambanan** ins Geschichtsbuch ein.
Airlangga und sein Schwiegervater **Darmawangsa** gehörten der **Kediri-Dynastie** (1135 u.Z.) in **Ostjava** an. Airlangga, ein Mystiker und Ästhet, war zur Hälfte balinesischer Abstammung. Da zahlreiche Episoden seines Lebens im Laufe der Zeit von Legenden umwoben wurden, bezeichnet man ihn oft als den indonesischen »König Arthur«.

Das Königreich der Majapahit

Namen aus der **Zeit zwischen dem 10. und 16. Jh.**, nach denen Straßen benannt sind, stehen meist in Zusammenhang mit dem sagenverklärten **Königreich Majapahit**, dessen Errungenschaften noch heute für die indonesische Identität und das nationale Selbstwertgefühl von Bedeutung sind.
Während Europa gerade erst dem Mittelalter entrann und sich der weiteren Welt bewußt wurde, erfuhr Indonesien den **Aufstieg und Niedergang großer Hindu-Königreiche** sowie den umfangreichen kaufmännischen und intellektuellen **Austausch mit China**. Daran schloß sich erst der Kontakt mit europäischen Entdeckern und Händlern an.
Das Königreich Majapahit, das seinen Ursprung in **Java** hatte, dehnte sich von 1293 bis 1500 u.Z. so weit aus, daß es fast soviel Landfläche umschloß wie das heutige Indonesien. Es strebte nach **nationaler Einheit** und einer **nationalen Identität**. Während der gegen die Kolonialherrschaft gerichteten indonesischen Unabhängigkeitskämpfe beflügelte das Vorbild des Rei-

*Dieser klassische javanische Tanz zeigt deutlich den indischen Kultureinfluß,
der vor dem arabisch-islamischen bestimmend war.*

ches von Majapahit die Träume und Zielsetzungen der Freiheitskämpfer.
Der **Begründer** und **erste König** des Reiches war **Wijaya**. Die Namen der
drei Herrscher **Hayam Wuruk**, **Prapanca** und **Gajah Madah** sind eng miteinander verknüpft, so unterschiedlich sie auch waren. Der erste von ihnen
war der mächtigste, der zweite ein Dichter (der als Einsiedler lebte und seine Werke unter einem Pseudonym veröffentlichte) und der dritte ein rück-
sichtsloser, sehr erfolgreicher Premierminister. Glücklicherweise müssen
Sie heute, wenn Sie in der Jalan Hayam Wuruk wohnen, bei der Anschrift
nicht den vollständigen Namen dieses Herrschers angeben: *Dyah Hayam
Wuruk Sri Rajasanagara.*

Prapanca verfaßte im Jahre 1306 in der Einsamkeit seiner Höhle das *Nagarakertagama*, ein **nationales Epos**, in dem er Hayam Wuruk pries. Gajah Madah gelang es durch Macht und Diplomatie, das Majapahit-Reich beträchtlich zu vergrößern. Er leistete den berühmten *Palapa*-**Schwur** *(sumpah palapa):* »Ich werde nicht rasten, bis wir das gesamte *nusantara* erobert haben … Irian Jaya … Bali … Kalimantan … Sunda … Palembang. Erst wenn wir diese Inseln unterworfen haben, werde ich zur Ruhe kommen.« Sich der Bedeutung der Nachrichtenverbindung für die Vereinigung der Inseln bewußt, tauften die Indonesier ihr modernes Satellitensystem auf den Namen Palapa.

Sang Aditiawarman, ein weitgereister Diplomat am Hofe von Majapahit, gründete das **Malayapura-Reich** in Minangkabau auf Sumatra. **Brawijaya** und sein berühmter Sohn **Raden Patah** stehen für die **Wende vom Hinduismus zum Islam** in der Majapahit-Ära. Obwohl sein Vater ein königlicher Hindu war, konvertierte Raden Patah zum Islam, wurde ein Schüler von **Sunan Ngampel** und gründete den **islamischen Staat Demak** in Nordjava. Sunan Ngampel ist auch bekannt unter den Namen **Raden Rehmat** und **Bong Swee Ho**. Die muslimische Gemeinde in Surabaya, die er ins Leben rief, gilt als die erste auf Java. In der Zwischenzeit fügte Raden Patah, nachdem er mit seinen islamischen Truppen die hindu-buddhistischen Armeen seines Vaters besiegt hatte, seinem Namen den Titel Premierminister, *senopati*, bei. Raden Patahs vollständiger Name lautete: *Senopati Jimbun Ngabdurrahmon Panembahan Palembang Saidin Pantagama*. Glücklich der, der nicht in der nach ihm benannten Straße wohnen muß!

Die Straße von Malakka

Beim Bummeln durch die Straßen werden Ihnen auch die **Namen einiger Männer aus dem Gebiet der Malakka-Straße** begegnen.
Zu den Personen aus dem 15. Jh., die in die Geschichte eingingen, gehört **Iskandar Syah**, der **Begründer des Königreiches von Malakka**. Die Taten der **seefahrenden Helden** Hang Tuah, Hang Jebat, Hang Lekir und Hang Lekiu wurden im *Sejarah Melayu*, einem Klassiker der malaiischen Literatur, verewigt. Das Wort *hang* vor einem Namen ist eine Titelbezeichnung und dem englischen Adelstitel »Sir« vergleichbar.
Zwei Herrscher machten sich um 1500 von Demak auf, um gegen die Portugiesen zu kämpfen. **Patiunus**, der Sohn von Raden Patah, blieb ohne Erfolg; **Fatahillah** jedoch gelang es, Sunda Kelapa, den alten Hafen von Jakarta, zu erobern. Heute ist das Stadtmuseum von Jakarta nach ihm benannt.
Auf Java gab es **zwei dynastische Reiche des Namens Mataram**. Im 9. Jh. gründete die **Senjaya-Familie** die erste Dynastie. Das zweite Königreich geht auf **Sultan Agung** zurück, der *adat* (Tradition) und das islamische Gesetz festschrieb. **Pakubuwono** hießen die Höfe in Yogyakarta und Solo, die von den Holländern mit dem (später auch erreichten) Ziel errichtet wor-

den waren, die Macht des zweiten Mataram-Königreiches zu brechen und zu dezentralisieren.

Die neue Nation

Straßennamen, die auf Persönlichkeiten aus der **Zeit seit dem 17. Jh.** zurückgehen, erinnern an Widerstandskämpfer, **Kämpfer für die Einheit der Nation** sowie pragmatische Politiker, die sich für eben dieses Ziel einsetzten.

Mehr als 300 Jahre lang kämpften indonesische Führer überall auf den Inseln gegen die **Holländer**, so zum Beispiel: **Hasanuddin** in der Mitte des 17. Jh. auf Sulawesi, **Tuanku Iman Bonjol** im frühen 19. Jh., der den Widerstand der Minangkabau auf Sumatra anführte, sowie **Prinz Diponegoro** und sein Berater **Kyai Maja** beim **Java-Aufstand von 1826** auf Zentral-Java.

Im 20. Jh. gingen die Namen des Atjèhers **Teuku Umar** und des Bataker Widerstandskämpfers **Sisingamangaraja XII.** in die Geschichte ein. Nach **Dr. Cipto Mangunkusumo**, der nahezu sein gesamtes Leben im Exil verbrachte, wurde Jakartas größtes Krankenhaus benannt. **Jenderal Sudirman** gilt nahezu als Volksheld, weil er, obgleich unheilbar an Tuberkulose erkrankt, seine Truppen in der Endphase des Unabhängigkeitskrieges führte.

Drei Männer sind eng mit dem aufblühenden Nationalbewußtsein und dem *Sarekat Islam*, der **ersten politischen indonesischen Massenorganisation**, verbunden: der Javaner **Cokroaminoto**, ein früher Freund Sukarnos, der oft als »Großvater« der indonesischen Unabhängigkeit bezeichnet wird, sowie der aus Sumatra stammende Schriftsteller **Abdul Muis** und der Politiker **Haji Agus Salim**.

Es hat ganz den Anschein, als täten sich die Indonesier schwer damit, Straßen nach noch lebenden Persönlichkeiten zu benennen. Hin und wieder stößt man jedoch auf **Namen von Politikern der jüngeren Vergangenheit**, die in den ersten Regierungen der jungen Republik auf sich aufmerksam gemacht haben.

Es wird Ihnen auffallen, daß **Straßen häufig mehrfach ihren Namen ändern**, überwiegend an Kreuzungen. So heißt die Jalan Gunung Sahari im Norden Jakartas während ihres Verlaufs nach Süden Jalan Pasar Senen, Jalan Kramat Raya, Jalan Salemba und schließlich Jalan Mataram Raya. Versuchen Sie besser nicht, dies mit schnöder Logik verstehen zu wollen. Halten Sie sich vielmehr vor Augen, daß unlängst auch die Hausnummern und die Numerierung von Stockwerken eher dem persönlichen Geschmack der Hausbewohner entsprangen (Lieblings- oder Glückszahl) als einer systematischen Kennzeichnung der Ortslage. **Um sich leichter zurechtzufinden**, sollten Sie daher zumindest im Falle der wichtigsten Hauptstraßen die verschiedenen Namen ihrer einzelnen Abschnitte kennen.

Straßen ändern also in regelmäßigen Abständen ihre Namen, obwohl niemand genau zu sagen weiß, warum dies so ist. Vielleicht, um Ihnen ganz einfach Gelegenheit zu geben, beim Umherstreifen durch die Straßen Indonesiens mit möglichst vielen wichtigen Persönlichkeiten Bekanntschaft zu schließen …

Lassen Sie sich nicht verwirren, auch wenn Sie sich auf folgende Reaktionen gefaßt machen sollten:»Die Jalan Saban? Ach so, für mich ist sie die Jalan … Ja, und hieß sie früher nicht mal Jalan …?«

Die Straße: Jahrmarkt des Lebens

Ein Thema, das bei fast allen westlichen Reisenden leidenschaftliche Gefühlsaufwallungen und entsprechend dramatische Worterrgüsse auslöst, sind die **Straßen Indonesiens**. Der westliche Besucher wird die meisten Straßen als **Inferno** empfinden: völlig verstopft, unbefahrbar, kaum beschildert; ein nerventötendes Tollhaus, zu dem sich alle erdenklichen Verkaufsstände auf Rädern, einem mobilen Warenhaus gleich, gesellen. Und nur rein zufällig scheint da auch noch Raum für Autos und Lastwagen vorhanden zu sein.

Die Indonesier hingegen sehen in der Straße: ein willkommenes Badminton- und Volleyball-Feld, die geeignete Gelegenheit zur gemütlichen Erweiterung des Vorgartens oder Wohnzimmers, einen idealen Standort für kleine Gemüselädchen, zusätzliche Weidefläche für Schafe, Gänse, Hühner und Ziegen; sie ist der beste Platz für den Abfall-Kompost-Haufen des *kampung*, ein öffentlicher Ort zum Trocknen der Erntefrüchte und Aushandeln von Geschäftchen, hier kann man sich erschlagener Ratten und Schlangen entledigen …

Auf einer breiten Allee erweitern sich die Möglichkeiten: Schulkinder können in 6er- oder 8er-Reihen paradieren, kleinere Kinder in Ruhe das Radfahren lernen – und *(last but least!)* vor kurzem wurde auch die Eignung der Straßen für Autos und Lastwagen entdeckt.

Die Behauptung, der motorisierte Straßenverkehr habe erst seit der letzten Generation ein Anrecht auf Nutzung der Straßen, ist gar nicht so wagemutig. Denn noch heute ist es so, daß **außerhalb der Städte** die befahrbaren Straßen häufig zu Fußwegen »versanden«.

Straßenlärm

Der Straßenlärm rührt eher von den **Händlern und dem geschäftig-geschäftlichen Treiben** als von motorisierten Fahrzeugen her. Der Bürsten- und Besenverkäufer lenkt mit *SaPUUU* die Aufmerksamkeit auf sich, *s'pat TUUU* ruft der Schuster und *Nyak, nyak* der Speisenölverkäufer, während der Fischhändler mit einem lauten *AA000* lautstark tönend durch die Straßen zieht.

Beachten Sie links das einzige Verkehrszeichen: die verbogene Ampel.

Der Rhythmus der Straßen

Die Straßen kommen nie zur Ruhe. Den Gläubigen, die schon im **ersten Morgengrauen** zur Moschee eilen, um dort ihre Andacht zu verrichten, folgen die Frühsportler und diesen die Lastwagen und Busse, die sich in den Straßen drängen und sie mit Abgasen verpesten. Hähne krähen und begrüßen lauthals die aufsteigende Sonne, während sie mit ihrem Hennenharem am Straßenrand nach Futter picken.

Um die **Mittagszeit** gehören die Straßen den Frauen, die überall an den Hauseingängen mit den vom Markt heimkehrenden Freundinnen den neuesten Klatsch austauschen. Andere verkaufen Flaschen und Zeitungen und halten ein liebevoll-wachsames Auge auf ihre am Straßenrand spielenden Kinder. Hin und wieder erscheint ein Müllmann mit seinem von Plastikabfällen, gefalteten Pappkartons, leeren Flaschen und gebündelten Zeitungen überbordenden Karren auf der Szene.

Es ist beileibe keine Fata Morgana, die Ihnen vorspiegelt, Indonesiens Straßen würden unablässig von hin- und herflutenden **Wellen uniformierter Schulkinder** überrollt. Unterrichtsbeginn und -schluß (und die genannten Halluzinationen) finden von 7.00–12.30 Uhr und 13.00–17.30 Uhr statt.

Bei **Sonnenuntergang** werden die zahlreichen **Stände und Buden** errichtet, die ihre Kunden nicht allein zum Essen, sondern auch zum Plaudern, Sehen und Gesehenwerden einladen.

Auf den Straßen ist so vieles in ständiger Bewegung, wird so vieles in allerkürzester Zeit auf- und wieder abgebaut, daß man dabei leicht die **dauerhaften Einrichtungen**, etwa die fest installierten Standplätze der Eisbehäl-

31

ter, übersieht. Zu ihnen zählen auch die *Tambal-ban*-Reifenreparaturwerkstätten, die – meist im Schatten eines großens Baumes befindlichen – Stände der Straßenfriseure, die kleinen Zigaretten- und Süßwarenbuden, die Motoröl-Verkäufer, die eingestreuten Müllhalden und – als Gegensatz dazu – die kleinen Gärtnereien mit ihren Pflanzzöglingen.

Die Lernprobleme des Reisenden

Für den im Netzwerk von Autobahnen und Überlandstraßen aufgewachsenen Besucher ist die Wohn-, Speise-, Klassenzimmer- etc.-Funktion der Straße etwas Unbekanntes. Je öfter die Ampeln ausfallen und sich Autos, Busse, Fahr- und Motorräder sowie alle denk- und undenkbaren Schubkarren und Vehikel dicht an dicht an den Kreuzungen drängen und einander scheinbar aussichtslos auffordern, doch endlich loszufahren, desto unwirscher wird er und sinkt seine Laune.

Aber bereits nach sehr kurzer Zeit werden Sie die **wichtigsten Verkehrsregeln** gelernt haben. Ein Mitglied der Ausländergemeinde in Indonesien hat den Versuch unternommen, die **Ordnung des Verkehrschaos in humorvollen Grunderkenntnissen** zu erfassen. Er betitelte sein verdienstvolles Werk: *Vereinfachter Ratgeber für erfolgreiches Autofahren in Asien unter besonderer Berücksichtigung von Kindern, Hühnern, Hab'-ich-nicht-gesehen-Objekten und anderen Unwägbarkeiten.*

• **Verkehrsfluß:** Es ist gleichgültig, wie viele **weiße Linien** auf der Straße eingezeichnet oder wie viele **Verkehrsspuren** offiziell vorgesehen sind – passen Sie sich einfach dem fließenden Verkehr an. Unser Ratgeber kann sich daran erinnern, mitten im Gewimmel von acht Spuren, die sich allesamt in eine Richtung bewegten, gefahren – und angekommen – zu sein. Vorgesehen waren in der Tat jedoch nur vier Spuren, zwei in jeder Richtung.

• **Vordrängeln** (oder: »Das Platzhirsch-Spiel«): Die **wichtigste Spielregel** lautet: Jeder, der ein, wenn auch noch so kleines, Chromteilchen seines Fahrzeuges vor das eines anderen Verkehrsteilnehmers bugsieren kann, hat gewonnen – also **Vorfahrt**. Da alle Indonesier dieses Spiel kennen und beherrschen, finden schier unglaubliche Drängeleien um die besten Plätze an den Kreuzungen statt.

• **Fahrzeuggröße** (oder: *Big is beautiful*): Die Regel ist überaus einfach: **Der Größte gewinnt**. Wenn Sie jedoch die beiden oben genannten Techniken perfekt beherrschen, rücken Sie dabei immer ein paar Felder vor. In **zweifelhaften Situationen** gilt allerdings: Der Kleinere (= Klügere) gibt nach. Besondere Vorsicht ist bei Müllwagen geboten. Trachten Sie danach, sich aus deren Wind- (Duft-) Schatten zu lösen, und gönnen Sie einem anderen Mitspieler dieses Vergnügen.

• **Das »Blinde-Kuh-Spiel«:** Ein tolles Spiel für Wagemutige mit begrenzter Sicht! Hier lautet das **ungeschriebene Gesetz**: Wenn Sie das andere Fahr-

Straßenverkehr während der Regenzeit

zeug schlichtweg nicht zur Kenntnis nehmen, werden Sie mit großer Wahrscheinlichkeit die Vorfahrt be- oder erhalten. Sollte sich der Konflikt zuspitzen – Stoßstange gegen Stoßstange wie bei zwei kämpfenden Wasserbüffeln – dann können Sie mit Ihren schauspielerischen Fähigkeiten glänzen und so tun, als sei der Zweite im Bunde soeben erst aus dem Nichts aufgetaucht. **Hupen** bringt Sie in solchen Situationen nicht voran; hingegen wirkt die **Lichthupe** wie ein Zeus'scher Blitz.

»Kavaliere des Straßenverkehrs« gibt es in Indonesien nicht. Da sich nun einmal niemand ausschließlich zu dem Zweck ins Auto wagt, gemütlich Tee zu trinken oder freundlich zu plaudern – wozu also nett und rücksichtsvoll sein? Gelegentlich und mit sehr unterschiedlichem Einsatz unternimmt die Polizei jedoch **Aufklärungskampagnen**. Und diese zeigen offenbar sogar Wirkung. Ausländer, die lange genug in Indonesien leben, konnten verfolgen, wie sich die **öffentliche Wahrnehmung von Ampeln, Straßenmarkierungen usw.** im positiven Sinne verändert hat. Sie gelten nicht mehr als bloße Farb- und Malspielereien, sondern tatsächlich als anzuerkennende Mittel zur Regelung des Verkehrs. Auch wird von der Öffentlichkeit Fehlverhalten im Verkehr nicht mehr ohne weiteres entschuldigt.

3
Sprachprobleme

Wir erinnern uns gern an den Ratschlag eines Bekannten, der fast sein ganzes Leben in der Fremde verbracht hat. »Ich versuche immer, **zumindest einige Brocken der Sprache meines Gastlandes zu lernen.** Die ersten Worte sind natürlich: **Danke, Bitte, Guten Tag, Entschuldigung** und **Wie bitte?** Diese einfachen Vokabeln öffnen mir die Tür.«

Wir können seine Erfahrungen bestätigen. Deshalb wollen wir Ihnen nun **einige Informationen über die Nationalsprache** *Bahasa Indonesia* geben und Sie ermutigen, diese Sprache zu lernen. Wir wollen zeigen, welche Bedeutung den **Begrüßungsformen** zukommt, und empfehlen Ihnen **Redewendungen,** die Ihnen weiterhelfen werden. Dann bereiten wir Sie auf die erstaunliche Tatsache vor, daß es in diesem Land **nur erfreuliche Neuigkeiten und Nachrichten** gibt, selbst wenn diese im Grunde zutiefst erschreckend sein mögen. Zu guter Letzt erklären und zeigen wir Ihnen die **sechs Möglichkeiten, »Bitte« zu sagen,** und die **zwölf Versionen des »Nein«.**

Vermutlich werden Sie nie ein Virtuose der *Bahasa Indonesia* werden, aber wir können Ihnen hoch und heilig versichern, daß bei den Indonesiern bereits **der gute Wille** zählt. Daher lohnt sich der Zeit- und Energieaufwand sowohl aus praktischen wie menschlichen Gründen. Und es ist inzwischen eine Binsenweisheit, daß Touristen und längerfristige Besucher, die die Sprache des Gastlandes beherrschen, die alltäglichen Probleme und Frustrationen besser überwinden können. Sie haben also nichts zu verlieren – aber viel zu gewinnen.

Bahasa Indonesia

Die meisten Fremden in einem anderen Land vermitteln sich in sprachlich vermeintlich eindrucksvoller, weil dramatischer Weise: erhobene Stimme, fuchtelnde Arme und Hände, langsame Sprechweise und/oder furchterregende Gestik und Mimik. Das ist der Senderton. Das Empfängergeräusch ist sehr schrill: Die Indonesier empfinden **lautes Reden** und **wildes Armfuchteln** als Aggression. **Artikulierte Sprechweise** wird nur dann geschätzt, wenn sie nicht belehrend oder verdummend wirkt. Spontane ausdrucksstarke Körpersprache mag zwar unterhaltend und lustig anzusehen sein, zeitigt aber nicht immer den gewünschten kommunikationsfördernden Erfolg.

Ein Reisender lernt *Bahasa Indonesia* aus demselben einfachen Grunde wie die auf Inseln räumlich verstreut lebenden Indonesier auch: um sich ver-

34

Bahasa Indonesia – *erfreulicherweise kein Buch mit sieben Siegeln*

ständlich machen zu können. **Bahasa Indonesia wird fast überall im Lande verstanden** – außer in den völlig abgeschiedenen Gegenden. In der Presse wird die Kenntnis der **Nationalsprache** klar und unverblümt beschrieben als »ein Mittel, sich mehr Wissen anzueignen und somit auch bessere berufliche Aufstiegschancen einzuhandeln«. *Bahasa Indonesia* ist also für jeden, der einen guten Posten, Ansehen und einen höheren sozialen Rang anstrebt, der Schlüssel zum Erfolg. Sie ist Grundlage der allgemeinen Verständigung, der Ausbildung, des Geschäftslebens und der Regierungsgeschäfte.

Die angenehmen Seiten der *Bahasa Indonesia*

Etwa 70% der Bevölkerung Indonesiens beherrschen *Bahasa Indonesia*. Es gibt keinen triftigen Grund, weshalb sich der Ausländer dieser eindeutigen Mehrheit nicht anschließen sollte, wenn er sich in der Gesellschaft besser zurechtfinden, sich sicherer in ihr bewegen und **Zugang zu den Einheimischen** finden will.

Zum Glück kann sich jeder durchschnittlich begabte Fremde die wichtigsten Kenntnisse der *Bahasa Indonesia* **recht leicht aneignen**. Im Gegensatz zu anderen fernöstlichen Sprachen wie etwa Thai oder Chinesisch spielt die Tonhöhe keine Rolle. Sie müssen sich weder mit ungewohnten Zisch- und Pfeiflauten noch mit komplizierten Deklinationen und Konjugationen quälen, auch gibt es keinen Genus. Die Grammatik ist äußerst logisch aufgebaut. Sie müssen nicht mühselig mit ungelenker Hand mysteriöse Schriftzeichen pauken, denn man verwendet das Ihnen wohlvertraute **lateinische Alphabet**. *Bahasa Indonesia* war (und ist noch immer) die Sprache der Händler, also eine praktische Geschäftssprache ohne ein lange literarische

35

Tradition. Sie ist eine **phonetisch angelegte Sprache**. *Bahasa Indonesia* wurde zu Beginn dieses Jahrhunderts zur Nationalsprache erhoben, und sie war und ist in der Tat für die Einheit und nationale Identität des Landes von hoher Bedeutung. Sowohl Rundfunk *(Radio Republik Indonesia)* als auch Fernsehen *(Televisi Republik Indonesia)* haben sich, ein Glück für den Ausländer, für eine **einheitliche Aussprache** eingesetzt.

Eine große Anzahl von »**Lehnwörtern**« ist in die *Bahasa Indonesia* eingegangen und eine ebenso hohe Zahl von »**Anglizismen**«, wie etwa *konpoi (convoy), demokrasi (democracy), opisboi (office boy)*. Mit nur einem kleinen Funken Selbstvertrauen, das sich mit dem Üben verstärkt, werden Sie die meisten Gespräche meistern. Improvisation und Phantasie zählen mehr als sprachliche Pedanterie!

Natürlich ist es anzuraten, sich ein **Wörterbuch** zuzulegen und nach einem **Lehrer** umzusehen. Es ist sicher sinnvoll, sich so rasch wie möglich mit der **Schreibweise** und den **Zahlen** vertraut zu machen und zu lernen, den eigenen Namen auf Indonesisch zu buchstabieren. Dies ist notwendig, wenn Sie **telefonieren** und **Nachrichten hinterlassen** wollen. Denn wer sich erfolglos bemüht, seinen Namen zu buchstabieren, fühlt sich leicht wie ein Mensch mit einstelligem Intelligenzquotienten.

Das geheimnisvolle Wort *Yah*

Mit Entzücken werden Sie den Lauten *Yes, Ya, Yah* lauschen, insbesondere wenn diese Fragen wie »Haben Sie mich verstanden?« beantworten. Ihr Gegenüber wird Sie strahlend anlächeln, heftig **mit dem Kopf nicken** und die betörenden Worte *ya, ya* von sich geben.

Leider hat dies **nicht unbedingt Zustimmung zu bedeuten**. Häufig bekundet Ihr Zuhörer damit lediglich, daß er noch nicht eingeschlafen, daß er fähig ist, mit seinem Kopf zu nicken, und daß er den unbezähmbaren Drang verspürt, Ihnen zu gefallen und alles zu sagen, was Sie von ihm zu hören wünschen. Folglich: *Ya ... ya ... ya ...*

Phonetische Besonderheiten

Mißverständnisse, wie auch immer sie entstehen, rufen Ärger und Frustrationen hervor, und man ist nur allzugern geneigt, den, der sie auslöst, als dumm oder ignorant zu bezeichnen.

Mitunter helfen bereits **einfache Kenntnisse** weiter. Als wir einmal bei einem chinesischen Metzger einkauften, überreichte er uns einen Zettel mit der rätselhaft verschlüsselten Botschaft *pop cap, pop lion, sperip* sowie einer Preisliste. Da wir wußten, daß in *Bahasa Indonesia* der Buchstabe »c« vor Vokalen »tsch« ausgesprochen wird, ging uns plötzlich ein Licht auf. Er hatte lediglich unsere Bestellung bestätigt: Schweinekoteletts *(pork chops)*, Schweinelende *(pork loin)* und Rippenspeer *(spare ribs)*.

Die Indonesier sind Meister in Mimik, Gestik und Augensprache.
Dies erleichtert die Kommunikation zusätzlich.

Seien Sie auf der Hut, und steigen Sie vorsichtig – nicht wie der Elefant in den Porzellanladen – in Unterhaltungen ein. Andernfalls könnten Sie, ohne es zu merken, **Worte durcheinanderbringen,** so etwa Schlüssel, Hase, Knöpfe und Urin:

Schlüssel	*kunci*	ausgesprochen: »*kuntschie*«
Hase	*kelinci*	ausgesprochen: »*kllentschle*«
Knöpfe	*kancing*	ausgesprochen: »*kantsching*«
Urin	*kencing*	ausgesprochen: »*kentsching*«

Einmal baten wir den Fahrer, den Hasen zu holen, um endlich den Wagen anlassen zu können. Auf ähnliche Weise werden Hosen *(celana)* häufig mit Fenstern *(jendela)* verwechselt. Man kann sich leicht die peinliche Verlegenheit vorstellt, die sich ausbreitet, wenn die Dame des Hauses einem männlichen Hausangestellten erklärt, er solle seine Hosen waschen, die so schmutzig seien, daß man nicht mehr durch sie hindurchsehen könne.
Verwirrung stiften auch die Worte *rumput* (Gras) und *rambut* (Haare). Wir waren einmal einer Freundin beim Einstellungsgespräch mit ihrem neuen Koch behilflich. Im Laufe der Unterhaltung erzählte sie ihm, daß ihr Mann »in den besten Jahren« wäre und allmählich eine Glatze bekäme. Ernsthaft bemüht beschrieb sie dem neuen Hausangestellten, daß ihrem Mann nicht

37

sehr viel Gras auf dem Kopf wüchse. Die **Begeisterung**, die sich auf den Gesichtern Ihrer indonesischen Gesprächspartner widerspiegelt, wenn sie bemerken, daß Sie ihre Sprache sprechen – oder es immerhin versuchen –, wird Sie **für all die geopferte Zeit und Mühe entschädigen**. Sie werden Ihr Bemühen sehr zu schätzen wissen und Sie leidenschaftlich darin unterstützen. Eine soeben in Indonesien eingetroffene Ausländerin stöhnte gedankenverloren:»Meine Enkel würden nicht schlecht staunen, wenn sie sähen, daß ich wie eine ABC-Schülerin die ersten Zahlen pauke.« Nun, ihre Enkel würden ihre Mühen vielleicht tatsächlich nicht zu würdigen wissen, um so mehr aber ihre indonesischen Mitmenschen, allen voran die **Verkäufer auf den Märkten und in den Geschäften**!

Grußformen

Wir hoffen, Sie von den **Vorteilen** und auch dem **Spaß**, den das Lernen der *Bahasa Indonesia* bereitet, überzeugt zu haben. Also fangen wir doch gleich damit an – am besten mit den **Grußformen, die Ihnen Tür und Tor öffnen werden**. Die Indonesier legen höchsten Wert auf die Begrüßungsregeln. Sie sind **mehr als nur ein Ausdruck von Höflichkeit oder ein Lächeln**. Sie sind Ausdruck des zivilisierten Miteinanders und Versicherung gegenseitiger Ehrerbietung.

Überall und zu jedem Anlaß wird gegrüßt. Der **gebräuchlichste (und zudem vom sozialen Rang unabhängige) Gruß** ist das islamische Wort *selamat* (»Segen« oder »Friede«). Diese Grußform findet überall Anwendung: gegenüber hochgestellten Regierungsbeamten, zwischen Arbeitgeber und -nehmer, bei Hausangestellten, Straßenbekanntschaften und bei ehrwürdigen alten Personen ebenso wie bei jungen Leuten.

Ungeduldige und unhöfliche Redeweise ist verpönt. Ob Sie lediglich beim Gärtner eines Freundes eine Nachricht hinterlassen oder sich im *pasar* nach dem Preis für die Tomaten erkundigen wollen: **Sie sollten jegliche Unterhaltung mit der höflichen und ordnungsgemäßen Begrüßung** *selamat* **einleiten.** Der Tageszeit bzw. dem Rahmen entsprechend, können Sie diesen Gruß erweitern (siehe spätere Ausführungen).

Das westliche Allerweltswort »Hallo!« wird in den unterschiedlichsten Situationen verwandt, so etwa im **Restaurant**, um die Aufmerksamkeit der Bedienung auf sich zu lenken: »Hallo … Könnten Sie mir bitte noch einen Kaffee bringen?« Am **Telefon** dient »Hallo« oft dazu, die gewählte Nummer zu bestätigen: »577436? Hallo!«

Eine **lockere Begrüßung unter Freunden** ist *Apa khabar?* (»Hallo, was gibt's Neues?«), und die entsprechende **Antwort** lautet: *Baik, baik sahaja, mas.* (»Soweit ist alles okay, alter Freund.«)

Überall in Asien und besonders in Indonesien hört der Reisende häufig das bekannt-berüchtigte **»Hello Mister«**. Es richtet sich an Kinder wie Erwachsene und gleichermaßen an Männer und Frauen. Es ist ratsam, darauf mit

Das komplexe Problem, »Nein« sagen zu müssen

einem **Lächeln** zu antworten, statt in epischer Breite zu erklären: »Wie Sie sehen, bin ich kein Mann, sondern eine Frau!«

In **abgelegenen ländlichen Gegenden**, wo man Englisch oft nur aus dem Fernsehen oder aus Comics kennt, werden Sie mitunter »Hello Baby! Kiss me? Do you love me?« und ähnliche lästige Annäherungsversuche vernehmen. Sie sollten sich **nicht aufregen**. Ein freundliches **Lächeln und ein angemessener Gruß**, z.B. *Selamat pagi*, wird die Situation immer retten und entspannen.

Grußformen

• *Apa khabar?*	Eine **lockere Begrüßungsform unter Freunden**, etwa: »Was läuft? Was gibt's Neues?« Höflich, aber informell.
• *Bagaimana?*	Etwa zu übersetzen mit: »Wie geht's – wie steht's?« **Sehr informell.**
• *Selamat!*	**Allgemeine Begrüßung**, bedeutet im Wortsinne »Frieden« oder »Segen«. Kann, je nach Situation, mit anderen Grußworten verbunden werden. Es ist zugleich **die förmlichste Begrüßungsart** und wird von **Personen aller sozialen Schichten** verwandt.

Das Erfreulichste ist: Es gibt nur Erfreuliches!

Nachdem Sie nun über das Arsenal von Grußformen verfügen, mit dem Sie Ihre Um-Welt erobern können, möchten Sie nun wahrscheinlich mit den geläufigen »Wie-geht-es-Ihnen?«-Fragen **das Gespräch eröffnen** und somit die erste Stufe auf der Gesprächsleiter erklimmen. Hierbei werden Sie eine **indonesische Besonderheit** kennenlernen: Es gibt nur positive und erfreuliche Neuigkeiten.

Unannehmlichkeiten aus dem Wege gehen

In Indonesien möchte niemand schlechte Nachrichten übermitteln. Es schickt sich einfach nicht. Es ist stillos. Es ist schlicht unmöglich. Schlechte oder unerfreuliche Nachrichten werden verstohlen, nahezu unmerklich, »durch die Blume« vermittelt. Die Indonesier sind auf diesem Gebiet überaus sensibel, hören »das Gras wachsen« und vermögen die **leisesten Anzeichen und Signale entsprechend zu interpretieren**, während der Ausländer häufig wie der »Ochs' vorm Berge steht« und sich demgemäß fühlt (und erscheint).

Schlechte Nachrichten werden oft verpackt in ein Paket unwahrscheinlichster Mutmaßungen darüber, warum etwas mißlang, nicht eintrat, nicht unternommen wurde … Oft lindert eine gutwillige Notlüge die schlechte Nachricht. Man kann die erschreckende Neuigkeit in flehendem Ton oder mit einem breiten Lächeln übermitteln. Auf jeden Fall muß der einleitenden Frage *Apa khabar?* (»Was gibt's Neues?«) die Antwort *Baik, baik* (»Alles in Ordnung«) folgen, selbst wenn einem eine Schreckensbotschaft auf der Zunge brennt.

Die Indonesier sind so sehr darin einfahren, »um den heißen Brei« zu reden, daß die meisten von ihnen die **unverblümte westliche Art** des »Sagen wir doch, wie es ist« und »Karten auf den Tisch« als Methode der Problemerfassung und -lösung **nicht kennen** und folglich auch nicht **mit ihr umgehen können.**

Deshalb ist es sinnvoll, sich anzupassen, Probleme »von hinten durch die Brust ins Auge« anzugehen, im Passiv zu sprechen und stets eine dritte, neutralisierende, unsichtbare Partei ins Gespräch einzubringen. Die Indonesier verwenden viel Zeit und Energie darauf, Tatsachen so zu »arrangieren«, daß sie dem **allgemeinen Bedürfnis nach Problemverdrängung** entsprechen.

Um den heißen Brei reden
Zwölf Möglichkeiten, »Nein« zu sagen

Wenn Sie in Gesprächen und Unterhaltungen die Welt nicht mehr verstehen, weil Ihnen nie etwas Negatives oder eine Verneinung zu Ohren kommt, dann ist es an der Zeit, **die verschiedenen Ausdrücke zu lernen, die »Nein« bedeuten, ohne es offen auszusprechen**. Wenn Sie dann erkennen lassen können, daß Ihnen diese indonesischen Eigenheiten nicht fremd sind, so wird dies in Ihren indonesischen Gesprächspartnern ein Gefühl der Gelöstheit, Entspannung und Vertrautheit erzeugen, da ihre subtile Art verstanden wird. Zugleich und zudem wird **Ihre eigene Frustrationsschwelle sinken**. Indonesier entwickeln sich zu

40

wahren Formulierungsartisten, wenn es darum geht, ein »Nein« zu vermeiden – siehe die folgenden Beispiele.

12 x »Nein«

1. Belum
Noch nicht; nichts wurde versprochen, nichts unternommen.
»Ist das Mittagessen fertig?« – *Belum.* (Noch nicht, aus ungeklärten bzw. nicht näher erklärten Gründen: Es gab keine Lebensmittel, der Herd ist zusammengebrochen, die Katze hat das Suppenhuhn gefressen ...)
»Sind Sie verheiratet?« – *Belum.* (Noch nicht, selbst wenn Sie bereits biblisches Alter erreicht haben.)

2. Tidak usah
Nicht nötig; nicht erforderlich; machen Sie sich darüber keine Gedanken.
»Brauchen Sie einen Regenschirm?« – *Tidak usah.* (Nein, danke. Ich will keinen.)
»Haben Sie die Blumen gegossen?« – *Tidak usah.* (Nein, es hat ja gerade geregnet.)

3. Lebih baik tidak
Ein Ausdruck, um tasächlich **Mißbilligung** etwa in der Weise auszudrücken: »Ich glaube, das ist wirklich keine sehr gute Idee«, oder: »Es wäre mir lieber, wenn Sie dies nicht tun würden.« Wenn man also eine junge Frau nicht allein ausgehen lassen will, könnte man zu ihr sagen: *Lebih baik tidak pergi luar sendiri.* (»Ich würde Ihnen nahelegen, nicht ohne Begleitung zu gehen.«)

4. Tidak boleh
Es ist **verboten**, nicht erlaubt.
Kleine Kinder sagen oft *Tidak boleh ...*, wenn sie sich brav an Verbote halten.

5. Tidak senang
Ich bin darüber **nicht glücklich**, damit **nicht zufrieden**.
Ein Ausdruck, seine Unzufriedenheit mit der Arbeit Angestellter und Untergebener zu äußern. Wenn etwa eine Hausfrau nach der Rückkehr von einer Reise alle Pflanzen verkümmert und vertrocknet vorfindet, weil sich während ihrer Abwesenheit keiner der Hausangestellten darum gekümmert hat, so wird der Ausruf *Saya tidak senang!* (»Ich bin sehr ungehalten, daß man vergessen hat, sie zu gießen!«) überdeutlich ihre Kritik zum Ausdruck bringen.

6. Tidak terima
Ich kann dies **nicht akzeptieren**; kann dem **nicht zustimmen**.
Tidak terima wird in Situationen angewandt, in denen ein Deutscher sagen

würde: »Willst du mich auf den Arm nehmen? Das darf doch nicht wahr sein! Du machst wohl Witze!« Man meldet damit seine starken Zweifel an.

7. *Jangan*

Tu's nicht! Nicht doch!

Ein **warnender Ausdruck, der Unheil vorbeugen will** und dabei zugleich an die möglichen Konsequenzen und Strafen denken läßt. *Jangan duduk di sini!* (»Setz dich hier nicht hin!«)

8. *Bukan*

Wird oft langgezogen zu *Buuukan!* »**Wer hat das getan?**« – *Bukan saya!* (»Ich nicht!«)

9. *Enggak*

Ein nicht sehr wohltönender Kehllaut, der klingt, als versuchten Sie soeben, ein Maiskorn aus Ihrer Luftröhre zu befördern. Das Wort **bedeutet im Jakarta-Dialekt das gleiche wie** *tidak*.

10. *Tidak*

Hat die gleiche Bedeutung wie *»enggak«*. Das Wort wird selten allein verwandt, meist in Verbindung mit dem Verb *mahu* (»wollen, wünschen«) und drückt aus, daß Sie etwas **nicht möchten**.

»Möchten Sie etwas essen? – *Tidak mahu.* (»Nein danke.«)

11. *Terima kasih*

Danke!

Zusammen mit einem unbestimmten Lächeln und einem leichten Kopfschütteln hervorgebracht, bedeutet es »Nein danke!«

»Hätten Sie gern ein Glas Tee?« – *Terima kasih.* (»Nein danke.«) (Wenn Sie aber gern ein Glas Tee hätten, würden Sie das Angebot mit einem **kurzen Nicken** annehmen. In höflichen Gesprächssituationen würde man Sie nicht erst danach fragen, man würde Ihnen das Getränk einfach anbieten. In besonderen Fällen, etwa wenn ein Kind durstig ist, sind höfliche Umwege nicht nötig. Es heißt dann ohne Umschweife: *Dia haus* –»Das Kind hat Durst.«)

12. *Ma'af tidak*

Eine recht **deutliche, dennoch höfliche Art, »Nein, es tut mir leid, ich möchte nicht ...«** zu sagen.

»Eine kleine Spende, gnädige Frau!« – *Ma'af tidak.* (»Nein, tut mir leid.«)

• Es gibt noch einen weiteren Weg, »nein« zu sagen. Wenn ein Indonesier **in einer westlichen Sprache** zu Ihnen sagt **»Ja, aber...«** – dann meint er **»nein«**.

Sechs Möglichkeiten, »Bitte« zu sagen

Wo die deutsche Sprache sich mit einem einfachen »Bitte« begnügt, kennt die *Bahasa Indonesia* **verschiedene Formulierungen, die die feinen Bedeutungsunterschiede sehr genau erfassen** und zum Ausdruck bringen. So wird zum Beispiel unterschieden, ob man jemanden um körperliche Hilfe bittet, nach etwas fragt oder etwas fordert. Ihre indonesischen Freunde und Kollegen werden es zu schätzen wissen, wenn Sie mit dieser Besonderheit vertraut sind. Es gibt **mindestens sechs höfliche und gewandte Weisen, Bitten auszudrücken.**

6 x » Bitte«

1. *Tolong*

Mit *tolong* bittet man um **körperlichen Beistand**. Im Deutschen würde es etwa heißen: »Könnten Sie bitte mal Hand anlegen?«
Tolong, cuci piring. (»Spülst du bitte Geschirr?«)
Ursprünglich beinhaltete *tolong*, sich die Lasten einer Aufgabe zu teilen, zum Beispiel: *Minta tolong dari tuan dan NuSyonya untuk bikin rumah.* (»Unterstützen Sie uns doch bitte finanziell, damit wir uns ein Haus bauen können.«)

2. *Minta*

(Auf-) Forderung, etwas zu erledigen, zu unternehmen.
Minta beli jeruk di pasar. (»Wenn du im *pasar* bist, dann kauf doch bitte auch ein paar Orangen.«)

3. *Cuba*

Versuchen, bemühen.
Cuba buka botol ini. (»Öffne doch bitte diese Flasche.«)

4. *Harap*

Hoffen, erwarten.
Saya harap anda bisa datang. (»Komm doch bitte. Wir hoffen, daß du kommst.«)

5. *Silakan*

Ein **sehr förmlicher Ausdruck für »Bitte«** (»… greifen Sie doch zu, nehmen Sie Platz, fangen Sie an.«)
Silakan minum. (»Lassen Sie sich das Getränk schmecken.«)

6. *Mohon*

Erbitten, ersuchen, erflehen.
Mohon ist der Ausdruck für eine **ehrerbietige, ergebene Bitte**. *Mohon*

ma'afkan saya datang terlambat. (»Entschuldigen Sie bitte meine Verspätung.«)

Das javanische Alphabet

Die **engen Verbindungen der Kultur Javas mit dem Hinduismus** zeigen sich besonders deutlich im javanischen Alphabet. Die **javanische Schrift** geht ganz offensichtlich auf das **Devanagri**, die Schrift der Hindu, zurück. Ein kurzer Blick darauf, und Sie werden erleichtert sein, daß die *Bahasa Indonesia* die Nationalsprache ist.

Wie dem auch sei: **Javanisch ist die Sprache der Literatur** und in prägender Weise mit der Geschichte Indonesiens verbunden. Viele Indonesier können diese Schrift lesen (und auch schreiben).

Über die javanische Sprache gibt es zahlreiche **Anekdoten**. Eine kleine, amüsante Geschichte, die aus den Lauten der einzelnen Buchstaben entsteht, bringt das Alphabet, und wie es gelehrt wird, näher. Wir illustrieren sie hier mit den javanischen Schriftzeichen und erzählen sie nach Sir Stamford Raffles, der die javanische Kultur sehr bewunderte:

ha na ca ra ka

Es waren einmal zwei Krieger ...

da ta sa wa la

... die gegeneinander kämpften ...

pa da ja ya nya

... beide gleich mutig ...

ma ga ba ta nga

... bis sie beide starben.

4
Essen
wie Gott in Indonesien

Liebe geht durch den Magen, und nicht zuletzt aus diesem Grunde werden Sie Indonesien lieben lernen. Wir wollen Sie mit dem unerschöpflichen **Reichtum der indonesischen Küche und ihrer Vielfalt** bekannt machen, auch die **östlichen und westlichen Eßgewohnheiten und Eßkulturen** vergleichen und Sie dabei auf einige **Essenstabus** aufmerksam machen, die Ihnen im Dunkel des ethnischen Schmelztiegels auflauern.

Ein Schlaraffenland auf Rädern

Indonesien ist wahrhaftig ein Schlaraffenland mit einer unendlichen Vielfalt an Speisen, den unterschiedlichsten Küchen, voller Atmosphäre und all dies zu **angenehm überraschenden Preisen.** Eine Ihrer ersten wirklich erfreulichen Erfahrungen erleben Sie, wenn Ihnen die gebratenen Tauben nachgerade in den Mund fliegen – **denn das Essen kommt zu Ihnen.** Leckerbissen strecken sich Ihnen durch das Autofenster entgegen, wenn die Ampel gerade auf Rot steht, wenn der Zug kurz an einem Bahnhof hält, an den Busstationen …

Diese kleinen **Eßpakete** sind bekannt unter dem Namen *bungkusan*, was soviel heißt wie »**in Bananenblätter oder Papier eingeschlagen**«. Meist ist es tatsächlich nur ein Bananenblatt, in das Reis mit verschiedenen Zutaten eingewickelt, mit einem Holzspießchen oder einer Palmblattrippe verschlossen und so schließlich gedünstet wird. Das Bananenblatt dient als Kochgefäß, als Tragebehälter und letztendlich auch als Teller. Neuerdings ersetzt man dieses vielseitig verwendbare und umweltfreundliche Verpackungsmaterial mehr und mehr durch Plastik. Und diese achtlos fortgeworfenen Plastikverpackungen, die sich in den Flüssen und Kanälen und an Straßenrändern wiederfinden, stören nicht nur das Auge, sondern haben sich inzwischen auch zu einem ernstzunehmenden Umweltproblem entwickelt.

Der *rantang*, der unentbehrliche »**Henkelmann**«, besteht aus mehreren Eßbehältern unterschiedlicher Größe, die von einem langen Außengriff zusammengehalten werden. Sie können mit Reis, Fleisch, Fisch, Suppe und/oder Obst gefüllt sein, kurz: **einer vollständigen Mahlzeit für unterwegs.** Erfindungsreiche Unternehmer witterten in dieser praktischen Einrichtung alsbald ein Geschäft und versorgen heute auf diese Weise Büroangestellte mit einem Mittagessen. Am späten Vormittag werden Ihnen auf

Treppen und in Aufzügen die *Rantang*-Männer und -Frauen begegnen. Sie erkennen sie an den zahllosen Behältern, mit denen sie beladen sind und die sie den Angestellten an den Arbeitsplatz liefern. Untere und mittlere Angestellte nehmen sehr häufig ihre Mahlzeit am Schreibtisch ein, oder sie **speisen**, was noch wahrscheinlicher ist, **in kleinen Gruppen auf dem Boden sitzend**.

Eine Freundin von uns war einmal in einer der größeren Botschaften in Jakarta zum Mittagessen verabredet. Sie wollte sich am Fenster der Empfangsloge ausweisen. Das Büro schien jedoch unbesetzt, und so machte sie sich durch ein schüchternes »Hallo« und zaghaftes Klopfen bemerkbar. Daraufhin kroch die Empfangssekretärin unter ihrem Schreibtisch hervor; sie war nämlich gerade dabei, auf dem Boden sitzend ihr in Bananenblätter eingewickeltes Mittagessen zu verzehren.

Straßenverkäufer

***Kaki-lima*-Männer** verkaufen die traditionellen, auch heute noch überall und jederzeit beliebte abwechslungsreichen schmackhaften **Zwischenmahlzeiten**. Diese Händler sind ein typischer und wesentlicher Teil des Lebens in Indonesien, und Sie werden sich nach Ihrer Reise noch lange an ihr Aussehen und ihren **Singsang** erinnern. In jeder Stadt und in jedem *kampung* begegnen Ihnen diese **Straßenverkäufer** mit ihren zweirädrigen Karren. Sie bieten nicht allein preisgünstige Leckerbissen an, sondern verbreiten auch die aktuellsten Neuigkeiten und den neuesten Klatsch.

Früh am Morgen hören Sie das Pfeifen des ***Bubur-ayam*-Mannes**, der als Frühstück dicke Reissuppe mit Huhn feilbietet. Im Laufe des Tages macht dann der ***Cendol*-Mann** mit seinem »Kling! Kling!« auf sich aufmerksam, indem er mit einem Löffel gegen den Rand eines Glases schlägt. In ein solches Glas füllt er seinen Kunden einen Imbiß aus zerkleinerten Früchten, Pudding und süßem Sirup.

»Tok, tok« tönt der ***Bakso*-Mann**, der auf einen kleinen hölzernen Gong schlagend seine Runde macht. Seine Spezialität ist Suppe mit *bakso*, kleinen Bällchen aus gehacktem Fleisch, Huhn oder Fisch. Ein hohes »Ting, ting« verrät Ihnen, daß der ***Bakmi*-Mann**, der Nudelverkäufer, am Tor wartet. Rhythmisch schlägt er einen Löffel gegen den Rand einer jener unverwechselbaren Hühnersuppenschalen.

Abends warten die Kinder sehnsüchtig auf das hohe, anhaltende Dampfkessel-Pfeifen des ***Putu*-Mannes**. Bei ihm gibt es die unwiderstehlichsten Leckereien aus gedünstetem Reismehl, Tapioka, geschmolzenem braunen Zucker und geraspelter Kokosnuß. Und das durchdringende »Teh, teh« des ***Saté*-Mannes**, das allnächtlich klar und deutlich erklingt, wird Ihnen das Wasser im Munde zusammenlaufen lassen. Dann steigert sich Ihr Appetit allmählich zum Heißhunger, wenn Sie zusehen, wie er marinierte, köstlich gewürzte Fleischstreifen für Sie grillt.

Zutaten für die **lumpia goreng**, *eine indonesische »Frühlingsrolle«*

Tip für Hygiene und Gesundheit:

Die *Kaki-lima*-Männer bereiten das Essen meistens **frisch** zu. Dabei spülen sie die Gläser und Schüsseln, in denen der Imbiß serviert wird, in einem kleinen Wassereimer aus, der an ihrer mobilen Garküche befestigt ist. Sehr viele Hausfrauen und Angestellte, die sich bei den *Kaki-lima*-Männern mit

47

Essen versorgen, bringen jedoch eigenes Geschirr mit. Wägen Sie also das **Hygienerisiko** ab, und ziehen Sie selbst Ihre Schlüsse daraus.

Eßstände für den Abend und die Nacht

An den **fest installierten, nur abends geöffneten Ständen** können Sie die verschiedensten kleinen **Spezialitäten** kosten. Hier finden Sie zum Beispiel *martabak*, pastetenähnliche Teigtaschen, gefüllt mit einer delikat gewürzten Mischung aus Fleisch, Eiern, Frühlingszwiebeln, die gut und gern eine volle Mahlzeit ersetzen. Die wenigsten dieser Delikatessen werden auch zu Hause am eigenen Herd zubereitet. Beim Straßenbummel entdecken Sie allerorten **kleine, an allen Seiten offene Stände mit manchmal vier bis sechs Tischen.** Manche dieser *warung* verkaufen lediglich Kaffee oder Getränke in Flaschen, andere sind auf Suppen oder Reisgerichte spezialisiert. Meist hat der Besitzer die Speisen daheim bereits vorbereitet, so daß die Zubereitung am *warung* in allerkürzester Zeit geschieht.

Das *Rumah Makan*

Die *rumah makan* sind **Restaurants, in denen Speisen auf Bestellung zubereitet werden.** Sie können sich das Essen auch ohne weiteres zum **Mitnehmen** einpacken lassen.

Es wird Ihnen auffallen, daß die **Speisekarten** mitunter umfangreicher sind als die lokalen Tageszeitungen – ruhig Blut! Die sechs- oder achtseitige Auswahl bedeutet nicht unbedingt, daß alles Genannte auch serviert wird. Dieses **verwirrend reiche Angebot** entspringt eher dem Wunsch der Küche, alles Genannte kochen zu können, bzw. der Annahme, daß die Gäste gern (zumindest theoretisch) ein Restaurant mit solch umwerfender Speisenvielfalt besuchen.

Ersparen Sie sich die Qual der Wahl und das lange Anhören von Entschuldigungen wie *Ma'af, tidak ada* und *Sudah habis* (»Tut uns leid, das gibt es nicht.« bzw. »Das ist leider ausgegangen.«). Am besten fragen Sie, der Einfachheit halber und Ihren Nerven zuliebe, was es noch gibt: *Sedia makana apa?*

Schnellimbiß- / »Fast-Food«-Restaurant

Früher blieb der Besuch eines Schnellimbißlokals nicht ohne Folgen, denn schon kurz darauf probten Magen und Darm den Aufstand. Die Zeiten haben sich jedoch geändert. Heutzutage finden Sie überall auf den Inseln **Schnellimbiß-Ketten westlichen Stils**, die Hähnchen, zubereitet auf die verschiedensten Weisen, und Eiscreme anbieten. In solchen Restaurants stoßen Sie sowohl auf indonesische Familien als auch auf zahlreiche Ausländer, die

Tragbares Restaurant mit hungrigen Zaungästen

lange anstehen, um endlich einmal wieder »wie bei Muttern« essen zu können.

Immerhin gaben diese Plastiklokale den Anstoß dazu, daß heute überall auf **Sauberkeit und schnelle Bedienung** Wert gelegt wird. In den »guten alten

49

Tagen« wußten sich die Ausländer noch Geschichten zu erzählen von Katzen und Ratten, die die Hafenrestaurants bevölkerten, und von überall auf Bali auf der Suche nach Essensabfällen herumstreunenden Hunden, ganz zu schweigen von all den Nagetieren, die regelmäßig wohlbekannte Restaurants heimsuchten und so zu deren einschlägigem Ruhm beitrugen.

Restaurants von internationalem Standard

In größeren Städten finden Sie auch **Restaurants von sogenannt internationalem Standard**, besucht von solchen Feinschmeckern, die dieses Niveau (oder sich selbst als Teil desselben) zu schätzen wissen. Manche von ihnen genießen zu Recht einen sehr guten Ruf. Gemeinsam ist jedoch fast allen eines: **Sie sind sehr teuer.**

Essen: Ein ethnokultureller Spiegel

Die indonesische Speisenpalette ist so schillernd bunt wie die Völkervielfalt des Landes. **Die verschiedenen Landesteile, Regionen und Volksstämme haben alle ihre eigene Eßkultur.** Die einzelnen »Nationalspeisen« gleichen Erkennungszeichen. Einige davon wollen wir Ihnen vorstellen und schmackhaft machen.

Man hat einmal junge berufstätige Indonesier befragt, worunter sie bei einer plötzlichen Versetzung in einen anderen Landesteil am meisten zu leiden hätten. Man erwartete Antworten wie: Angst vor der Trennung von der Großfamilie, vor den Schwierigkeiten, neue Freundschaften zu schließen, vor Entfremdung von der eigenen ethnischen Gruppe. Doch weit gefehlt! Sie waren ausnahmslos gequält von der Vorstellung, altvertraute Speisen missen zu müssen und »exotische« Gerichte vorgesetzt zu bekommen. Nach dem Motto: »Was der Bauer nicht kennt, das frißt er nicht.«

Einige Gerichte, so etwa *nasi goreng* (gebratener Reis) und seine Variationen, gelten als **Nationalspeisen im eigentlichen Wortsinn**. Viele andere jedoch sind **typisch nur für bestimmte Landesregionen**. So wie man bei Gouda an Holland denkt, bei Plum Pudding an England, bei Ice Cream Sundae an die USA, bei Quiche Lorraine ans Elsaß und bei Würstl mit Kraut an Süddeutschland – ebenso werden bestimmte Gerichte in Indonesien mit bestimmten Landesteilen in Verbindung gebracht:

Bei *nasi liwet* (weißer Reis mit Huhn in Kokoscreme) drängt sich stets **Solo in Zentral-Java** in den Sinn. Wer eine Schwäche für *nasi jaha* und *onde-onde* besitzt, ist ein Liebhaber der **Minahasa-Küche**. *Sayur asam* (saures Gemüse) kommt aus **West-Java** und *sayur lodeh* (verschiedene Gemüse in Kokosmilch) aus **Zentral-Java**.

Und sämtliche Speisen aus den *rumah makan* von **Padang** sind ohnehin sofort identifiziert: Sie befreien unweigerlich Ihre Stirnhöhlen mehr, als die Heilmethoden aller HNO-Ärzte es je vermögen könnten. Essen in Padang bietet dem westlichen Ausländer einen Vorgeschmack auf das Fegefeuer: Er stöhnt, schreit, zieht kühlende Luft über die verbrannten Lippen und Schleimhäute scharf ein und läßt Tränen und Hitzeschweiß freien Lauf. Wenn Sie ein echter *aficionado* der Padang-Küche sind, so stöhnen Sie entrückt: »Einfach himmlisch!« – während auf Ihren Lippen die ersten Blasen aufspringen, und bekräftigen, da Ihre Stimme versagt, Ihr Lob mit heftigem Nicken.

Sowohl die **Zutaten** als auch die **Zubereitungsweisen** der indonesischen Küche spiegeln die **unterschiedlichen Geschmacksrichtungen der Kochkulturen** von Chinesen, Indern, Arabern, Holländern und Portugiesen wider, die seit Jahrhunderten schon auf dem Archipel angesiedelt sind. Eine derart reich und abwechslungsreich gefüllte Vorratskammer stellt jeden Gaumen zufrieden.

Eine der reizvollsten Eigenschaften der indonesischen Küche liegt in der **Einheit des Widerspruchs**, dem *yin* und *yang* der geschmacklichen Gegensätze: Jedes scharfe Gericht wird durch ein gaumenkühlendes ergänzt. In der Verwirklichung führt dieses Prinzip der kulinarischen Gegensätze zu einem **überbordenden Speisenangebot. Bewirtungen von Gästen** geraten nicht selten zu sinnlichen Orgien; die Tafeln sind Augen- und Gaumenschmaus zugleich und drohen unter der Fülle der aufgetischten Speisen zusammenzubrechen. Im westlichen Ausland wohl am bekanntesten ist die *Rijsttafel* (Reistafel), die traditionell von zahlreichen Hausangestellten serviert wird.

Am reichgefüllten **Obstkorb** des Landes Geschmack zu finden wird Ihnen ganz gewiß nicht schwerfallen. Ihr Gaumen wird Ihnen für diese Genüsse dankbar sein. Und Ihrem indonesischen Gastgeber schmeichelt es, wenn Ihnen die *jeruk bali* (eine Pomelo von der Größe einer Kokosnuß) und die *salak bali* (eine wundersame Frucht mit einer echsenähnlichen Haut) vertraut sind oder die herrlichen Mangos aus Probolinggo in Ost-Java munden. Dies ist eine angenehme und harmlose Art, sich als Kenner und Feinschmecker zu zeigen, die, wie Sie vergnügt feststellen werden, den Indonesiern sehr gefällt und zugleich die Unterhaltung anregt.

Exotische kulinarische Entdeckungen

Überall in Asien, und insbesondere in Indonesien, **erscheint nahezu jeder tierische Körperteil auf der Speisekarte**. Ein indonesischer Freund erzählte uns die folgende Anekdote: Während seiner Studienzeit in Australien wollte seine Frau einmal sein Leibgericht kochen, für das sie (nach westlichen Maßstäben minderwertige) Fleischabfälle benötigte. Vorsichtshalber schwindelte sie dem Metzger vor, der »Abfall« wäre für ihren Hund bestimmt. Ein sehr kluges Vorgehen, denn hätte jemand das schmackhafte Mahl gekostet, so wären die Preise für derlei Fleischabfälle sicherlich in die Höhe geschnellt.

Hier nun **einige exotische Spezialitäten**, die Ihnen auf der Speisekarte eines *warung* oder *rumah makan* begegnen werden:

• *Belut blado:* Aal, zubereitet mit reichlich Chilisoße. Diese Spezialität stammt von den **Minangkabau** in West-Sumatra.

• **Hund:** Bei den **Batakern** Nord-Sumatras und den **Minahasa** des nördlichen Sulawesi gelten Hunde, vor allem schwarze Hunde, als Delikatesse. Jeder kennt dort den kleinen Knittelvers:

> *Die Maus hat Angst vor der Katze,*
> *die Katze hat Angst vor dem Hund,*
> *der Hund hat Angst vor den Minahasa.*

• *Gulai kambing:* Ein Ziegenfleisch- oder Lammfleisch-Curry. (Speisen mit dem Namensteil *gulai* sind **Currygerichte**.)

• *Gulai otak:* Rinderhirn-Curry. Ein sehr scharfes Reisgericht, das von den **Minangkabau** in West-Sumatra stammt.

• *Jeroan goreng:* Gebratene Innereien wie Lunge, Leber, Hühnerklein und Nieren. Eine **ursprünglich javanische**, mittlerweile aber gesamt-indonesische Spezialität.

• *Pece lele:* Ein Gericht aus gekochtem **Fisch**, der in Stückchen zerteilt mit Chilisoße und *Kemangi*-Blättern (süßem indonesischem Basilikum) zubereitet wird. Es verströmt einen sehr intensiven Geruch.

• *Sambal goreng saren:* Eine sehr nahrhafte, daher oft für Kinder zubereitete Mahlzeit aus eingedicktem, gebratenem **Hühnerblut**.

• *Sop kaki kambing:* Eine köstliche **Suppe** aus Ziegen- oder Lammkeulen mit Innereien, gehackter Lunge, Blase und Penis, gewürzt mit Kokoscreme.

• *Soto madura:* **Suppe nach Madura-Art**, mit vielerlei möglichen Zutaten, u.a. Hühnerfleisch, Innereien und Gemüse.

• *Soto ayam:* Der **indonesische Beitrag zum internationalen Hühnersuppen-Kochwettbewerb**, und viele Gourmets würden der *soto ayam* sicher den ersten Preis verleihen. Sie ist eine wunderbar leichte, mit Zitronengras und anderen Gewürzen abgeschmeckte Hühnerbrühe. Man fügt bei Tisch nach eigenem Geschmack Glasnudeln, geschnittene hartgekochte Eier, zerteiltes Hühnerfleisch, gehackte Schalotten oder Frühlingszwiebeln, knusprig gebratene Kartoffeln, Bohnensprossen, *emping* (zarte Kräcker aus

»Haben Sie auch Bockwurst oder Pommes mit Mayo?«

Melindjo-Nuß), frischen Limettensaft und *sambal* (Chilisoße) hinzu. Ein Genuß jenseits des Irdischen!

• ***Usus gajah:*** (Wörtlich übersetzt: Elefanteninnereien). Wer weiß, vielleicht war dies früher eine für Könige bestimmte Spezialität, bei der tatsächlich die Innereien von Elefanten verwandt wurden? Heute jedoch beschränkt man sich auf **Rindfleisch**, das gebraten und von einem Ei gekrönt serviert wird.

Etwas ganz anderes und **meist sehr süß** sind einige dickflüssige, klumpige **Getränke** wie *es cendol* und *es adpokat* oder die Kokosmilchgetränke, die oft mit Zuckersirup und Kokosnußstücken serviert werden.

Besondere Eßgewohnheiten und Tabus

Reis gilt als **Symbol des Lebens und Wohlstands**, weist jedoch auch eine unangenehme Nebenwirkung auf: Kinder bekommen leicht faulige Schneidezähne, und zwar wegen der Gewohnheit, beim Essen den Reis unter ihre Oberlippe zu schieben und gegen die Zähne zu pressen. Der im Reis enthaltene natürliche Zucker greift den Zahnschmelz an. Die Zähne der Erwachsenen sind allerdings meist makellos und gesund.

Ubi (weiße oder gelbe **Süßkartoffeln**) gelten als **Arme-Leute-Essen**. Sie sollten bei der Bewirtung indonesischer Gäste also besser davon absehen, ihnen Kartoffeln zu servieren. Eine Ausnahme könnte wohl eine europäische Mahlzeit, etwa Schweinebraten, mit kandierten Süßkartoffeln *(ubi kuning)* darstellen. Sie könnten erklären, daß es sich dabei um ein traditionelles Gericht Ihrer Heimat handelt, so daß Ihre Gäste nicht beleidigt wären. Und man wird Ihnen dann vielleicht erzählen, daß kandierte Süßkartoffeln hier *kolak* heißen und oft als süßer kleiner Nachmittagsimbiß gereicht werden.

In Indonesien essen nur die Sundanesen West-Javas **rohe Gemüsekost** *(lalap);* ansonsten wird Gemüse nur gekocht oder gedünstet verzehrt. (Dies erklärt vielleicht, weshalb indonesische Gäste Ihren liebevoll zubereiteten Rohkostsalat ignorieren.)

Javanische Frauen nehmen während der Stillzeit keinen Fisch zu sich. Zudem vermeiden auf Java, nach unserer Kenntnis aber auch auf anderen Inseln, viele Frauen den Verzehr von Gurken, Ananas und Bananen, weil dadurch angeblich die Scheidenhaut zu feucht wird.

Nicht allein Muslime, auch Angehörige anderer Religionsgemeinschaften verzichten auf den Genuß von Schweinefleisch. Mancher Koch wird sich gar weigern, das unreine Schweinefleisch auch nur zu berühren. Befinden sich unter Ihren Gästen Muslime, so sind diese Ihnen für den Hinweis sehr dankbar, daß oder ob Schweinefleisch auf der Speisekarte steht. Falls ja, sollten Sie Schweinefleischgerichte auf einem gesonderten Serviertisch, etwas abseits von den anderen Speisen, anrichten, niemals aber zusammen mit anderen Gerichten auf einem Teller.

Die meisten Indonesier halten sich an die **Tabus ihrer ethnischen bzw. religiösen Gruppe**, aber Sie werden natürlich auch Verstöße gegen diese Tabus bemerken. Dies ist nur allzu menschlich angesichts einer **strikten religiösen Zuordnung**, die sich sinnfällig darin ausdrückt, daß die Religionszugehörigkeit auch im Personalausweis vermerkt ist.

5
»Typisch indonesisch«

Entdecken der fremden Verständigungskultur

Für den Blickwinkel der Wahrnehmung kennen wir vielerlei Begriffe: **Standpunkt, Weltsicht, persönliche Perspektive, persönliches Wertesystem, Daseinsgrund**. Sie alle schließen die starke **Verhältnismäßigkeit der Wahrnehmung jedes einzelnen** Menschen ein. Der Bauer, der in die Stadt zieht, wird bemerken, daß seine altvertrauten Wertvorstellungen, die daheim auf den Feldern und im Dorf *(desa)* galten, im Stadtleben nicht zählen. Er wird sich isoliert, ausgesetzt und verlassen fühlen, aller Sicherheit beraubt, die ihm seine Familie und die Dorfgemeinschaft gaben. Ein hektischer, einsamer Kampf um den Tageslohn löst den Rhythmus gemeinschaftlicher Feldarbeit ab. Wertmaßstäbe, Einschätzungen und Reaktionen hängen natürlich nicht nur von Situationen und Personen, sondern auch von **sozialen und ethnischen Gegebenheiten** ab. Eine vielzitierte Anekdote verdeutlicht die ganz unterschiedlichen Verhaltensweisen indonesischer *suku* (ethnischer Gruppen) in ein und derselben Situation:

Ein Mann tritt einem anderen Mann auf die Füße. Wäre dieser andere ein Batak, so würde sich seine Miene verfinstern und er sein Mißfallen sogleich

55

laut und unüberhörbar kundtun – doch dies wäre alles. Wäre er hingegen Javaner, würde er sich höflich räuspern, mit vorsichtigen Gesten auf das gepeinigte Körperteil hinweisen, möglichst viele Leute um sich scharen und durch Übereinstimmung mit den Umstehenden zu der Entscheidung gelangen, daß er höchstwahrscheinlich irgendwann irgend etwas unternehmen wird. Ein Balinese würde beten, ein Buginese oder Madurese den Übeltäter auf der Stelle zusammenschlagen. Käme er aus Padang, so würde er dem Missetäter Geld anbieten, um die Angelegenheit gütlich zu regeln.

Diese liebenswerte Anekdote ist eigentlich philosophisch: Sie umfängt ein Meinungsspektrum von 360° und zeigt zugleich, wie eng die jeweiligen Blickwinkel sind. Und wenn zu den persönlichen und ethnischen auch noch die **nationalen, sozialen, wirtschaftlichen …Interessen und Blickwinkelverengungen bzw. -erweiterungen** treten, nun, dies ist das Thema der restlichen nachfolgenden Seiten.

Handeln

Es gibt zahlreiche, unterschiedliche Einstellungen gegenüber dem **Feilschen**. Man kann es als ehrenwertes, kaufmännisches Verhalten betrachten, als geldsparende Technik, als eine lästige Übung, als eine allseits erwartete Form von Höflichkeit, als eine soziale Möglichkeit, Entgegenkommen zu erbitten, oder schlicht nur als Merkmal einer unterentwickelten Ökonomie. Fällen Sie Ihr Urteil nicht vorschnell! In ganz Asien ist das Handeln über Warenpreise und Dienstleistungen eine **Kunstform**, verfeinert wie ein Tanzschauspiel und ausdrucksvoll wie ein Gemälde oder ein Gedicht. Beim Handeln in Indonesien sollten Sie wissen: **Alles hat mehrere Preise – jeder Kunde den ihm entsprechenden.** Festgesetzte Preise würden die **Freude am Spiel** nur verderben, die Möglichkeit rauben, zum Beispiel einem guten Kunden entgegenzukommen oder einem unkundigen Käufer das Fell über die Ohren zu ziehen.
Während gehandelt und mit Preisvorschlägen Ping-Pong gespielt wird, bleibt genügend Zeit, sich über die Kinder zu unterhalten oder den neuesten Klatsch auszutauschen. Natürlich kreisen beim Feilschen die Gedanken vornehmlich um das zu ersparende Geld und will jeder als Sieger aus dem Gefecht hervorgehen, doch würden die meisten Händler und Kunden dies wohl nicht als das wahre **Lustmotiv des Handelns** angeben. Der meist von geschäftlicher Unrast getriebene Ausländer ist verblüfft (oder gar verärgert), wenn er den Widerwillen und Widerstand seines Handelspartners spürt, das Geschäft schnell abzuwickeln. Statt dessen verschwendet er viel Zeit, Mühe und Geduld auf die Suche nach Läden mit festen Preisen, um sich dort scheinbar sicher und wie daheim zu fühlen.
Die **charmanten Rituale des asiatischen Handelns** verführen zum Lächeln – so die Ehrenbezeichnung *langganan* (besonders geschätzter Kun-

Markt in Riau (Sumatra)

de) oder das zusätzliche Stück Obst im Korb, ein Blumenstrauß oder eine Pflanze als kleines Geschenk. »Unterentwickelt« und völlig unzivilisiert ist dagegen nur das **herablassende Betragen des Ausländers**, der hochmütig nach den vertrauten, computergesteuerten elektronischen Registrierkassen Ausschau hält und sich dann enttäuscht einem höflich lächelnden *tukang* gegenübersieht, der alle vorhandenen Taschen nach dem erforderlichen Wechselgeld durchforstet.

Wie Sie beim Handeln am besten handeln

In den größeren Städten finden sich inzwischen viele Läden mit festen Preisen – ohne Überraschungen, effizient, unpersönlich und standardisiert. **In den kleineren Geschäften jedoch ist Handeln üblich**, zumindest das Fragen nach einem Preisnachlaß. Sind Sie im Zweifel, dann **lächeln** Sie und fragen nach einem Nachlaß und runden dabei die Summe auf einen glatten Betrag ab, der etwas unter dem geforderten Preis liegt. Denn schließlich: Was riskieren Sie schon?
In den Straßenläden (Ausnahme sind die Eßstände) ist Handeln die Regel. Fangen Sie bei etwa 50 bis 60% unter dem ersten Angebot an, und erhöhen Sie so lange weiter, bis Sie sich mit dem Verkäufer geeinigt haben (üblicherweise liegt der letzte Preis etwa 10 bis 12% unter dem geforderten Ausgangspreis). Dieses Wechselspiel mag sich 15 bis 30 Minuten hinziehen, in der Zwischenzeit können Sie sich über die Einkäufe der anderen Kunden auslassen, die eine oder andere Bemerkung über das Wetter fallen

lassen, also nach Belieben **plaudern**, während die Preise neu überdacht werden. **Zögern Sie auch nicht, mit den Schultern zu zucken und gegebenenfalls sogar aus dem Laden zu gehen.** Die Chancen, daß man Sie zurückruft und das Geschäft doch noch zum Abschluß kommt, stehen äußerst günstig.

Es sollte Ihnen bewußt sein, daß Sie kaufen **müssen**, wenn Sie sich mit dem *tukang* auf einen Preis geeinigt haben. **Es gilt als flegelhaft, handelseinig zu werden und dann nicht kaufen zu wollen.** Auch sollten Sie keinesfalls wütend werden, sondern stets die **Ruhe bewahren**.

Handeln ist ein Zeitvertreib, ein **soziales Miteinander**, das nach den Regeln eines Spiels verläuft. Seien Sie sich bewußt, daß das Gedächtnis eines *tukang* dem eines Elefanten gleicht und er darin alles »abspeichert«, um es bei künftigen Geschäften wieder abzurufen.

Viele Ausländer gewöhnen sich so sehr an das Handeln und beherrschen die Spielregeln derart lustvoll, daß sie noch nach ihrer Rückkehr in die Heimat nicht davon lassen können – oft mit ungeahntem Erfolg.

Kleines Wörterbuch des Handelns

Bagaimana?	»Was meinen Sie (zu meinem Angebot)?«
Berapa rupiah, ini? (*Ini berapa?*)	»Wieviel kostet das?«
Harganya berapa?	»Was ist der Preis?«
Laris!	»Verkauft!« (Oft werden Sie beobachten, daß der *tukang* beim Aussprechen dieses Wortes mit dem Geld auf andere Waren klapst, womit er seine Hoffnung zum Ausdruck bringt, auch diese bald absetzen zu können.)
Masa!	»Unmöglich!« »Unglaublich!« »Das darf doch nicht wahr sein!« (Am eindrucksvollsten ist es, wenn Sie bei diesem Ausruf die Hand ans Herz führen, um anzudeuten, daß Sie wegen des sündhaft teuren Preises einem Infarkt nahe sind.)

Rugi!	»Ruin!« (Mit diesem fatalistisch gemurmelten Wort beantwortet der *tukang* Ihr *Masa!*)
Untung!	»Viel Glück, ein guter Fang, ein Bonus« – gilt bei Geschäftsabschluß für beide Seiten, für Sie mit den frisch erstandenen Waren unter dem Arm, für den *tukang* mit Ihrem Geld in der Tasche.

Baden

Jeden Indonesier würde es freuen, von einem Ausländer zu hören, zu seinen schönsten Erinnerungen an Indonesien zähle das Geräusch des den lieben langen Tag plätschernden Badewassers im *mandi*.

Nun klingt dieses Geräusch in einem heißen Land nicht nur angenehm und verlockend – es ist in Indonesien auch Erkennungszeichen eines wichtigen Lebensbereiches, der **Körperpflege**. Die meisten Indonesier baden zweimal täglich. Sie lieben und schätzen das Gefühl körperlicher Sauberkeit. **Badelust/Lustbaden ist allgemeines Gesprächsthema**. Sie werden kleine Kinder fröhlich rufen hören: *Sudah mandi!* (»Ich habe gerade gebadet!«) Auf Zentral-Java stellen Besucher, die am späten Nachmittag vor der Türe stehen, häufig die höfliche Frage: »Wie geht es Ihnen? Haben Sie schon gebadet?« Falls nicht, so können Sie nun gelassen im Badezimmer verschwinden, während Ihr Gast verständnisvoll und geduldig wartet.

Im kühlen Naß macht Baden Spaß

Manche Ausländer, die zum ersten Mal das **traditionelle indonesische Spritzbad** *mandi* kennenlernen, werden vielleicht das gewohnte heiße Fließwasser und die intime Abgeschiedenheit vermissen oder das befremdliche Baden in Kleidung als störend empfinden.

Die indonesische Art des Spritz-Badens gleicht einer Wasserschlacht! Das Wasser klatscht gegen Körper, Wände, Boden, sogar gegen die Decke – und dieses Geräusch wird von Rufen lustvollen Schauders des Badenden begleitet. Üblicherweise ist das Badewasser **kühl** oder hat Außentemperatur. Nur für Kranke, Kleinkinder und Ausländer wird Wasser erhitzt. Indonesier trauen kaum ihren Augen, wenn sie in den Badezimmern von Ausländern tiefe, flauschige Teppiche erblicken, denn ihr Badevergnügen besteht gerade darin, das Badezimmer unter Wasser zu setzen.

Das *tempat mandi* kann ein Badezimmer westlichen Stils sein oder ein kleiner Raum im hinteren Teil des Hauses, ebensogut ein durch Flechtmatten abgeschirmter Bereich im Freien oder auf dem Lande einfach ein lauschiges Fleckchen am Flußufer. Manchmal teilen sich einige Familien das »Badezimmer«. Handtuch, Seife und Shampoo bringt jeder selbst mit. Meist tragen die Badenden Gummisandalen, da der Boden aus Fliesen, Zement, Sand, Brettern oder festgestampfter Erde besteht.

Indonesier lächeln mit hochgezogener Augenbraue über die zahlreichen (wahren) Geschichten, nach denen Ausländer in den *bak mandi* (Wasserzuber) hineinkletterten – und es dort scheußlich unbequem fanden. Ist doch der *bak* lediglich ein **Wasserbehälter, keine Badewanne.**

Volkstümlich baden ...

... bedeutet keineswegs immer, dabei splitternackt zu sein. Wenn Ihnen allerdings ein halbwegs geschlossener Raum (Wände und Dach) zur Verfügung steht, dann werfen Sie Ihre Kleider ab und planschen Sie ungehemmt nach Herzenslust!

Im Dorf, am Fluß oder in einer Waschgelegenheit, die nur durch eine Flechtmatte abgetrennt ist, sollten **Frauen** sich im *sarung*, in den sie sich von den Achseln abwärts einwickeln, waschen. Wenn Sie Ihre Toilette beendet haben, hüllen Sie sich in einen trockenen *sarung* ein, halten die Enden mit den Händen oder Zähnen fest und lassen den nassen *sarung* darunter fallen. Der trockene *sarung* dient nun als Handtuch und Kleidungsstück zugleich. **Männer** sollten in solcher Umgebung die Unterhosen nicht abstreifen. **Kinder** bis zum Alter von acht Jahren müssen sich nicht an diese Regeln halten und können nackt baden, ohne damit irgend jemanden vor den Kopf zu stoßen.

Kulturschock Wasserleitung

Es ist ein ungeschriebenes Gesetz, **nach dem Bad den Ort sauber und den Wasserbehälter gefüllt zurückzulassen.** In den Dörfern läuft das Becken oft ohne Beaufsichtigung voll, weil man davon ausgeht, daß es sicher irgend jemand hören wird, wenn der Behälter überläuft.

Diese **Gewohnheit, das Wasser ohne Aufsicht nachlaufen zu lassen,** findet sich allerdings auch in den Städten wieder, in den Toiletten von Privathäusern und Büros, in den Küchen etc. Die triefenden Wände und quatschnassen Böden in den Waschräumen von Büros und Wohnungen verführen den Fremden leicht zu der Annahme, es gäbe in Indonesien keine Klempner. Und die hochgerollten Hosenbeine von Büroangestellten lassen den Ausländer instinktiv eine Überschwemmungskatastrophe vermuten. Streng dazu erzogen, Wasserhähne stets sorgfältig abzudrehen, erleidet der Fremde einen dauerhaften Kulturschock. Es fällt ihm nicht ganz leicht, sich daran zu gewöhnen, daß die Indonesier **nicht nur das Toilettenbecken spülen, sondern gleich den gesamten Toiletten- und Baderaum** (obwohl dies sicher-

Ländliche Badekultur

lich weitaus hygienischer ist als eine Toilettenumrandung aus »flauschigem« Flokati).

Früher hielt man im *bak mandi* Goldfische und andere kleine Fische, um die Insekten zu vernichten und somit auch der Übertragung des Denguefiebers vorzubeugen. Heute ist diese ökologische Gesundheitsvorsorgemaßnahme aber meist nur noch in Dörfern zu finden. Chemikalien, zu erhalten in allen Gesundheitsstationen, haben diese Aufgabe übernommen.

Etikette der Toilette

Westliche Ausländer, deren innere Organtätigkeiten im fremden Land oft genug in Verwirrung geraten, verfallen häufig in Panik, wenn sie verzweifelt – meist ohne Erfolg – nach abschließbaren Sitztoiletten mit Wasserspülung Ausschau halten. In solchen Fällen verlangen sie von Blase und Darm heroisches Durchhaltevermögen. Dabei sollten Sie in Indonesien diese doch so menschlichen Bedürfnisse nicht durch falsche Scham unterdrücken. **Haben Sie ein waches Gefühl für das zu Erwartende und planen Sie voraus.**
In vielen **ländlichen Gebieten** laufen die Dorfbewohner weite Strecken, um am Fluß ihre Notdurft zu verrichten, oder aber sie graben ein kleines Loch, das nach Gebrauch wieder aufgefüllt wird. Selbstverständlich sind Sie, und nur Sie, für die Beseitigung Ihres biologischen Mülls verantwortlich.
So sauber die beschriebenen Verhaltensweisen auch sind, denken Sie stets daran, daß in Bächen, Flüssen und Teichen die für das tropische Asien typischen Parasiten hausen. Das rein erscheinende Wasser ist häufig voller tückischer **Krankheitserreger**, die insbesondere Ihre Darmflora derart zu

61

beeinträchtigen vermögen, daß es Ihnen endlich gelingt, Tolstois pfundschweres Werk *Krieg und Frieden* sozusagen »auf einen Sitz« in der Toilette zu lesen.

Wenn Sie sich **im Dorf waschen wollen** bzw. **zur Toilette müssen**, sollten Sie sich unmißverständlich ausdrücken. Es ist allgemein üblich, in der Badestelle auch Wasser zu lassen. »Größere Geschäfte« sind dort nicht erlaubt. Man erwartet daher, daß Sie Ihr Bedürfnis **klar benennen** (und wird Sie auch unverblümt fragen!). Dann wird man Sie zur Familientoilette, einer Grube oder einem Graben, führen. Meist, jedoch nicht immer, werden die Gruben mit etwas Wasser »gespült«, oder man deckt sie mit Erde ab. Sehen Sie sich einfach um, dann wird Ihnen die gängige Praxis leicht erkenntlich. Es setzt sich mehr und mehr durch, den *bak mandi* (zum Waschen) und die Stehtoilette (korrekter: Hocktoilette) **zusammen in einen Raum** zu verlegen (so z.B. in Restaurants, Flughäfen, Bahn- und Busbahnhöfen). Hier benutzt man das Wasser des *bak mandi* ebenso zum Toilettenspülen wie zu einer schnellen, erfrischenden Dusche – ein Segen für jeden Reisenden in diesem Land.

Die Stehtoilette

Reisende, die mit Stehtoiletten (eigentlich: **Hocktoiletten**) nicht vertraut sind, empfinden zunächst Argwohn – dabei werden sie von weit über der Hälfte aller Menschen benutzt.

Die Indonesier entledigen sich beim Toilettenbesuch der Hosen und Unterwäsche und hängen sie an einen Haken oder Nagel. Dies ist bequem und erspart den lästigen Kampf mit der eigenen Kleidung. Zudem ist der Inhalt ihrer Hosentaschen vor dem Fall in den Toilettenschlund bewahrt. (Die Rückgewinnung Ihrer verlorenen Habseligkeiten würde sicher nicht zu den rühmenswertesten Erlebnissen Ihres Aufenthalts in Indonesien gehören.) Außerdem ist es ratsam, die Kleidung möglichst weit von der Wasserspülung entfernt aufzubewahren. Denn es ist **hoffnungslos, gezielt spülen zu wollen** – es wird vernünftigerweise immer ein aufwendiger Aufwasch werden, der die gesamte Toilette in ein Wasserklosett (im wahrsten Sinne des Wortes) verwandelt.

Verzichten Sie auf die Suche nach **Toilettenpapier** in den traditionellen WCs. Bereiten Sie auch Ihre Kinder auf diese Neuartigkeit vor. Wenn Sie nicht ständig Ihre eigene Toilettenpapierrolle mit sich tragen wollen, dann lautet das Motto: **waschen**, nicht wischen. Die **linke** Hand (mit kurzen Nägeln) und reichlich Wasser beenden das Toilettenritual. Denken Sie daran, daß nur die linke Hand diese Aufgabe erfüllt. Jetzt erklärt sich auch, weshalb man **die linke Hand niemals zum Essen benutzt oder mit ihr Waren oder Nahrung überreicht**.

Für **Kinder** bestehen kaum Reinlichkeitstabus. Nasse Hosen und ähnliche Mißgeschicke werden von den Eltern ruhig und gelassen zur Kenntnis

Im kühlen Naß macht Baden Spaß. (Bantimurung-Wasserfall in Süd-Sulawesi)

genommen. Man zieht die Kinder um, wischt die störenden Pfützen auf, und das Problem ist ohne viel Aufhebens beseitigt. Die auf dem Lande üblichen Toilettengepflogenheiten lassen sich nicht immer ohne Konflikte auf eine neue Umgebung übertragen. So haben auch die Landbewohner Schwierigkeiten, sich den ungewohnten **modernen Sitten** anzupassen, die vor allem in den Zügen, Flugzeugen und Großstädten Einzug gehalten haben. In Flugzeugen geben die Stewardessen und Stewards stets genaue Anweisung, wie die chemischen WCs zu benutzen sind. Oft kann man auf den Toiletten der größeren Flughäfen gequältes Personal beobachten, das die Fluggäste vom Lande davon abzuhalten versucht, aus gewohnter Bequemlichkeit und einer durchaus vernünftigen Hygienevorstellung heraus die Toilettenbrillen zu erklettern.

Tips für Badezimmer und Toilette
Tu und Tabu!

Tabu!: In der Öffentlichkeit **nackt baden**. Halten Sie sich bedeckt!

Tu!: Führen Sie die **Reinigung** Ihres Astralkörpers **unbekümmert** fort, selbst wenn Sie eine Menschenmenge anziehen. Dabei ein wenig mit Zahnbürste, Kamm oder Shampoo herumzualbern, dies lockert die Stimmung und läßt Sie zudem vielleicht Freunde gewinnen.

Tabu!: Das **Badezimmer** dient ausschließlich der **Körperpflege**. Die »innere Reinigung« findet an einem anderen Ort statt.

Tu!: Hinterlassen Sie das Badezimmer in **sauberem Zustand**.

Tu!: Nehmen Sie bei Bedarf Ihr eigenes **Toilettenpapier** und Feuchttücher mit.

Tu!: **Danken** Sie jedem, der Ihnen weitergeholfen hat. *Menumpang mandi* (das Benutzen von Bade- und Waschgelegenheiten) ist wichtiger Teil der indonesischen Gastfreundschaft.

Hygiene-Lexikon

Bak mandi:	Der Wasserbehälter (aus Zement oder verfliest) im Baderaum/Waschbereich
Gayung:	Duschkelle, Schöpfkelle zum Baden (dies kann auch eine kleine Dose oder ein Plastikeimer sein)
Kamar mandi:	Badezimmer oder Waschbereich
WC:	Toilette (ausgesprochen »wei sei«) – nicht zu verwechseln mit *kamar mandi*
Mandi:	Baden bzw. Badebereich
Permisi, boleh menumpang mandi?	»Entschuldigung, dürfte ich bitte ein Bad nehmen?«
Ada WC?	»Gibt es hier eine Toilette?« (Diese Frage schließt ein, daß Sie die Toilette auch benutzen wollen. Sie müssen nun Ihr Anliegen wie folgt konkretisieren:)
Mahu buang air kecil.	»Ich muß Wasser lassen.«
Mahu buang air besar.	»Ich möchte Stuhlgang verrichten.«

Düfte

Mitunter werden Ihnen in den Toiletten **Mottenkugeln** auffallen, die schein-bar die Aufgabe von »Luftreinigern« übernommen haben. Keine Angst, es gibt auch keine Monstermotten, die Fliesen anknabbern. Die Kugeln sollen lediglich eine Invasion der Küchenschaben abwehren, die Bildung von Schimmelpilz hemmen und die Luft »verbessern« – wenn schon keine fri-sche vorhanden ist. In Gegenden, wo der Wasserdruck sehr niedrig ist, scheint Sauberkeit durch einen Berg von Mottenkugeln ersetzt.

Schenken und beschenkt werden

Sie werden bewundernd bemerken, wie graziös Indonesier ihre Hände »handhaben«. Es ist besonders graziös, wenn diese Hände **Geschenke über-reichen**.

Die Indonesier lieben es, andere zu beschenken. **Gebefreudigkeit** scheint ein **nationaler Charakterzug** zu sein. Schenken bestärkt das Gefühl des sozialen Miteinanders. Und es kann durchaus geschehen, daß Sie in diese liebenswerte Sitte einbezogen werden. Auf jeden Fall sollten Sie die **typi-schen und wesentlichen Gelegenheiten, bei denen Geschenke überreicht werden**, kennen.

Wenn Sie einen Gegenstand mit **allzu offenkundiger Begeisterung loben**, so kann dies dazu führen, daß Ihr indonesisches Gegenüber Ihnen das so sehr bewunderte Objekt zum Geschenk macht. Zwar ist dieser Brauch in Indone-sien weniger verbreitet als in anderen Teilen Asiens, doch Sie sollten sich der möglichen Folgen solcher Komplimente bewußt sein. Sagen Sie es ruhig frank und frei, wenn Ihnen etwas gefällt, aber **zähmen Sie Ihre Euphorie**, bis Sie die sozialen Signalzeichen richtig zu deuten und einzusetzen verste-hen.

Tips für Schenkende und Beschenkte

Tu! und Tabu!

Tabu!: Geschenke werden **nicht vor den Augen des Gebers geöffnet**. Dies geschieht üblicherweise später allein oder im engen Kreis der Familie. (Ausnahme: Überreicht man **Ausländern bei öffentlichen Anlässen** Geschenke, so wird erwartet, daß sie diese auch sogleich öffnen. Achten Sie auf Zeichen aus Ihrer Umgebung, die Ihnen andeuten, wie Sie sich am besten verhalten.)

Tu!: Denken Sie daran, daß man sich in Indonesien **nicht förmlich für Geschenke bedankt**.

Tabu. Sie können sicher sein, daß Ihre indonesischen Freunde sich daran erinnern werden, was Sie ihnen geschenkt haben, und bei späterer Gelegenheit einmal darauf zu sprechen kommen. Viele Indonesier führen tatsächlich Buch darüber, wer was für sie getan bzw. ihnen geschenkt hat, so daß **sie sich im richtigen Augenblick mit einem gleichwertigen oder sogar höherwertigen Geschenk erkenntlich zeigen** können.

Geschenkanlässe

• Sollten Sie länger in Indonesien weilen und dort einen Haushalt führen: Wenn der *tuan* oder die *nyonya* (Herr bzw. Frau des Hauses) von einer längeren Reise zurückkehrt, so erwarten die **Hausangestellten** ein *ole-ole*, ein kleines Geschenk im Sinne eines **Reisesouvenirs**.

• Wenn Sie in eine Gegend reisen, die für bestimmte Delikatessen bekannt ist, so sind derlei **lokale Spezialitäten** die besten **Mitbringsel** für Ihre indonesischen Bekanntschaften und Freunde (zum Beispiel die *salak*-Frucht aus Bali, *gula jawa* aus Zentral-Java oder Fisch bei einer Reise ans Meer).

• Für einen erwiesenen **Dienst oder Gefallen bedankt** man sich häufig mit einem Geschenk, das den Gaumen erfreut.

• Bei den meisten Volksgruppen Indonesiens ist es liebenswerter Brauch, **nach einer Feier die Essensreste aufzuteilen und den Gästen mit nach Hause zu geben**. (Hier vereinen sich Gastfreundschaft und praktische Vernunft, denn nicht jeder besitzt die Möglichkeit, größere Mengen von Lebensmitteln längere Zeit frisch und kühl zu halten.)

• **Wenn Indonesier Sie nach Hause, insbesondere zum Essen, einladen**, dann sollten Sie der Gastgeberin eine Kleinigkeit mitbringen, etwa eine Schachtel Pralinen, Kekse oder einen Blumenstrauß, und Ihr **Gastgeschenk** ohne Förmlichkeit übergeben.

• Wenn **offizielle Gruppen oder Delegationen** (von Firmen, Schulen, sozialen Organisationen o.ä.) Bildungseinrichtungen, Fabriken oder sonstige Betriebe besichtigen, so ist es üblich, ihnen kleine **Andenken** *(kenang-kenangan)* zu überreichen. Indonesier verschenken meistens kleine Fahnen oder gravierte Plaketten; manche **Ausländer** könnten für solche Gelegenheiten einen Vorrat von Bildbänden über ihr Heimatland bereithalten.

• *Hadiah* ist ein **Geschenk in Form eines Preises**. Ein *hadiah* mag eher ein Trostpreis sein, etwa ein Glas in einem Paket Waschpulver, oder auch ein echter, in einem Wettkampf errungener Preis.

• *Kado* heißen **anläßlich einer Einladung (zum Geburtstag, zur Hochzeit o.ä.) überreichte Geschenke.** Das häufig hübsch anzusehende Einschlagpapier nennt man *kertas kado* und die entsprechenden Glückwunschkarten *kartu kado.*

Von Tieren und Haustieren

Es wird überliefert, daß der Prophet Mohammed eher ein Loch in seinen Gebetsteppich geschnitten als eine darauf schlummernde Katze aufgestört hätte.

Nun, ob diese **Tierliebe** und Wertschätzung der Kreatur noch heute und für gesamt Indonesien gilt, wissen wir nicht und erscheint dem Ausländer wohl fraglich. Ebensowenig wissen wir, ob die merkwürdig aussehenden Schwänze der **Katzen** tatsächlich auf einer besonderen genetischen Anlage beruhen. Dem Fremden werden unweigerlich die zahlreichen Katzen mit ihren verstümmelten oder verbogenen Schwänzen ins Auge fallen. Man findet sie auf allen Inseln des Landes, doch scheint die meisten von ihnen auf Java zu hausen. Sie sind klein und fressen mit Vorliebe Reis und Fisch. Sie streichen auf Müllhalden und Abfallbergen herum, in den *pasar* und auf Hausdächern, wo sie als eine Art Hausmeister die Ratten jagen. Manche possierliche (oder lediglich von ihren Besitzern so gesehene) Hauskatzen mögen in der Tat von der Jagd auf Ratten und ähnlich unliebsame Parasiten leben – die meisten allerdings heften sich in der Hoffnung auf regelmäßiges Futter an die Fersen des Küchenmädchens.

Die indonesischen **Hunde** *(anjing kampung)* besitzen die Eigenschaften aller verwilderten Hunde: Sie sind schlau, zäh und verteidigen hartnäckig ihr Territorium. Immerhin sind uns bislang keine Schreckensmeldungen über Hunde, die sich zu gefährlichen, reißenden Rudeln zusammenrotten, zu Ohren gekommen. Zwar treten Fälle von Tollwut auf, doch besteht für wohlversorgte Haustiere keine ernsthafte Gefahr.

Wie viele Asiaten, so sind auch die Indonesier **Vogelliebhaber.** Man hängt die Käfige häufig im Freien, in Bäumen oder an Stangen, auf. **Singvögel** sind sehr beliebt und begehrt, jedoch auch teuer. Geschäfte bieten Kassetten mit dem Gezwitscher besonders sangeslustiger Vögel an. Im »Taman Mini Indonesia Indah« in der Nähe von Jakarta finden Sie einen weiträumigen, begehbaren Vogelzwinger, in dem Sie die Vögel in einer verhältnismäßig natürlichen Umgebung beobachten können.

Auf **Schlangen,** bedrückender Alptraum vieler Ausländer, werden Sie in den inneren Stadtbereichen glücklicherweise kaum stoßen. Mitunter wird man Ihnen zwar eine abenteuerliche Geschichte vom Fang einer Riesenpython in Ost-Java erzählen, doch sind die häufigeren und gefährlichen Giftschlangen glücklicherweise meist scheue Wesen, die vor dem Menschen die Flucht ergreifen.

»Tierische« Tips

Tu! und Tabu!

Sollten Sie bei einem längeren Indonesien-Aufenthalt nicht auf das Halten von **Haustieren** verzichten wollen:

Tu!: **Halten Sie sich vor Augen,** daß Ihr Haushund oder Ihre Hauskatze vermutlich regelmäßiger mit (vor allem proteinhaltigerer) Nahrung versorgt werden als die Menschen in den *kampung* Ihrer Nachbarschaft.

Tabu!: Erwarten Sie von **Muslimen** nicht, daß sie Ihren Hund versorgen, ihn ausführen oder gar mit ihm spielen.

Tu!: Bereiten Sie sich aber andererseits auch darauf vor, daß man Ihnen beim **Tod eines verhätschelten Haustieres** »beistehen« will. Es gibt Erzählungen über Hausangestellte, die die verschiedene Kreatur in Leichentücher hüllen, mit Duftwasser besprenkeln und Blütenblättern bedecken oder gar ein *selamatan* bereiten, um den Schmerz des Besitzers lindern zu helfen.

Ehre und Gesicht

Auch der soeben erst eingetroffene Tourist nimmt unmittelbar die **verfeinerte soziale Etikette der Javaner** wahr, die gesamt Indonesien geprägt hat. Der Versuch, sich in diesem Benimmsystem »zu verhalten«, führt beim westlichen Besucher häufig entweder zu Frustration oder zu Faszination. Beide Reaktionen sind widersprüchlich-einheitlicher Ausdruck einer zu überwindenden Schwelle, die sich akademisch (es gibt sehr viele gelehrte Bücher darüber!) durch den **jahrhundertealten hinduistischen Einfluß** erklären läßt. Dies wird Ihnen jedoch nicht erklären, weshalb zum Beispiel Ihr Taxifahrer lacht, während er Ihnen berichtet, daß vor kurzem sein jüngstes Kind gestorben ist.

Es ist bekannt, daß die Javaner ihre **Gefühle verbergen** und kaum jemals offen zeigen, was sie wirklich empfinden. »Es ist sehr schwer, uns kennenzulernen«, lautet die Herausforderung – und die Verlockung: »Wenn es dir jedoch gelingt sollte, so wären wir auf immer herzliche und verläßliche Freunde.«

Der Reisbauer, der zwar nicht die historischen und mystischen Wurzeln der sozialen Verhaltenskultur genau kennt, weiß immerhin, daß **jedem sein Platz zugeteilt ist** und daß es Sicherheit und Seelenruhe bedeutet, diese Gegebenheit hinzunehmen. Und in den Nischen dieses Ordnungssystems (oder draußen vor der Tür? oder im Niemandsland?) befindet sich der **Ausländer**, krampfhaft bemüht, das Richtige zu tun. Wie immer Ihre Herange-

Ehrerbietung, ausgedrückt durch Handhaltung und Kopfhöhe

hensweise auch aussehen mag – weltbürgerlich liberal, traditionell oder einfach nur zurückhaltend wohlerzogen –, **Sie sollten sich grundsätzlich folgendes vor Augen halten:**

• Jeder Indonesier nimmt einen gesellschaftlichen Rang ein.
• Niemand steht auf der gleichen Stufe mit irgend jemand anderem.
• Der gesellschaftliche Rang ändert sich mit den äußeren Gegebenheiten.
• Achtungserweise sind immer und überall Grundlage des sozialen Verhaltens.

Diesem Sozialverhalten liegen die folgenden **Wertkategorien** zugrunde:

• *Malu* – Soziale Scham und Schande
• *Gengsi* – Äußerer Schein
• *Asal bapak senang* – Den Chef bei Laune halten
• *Memojokan* – Nicht beachtet werden

69

Jeder nimmt einen gesellschaftlichen Rang ein

Wir können uns an folgende Begebenheit erinnern: An einem späten Nachmittag trafen wir in einem winzigen Dorf in einer abgelegenen Gegend West-Javas ein. Erschöpft und schmutzig von der Reise, entstiegen wir unseren schlammverkrusteten Landrovern, um in gebührender Weise den **Dorfältesten** und seine Frau zu begrüßen. Hofften wir doch auch, bei ihnen übernachten zu können. Die Tatsache, daß bei ihr die Zähne nur noch Jugenderinnerung waren und er seine Arbeitstage im Schatten und Schutz eines behäbigen Wasserbüffels zubrachte, änderte gar nichts daran, daß wir ihnen in diesem Augenblick **Respekt** zu bekunden hatten.

Wir wurden uns dessen im nachhinein noch deutlicher bewußt, als andere Reisende, ebenso schmutzig und ebenso dringend auf der Suche nach einer Schlafgelegenheit, das Dorf erreichten. Ohne die **»gesichtsverleihenden« Begrüßungsformalitäten** zu beachten, verlangten sie recht unverblümt Bewirtung und Unterkunft. In der höflichen, distanzierten javanischen Art gab ihnen die alte Frau zu verstehen, ihnen nicht weiterhelfen zu können. Später gestand sie ein: »Sie haben meine Gefühle verletzt, als sie meinen Mann nicht auf die Weise begrüßten, die seinem **Rang** entspricht.«

Niemand steht auf gleicher Stufe mit jemand anderem

In Indonesien ist es sehr wichtig, **den wechselseitig gebührenden Respekt zu zeigen**. Ein westlicher Ausländer schilderte uns humorvoll, wie fremde Gäste, die einen ähnlichen sozialen Rang innehatten wie ihre Gastgeber, in der Provinz empfangen wurden. Unzählige Male war zu hören: »Bitte, nach Ihnen … Nein, nach Ihnen … Aber ich bitte Sie …«, bis es endlich allen Anwesenden gelungen war, über die Schwelle zu treten und Platz zu nehmen. Dem folgte wiederum eine lange Zeitverzögerung, da innerhalb der Gruppe erst irgendwie/irgendwann geklärt werden mußte, wer/weshalb rangmäßig dazu auserkoren war, das Treffen offiziell zu eröffnen.

Der gesellschaftliche Rang ändert sich mit den äußeren Gegebenheiten

Eine Form der **Respektbezeugung gegenüber gesellschaftlich Höhergestellten** äußert sich darin, daß man sehr **nachsichtig auf Verspätungen, Störungen oder Unannehmlichkeiten reagiert**, die von ihnen ausgelöst wurden. Man erwartet, dies gelassen und verständnisvoll hinzunehmen – zumindest an der Oberfläche. Jedes andere Verhalten ließe auf Mangel an gutem Benehmen *(kurang ajar)* schließen.

Zur Entschädigung schlägt das eigene Stündlein zu Hause: Hier erwartet man, daß die Hausangestellten gutgelaunt das Essen servieren, auch bei verspäteter oder unangemeldeter Heimkehr. **Status und das jeweils angemes-**

sene Verhalten ändern sich mit der Situation und den beteiligten Personen.

Auf **einige typische Situationen**, die solche gegenseitige Respekterweisungen verlangen, wollen wir näher eingehen, denn auch **Sie als Ausländer** werden sich diesen Situationen mit hoher Wahrscheinlichkeit gegenübersehen.

Die Regeln des Respekts gelten immer und überall!

Ehrerbietung drückt sich unter anderem darin aus, daß Sie **zu einer Verabredung oder einem Treffen früh genug erscheinen**, um auf das Erscheinen den Ehrengastes zu warten. Zwar wurde das Motto: »Spute dich und warte dann!« nicht gerade in Indonesien erfunden, aber als Respektsbezeugung findet es durchaus Anwendung und Beachtung.

Sie bekunden Respekt auch dadurch, daß Sie **einen Gast zu seinem Auto begleiten,** bei geselligen Zusammenkünften alle eintreffenden und sich verabschiedenden **Gäste mit Handschlag grüßen** und **in Gesprächen unangenehme Themen vermeiden.**

Selbstverständlich bringen Sie gegenüber allen **älteren Menschen** (also gleich, welcher sozialen Schicht sie angehören) Ihre Ehrerbietung zum Ausdruck.

Es mag verwirrend klingen, doch zollt ein **Gastgeber** seinen Gästen gerade dadurch Respekt, daß er sie zunächst im Wohnzimmer warten läßt, während er sich umkleidet, Tee zubereitet und Gebäck serviert. Dann erst erfolgen auf beiden Seiten die Höflichkeitsrituale, und niemand erwähnt die vorangegangene **Wartezeit.**

Es ist Zeichen rücksichtsvollen Respekts, dem anderen **schlechte Nachrichten vorzuenthalten**. Läßt sich dies nicht vermeiden, so sollten Sie sie **mit einem Lächeln überbringen.**

Man wird Sie also, begleitet von flehendem Gekicher oder unterdrücktem Lachen, über herzzerreißende persönliche Dramen, den Tod eines Kindes oder den Verlust von Haus und Hof, unterrichten – ein Verhalten, das Ausländer immer wieder aufs neue an ihrem Verstand zweifeln läßt. Niemand wird darauf belustigt reagieren. Eine **angemessene Erwiderung** ist betroffenes Murmeln.

Der äußere Höflichkeitskodex zählt mehr als die Auseinandersetzung mit der Realität. Deshalb muß man seinen Gästen Speis' und Trank anbieten, selbst wenn die Kekse bereits muffig schmecken. Die Geste zählt, nicht der Geschmack.

Diese Regel gilt auch für die zwischenmenschlichen Beziehungen. Ein intelligenter und energiegeladener **Büroangestellter** wird sich **immer seinem Vorgesetzten unterordnen**, so einfallslos, verbummelt, energielos und trottelig dieser auch sein mag – wegen des unterschiedlichen gesellschaftlichen Ranges.

Malu, Gengsi, Asal bapak senang und *Memojokan*

Malu bedeutet, **Gesicht zu verlieren** – oder noch deutlicher: Jemanden *malu* zu machen, heißt ihm seine respektable Gesichtsmaske abzureißen und seine dahinter verborgenen Mängel und Fehler bloßzulegen. So mag es dann tatsächlich »gesichtsrettender« und ehrerbietiger sein, es zuzulassen, daß sich jemand zum Gespött der Leute macht, anstatt ihn **unverblümt vorzuwarnen** und dadurch Gesicht verlieren zu lassen.

Hausangestellte erklären mit diesem Begriff oft das schüchterne Verhalten ihrer Kinder. *Malu* gilt häufig auch als Begründung und Entschuldigung dafür, daß man einer **Auseinandersetzung mit unfähigen Autoritäten aus dem Wege geht**.

Malu kann auch tiefe **Beschämung** bedeuten. Die kleinen oder größeren Fehler oder Verfehlungen von Angestellten und Hauspersonal, die oft unausgesprochen bleiben, um **peinliche Konfrontationen zu vermeiden**, können für die Betroffenen schwerwiegendes *malu* heraufbeschwören. So geschieht es recht häufig, daß Angestellte ohne Ankündigung ihre Arbeitsstelle verlassen, um solchen Auseinandersetzungen zu entfliehen.

Niemand wird öffentlich angeprangert, denn nichts ist schändlicher, als **öffentlich kritisiert** zu werden und keine Gelegenheit zu haben, die eigene (vielleicht völlig andere) Sicht der Dinge darzulegen. Jemand kann sich auch *malu* fühlen, weil die Eindeutigkeit der Situation keine leicht dahingeworfene Ausflucht ermöglicht.

Alle Indonesier, ob jung oder alt, werden ständig ermahnt, sich als **würdige Vertreter ihrer Familie, ihres Betriebes, ihrer Schule o.ä.** aufzuführen – *Jangan malu*, »Mach uns keine Schande!«, so lautet die Weisung. Den westlichen Besucher mag diese Moral verwirren, da sie im Kern voraussetzt, daß Missetäter und Opfer (oder Zeuge) gleichermaßen vor der unerquicklichen Lage bewahrt werden sollen. Als **Ausländer** könnten Sie eine untergründig von *malu* bestimmte, Situation leichtfertig mit der egoistischen Floskel »Das ist dein Problem!« übergehen. **Doch bedenken Sie dabei unbedingt, daß in Indonesien alles geteilt wird: Raum, Güter und Gefühle.**

Gengsi: Die Bedeutung dieses Begriffes bewegt sich zwischen »**den äußeren Schein wahren« und Protzen**, manchmal auch »falschem Stolz«. (Natürlich sind dies keine spezifisch indonesischen Eigenschaften.) Interessant ist, daß die Indonesier selbst sehr freizügig und offen Verhalten oder Vorhaben als *gengsi* bezeichnen. Bevor Sie selbst jedoch diesen **wertenden Begriff** anwenden, sollten Sie sich zuvor bei vielen Gesprächen in die Nuancen seiner Bedeutung »eingehört« haben.

Asal bapak senang: Dieser Ausdruck bedeutet poetisch übersetzt in etwa »Vaters Glücksquelle«. Übersetzen Sie ihn frei und trivial mit: »**Gelobt sei, was dem Boss gefällt.**«

Javaner behaupten, dieser philosophische Wertmaßstab sei typisch indonesisch. Indonesier hingegen, die anderen ethnischen Gruppen angehören, würden ihn aber wohl eher als typisch javanischen Wert bezeichnen.

Indonesische Kinder werden schon früh im Schoße der Familie auf **Gefälligkeit** und **Konfliktvermeidung** hin »trainiert«. Dies ist Widerspiegelung einer geradezu nationalen Eigenschaft.

Im **sozialen und Geschäftsleben** bedeutet *asal bapak senang*, daß die Untergebenen sich unterordnen. Ausdruck dieser **Unterordnung** ist »gefälliges Sprechen«. Es geht nicht darum, Wahrheiten oder knallharte Tatsachen zu verkünden, sondern dem Zuhörer just das mitzuteilen, was er vermutlich hören möchte und ihn daher wohl erfreut.

Im günstigsten Falle wird Ihnen diese Einstellung Peinlichkeiten ersparen; Sie werden manchmal unverdiente Komplimente erhalten und vernehmen, daß alles in Ordnung sei (was Sie dann vielleicht selbst zu glauben beginnen). Im schlimmsten Falle hören Sie eine Übertreibung mit einem Körnchen Unwahrheit darin. Oder anders ausgedrückt: Der Traum ist das Fundament des Schloßbaues. Wundern Sie sich also nicht, wenn **die Worte das Gegenteil der Tatsachen sind**. Wenn Sie zum Beispiel wissen, daß die Firma *XYZ* kurz vor dem Ruin steht, die Angestellten dieser Firma jedoch die unternehmerische Weisheit des Inhabers preisen, dann wird Ihnen keine Lüge erzählt, sondern lediglich die Wahrheit beschworen.

Tief beeindruckt von dieser Einstellung, fragten wir indonesische Freunde, wie denn unter solchen Umständen harte und unverblümte Fakten auf den Tisch derer gelangen könnten, die Entscheidungen in Politik und Wirtschaft zu treffen hätten. **Diskret**, sehr diskret, damit kein Gefühl von *malu* entsteht. Ein **vertrauter Ratgeber** überbringt das »heiße Eisen« dem Schmied.

Wenn Sie **mit Indonesiern zusammenarbeiten** wollen, so werden Sie Ihre Wertschätzung für sachliche Kritik vergessen müssen. Ihre indonesischen Partner folgen einer anderen produktiven und konstruktiven Logik: Wenn sie spüren, daß Sie den Erfolg einer Sache wünschen, dann werden sie dies auch **durch die Verschönerung der Tatsachen unterstützen**. Kritische Bemerkungen werden sie nur zaghaft andeuten.

Memojokan bedeutet den **sicheren sozialen Tod**. Jemand wird » mit dem Gesicht zur Wand in die Ecke gestellt« – der **endgültige Gesichtsverlust**, die **soziale Isolation** als Folge.

Verzeihen

Das **Bedürfnis, um Vergebung zu bitten und zu verzeihen**, ist tief in der indonesischen Ethik verankert. Dies zeigt sich bei vielen Gelegenheiten, wird aber insbesondere beim *lebaran* stark formalisiert.

Zu diesem Anlaß statten die Muslime ihren **Vorgesetzten**, den **älteren Ehrenpersonen** und dann ihren **Freunden** Pflichtbesuche ab, um sie für (vermeintliche oder tatsächliche) Verfehlungen und Schwächen im vergangenen Jahr um Vergebung zu bitten. Die Grußkarten, die Freunde bei diesem Anlaß austauschen, wünschen nicht eigentlich »Fröhliches *lebaran*«; sie bedeuten eher *Ma'af lahir batin* (»Verzeih all meine Fehler«). Wenn Sie in Indonesien leben und **Hauspersonal** beschäftigen, so kann es Ihnen am *lebaran* widerfahren, daß Ihre Bediensteten Sie auf Knien um Vergebung für ihre Schuld bitten.

Allerdings ist die Aufforderung »Vergib mir meine Schuld!« nur ein **sehr allgemeines (und eher unverbindliches) Eingeständnis von Fehlerhaftigkeit**. Die Bitte bezieht sich keineswegs auf die konkreten Verfehlungen des vergangenen Jahres – also nicht auf die verheimlichten Beulen an Ihrem Auto, nicht auf die angeschlagene Porzelanvase, deren lädierte Seite verschämt zur Wand blickt, und nicht auf Ihre beim Bügeln versengte Bluse, die nun tief im hintersten Winkel des Kleiderschrankes auf Entdeckung wartet. Es geht um eine **generelle Absolution**, um ein Abwischen der Kreidetafel von Schuldstrichen – auf ein neues!

Natürlich erwartet im **Geschäftsleben** ein Vorgesetzter oder Chef, daß er von einem Angestellten, der einen schwerwiegenden Fehler begangen hat, umgehend aufgesucht, der Fehler eingestanden und er um Vergebung gebeten wird. Der Chef, der in den meisten Fällen bereits informiert sein dürfte, spielt entweder den Überraschten und gewährt dann Vergebung, oder er nimmt die Entschuldigung ohne Umstände an. Wir erfuhren, daß **eine solche Entschuldigung angenommen werden muß**. Dies beweist nicht lediglich bloßes gutes Benehmen. Es bedeutet vielmehr die **ritualisierte Philosophie der sozialen Harmonie in Familie, Gesellschaft und Geschäftswelt**, die Sehnsucht nach der Harmonie der Widersprüche.

Die Bereitschaft, vielfältige und zahlreiche Entschuldigungen anzunehmen, ist keineswegs Ausdruck von verantwortungslosem, nachlässigem Laisserfaire. Vernunft und Rationalität sind selbstverständlich auch in Indonesien bestimmend. Wenn drakonische Maßnahmen notwendig werden, geschehen sie aber nicht als solche. Man leitet **vorsichtige Schritte** ein, die dem Betroffenen kein *malu* (Scham und Schande) androhen. Es heißt, Indonesier vergäben zwar leichtherzig, vergäßen jedoch nie. Im Akt der Verzeihung ist bereits das Bemühen eingeschlossen, die gleiche Veranlassung in Zukunft zu verhindern.

Eine **Person von hohem sozialen Status** bietet rangniedrigeren (etwa einfachen Hausangestellten oder ungelernten Arbeitern) **keine formelle Bitte um Entschuldigung** an. Schuld oder Versagen wird vielmehr dadurch eingestanden, daß man kleine Geschenke überreicht oder sonstige Gefälligkeiten erweist. So bleibt die **soziale Distanz** gewahrt. Eine formelle Entschuldigung würde den anderen verunsichern und verlegen machen. Für **westliche Ausländer**, meist von egalitärer demokratischer Überzeugung«, mag diese Erkenntnis eine schwer zu schluckende Kröte sein, aber sie müssen nun einmal **als Gäste die indonesischen Sozialregeln akzeptieren** lernen.

Formelle Bitte um Vergebung während des **lebaran**

Von Gespenstern, Geistern und anderem Greuel

Die Indonesier sind beides: sehr **religiös** und sehr **abergläubisch**. Neben ihren tief verankerten religiösen Empfindungen wuchert überlieferter Geisterglaube.

»Wenn du nicht brav bist ...«
Geistergeschichten als Erziehungsmittel

Familien, die es sich finanziell erlauben können, stellen eine **Kinderfrau** ein, von modernen Indonesiern auch Babysitter genannt. Die Kinderfrau kümmert sich nicht nur um die alltäglichen Bedürfnisse der Kinder. Sie trägt wesentlich zu ihrer **Erziehung** bei. Meist kennt sie eine Fülle von Geschichten, die in der Geisterwelt spielen. Diese **Schauermärchen** liefern den Kindern spannende Unterhaltung und dienen daneben dazu, ihnen gutes Benehmen beizubringen und sie, oft durch Furcht, gefügig und gehorsam zu machen.

Einige dieser **furchterregenden Geister** haben sich auf Kindesentführungen spezialisiert, manche rufen böse Krankheiten hervor, andere sorgen für Unfälle oder stürzen ganze Familien ins Unglück. Ein indonesisches Ehepaar, das wir nach dem tieferen Sinn dieser Gruselgeschichten und ihrer Rolle bei der Kindererziehung fragten, lachte und meinte unbekümmert: »Oh ja,

75

wir erzählen gern solche Geschichten, um den Kindern Angst einzujagen!« Tatsächlich scheint die Grenze zwischen Märchenwelt und Realität für viele indonesische Kinder fließend zu verlaufen.

Zu den auf **Java** bekannten Geistern zählen die *sundelsolog*, die es lieben, Schrecken unter den Erwachsenen zu verbreiten, während der *way-way* sich auf Kinder kapriziert. Der Tatbestand, daß es bis heute noch niemandem gelungen ist, eines dieser bösartigen Wesen einzufangen, und daß sie sich Europäern nur äußerst unwillig offenbaren, beeindruckt ihre Glaubensgemeinde keineswegs.

Die *leyak* treiben ihr Unwesen auf **Bali** und sind Meister der schwarzen Magie, aber auch der Kindesentführung; sie werden von der wilden Hexenkönigin Rangda angeführt. Während die *buta* die Küsten unsicher machen, verstecken sich die *kala* in den dichten und dunklen Urwäldern.

Und in **Sulawesi** bleiben die Kinder nachts lieber im Haus, um nur nicht dem *pokpok*, dem »Fliegenden Kopf«, zu begegnen.

Ausländern wird auffallen, daß in entlegenen Dörfern kleine Kinder oft angstvoll vor ihnen die Flucht ergreifen. Dies ist nur allzu verständlich, wenn man weiß, daß viele der bösen Hexen und Geister aus den Gruselgeschichten eine **weiße Hautfarbe** haben. Es ist der Fluch der bösen Tat, Ergebnis der Erfahrung der Indonesier mit den Kolonialherren. Eine weitere charmante **Kennzeichnung europäischer Ausländer** ist der Ausdruck *bulé*, »**Bleichgesicht**«.

Auch die Kinder mancher ausländischer Familien, die in Indonesien leben, fürchten sich davor, allein und ohne Licht zu schlafen. Häufig geht ihre Angst auf die Schauermärchen der Hausangestellten zurück. Wenn Sie ein Ende dieser Horrorerzählungen wünschen, so sollten Sie dies mit **klaren, aber ruhigen** Worten verlangen.

Es kann aber auch Ihnen (was wir nicht hoffen) durchaus widerfahren, daß Sie und Ihre Familie mit einem Male von einer Kette von Unglücksfällen heimgesucht werden oder einer Ihrer Hausangestellten sich von einem Geist *(hantu)* verfolgt fühlt. Wollen Sie dieses Problem auf die traditionelle Weise lösen, so sollte der vom Geist Heimgesuchte einen *dukun*, einen örtlichen **Volksheiler**, zu Rate ziehen oder ein *selamatan* veranstaltet werden, eine religiöse Zeremonie zur Wiederherstellung von Ruhe und Harmonie.

Respektgebietendes, Hausgeister und das Eigenleben der Seele

Viele Indonesier leben mit der Natur, dem Meer, den Bergen, den Flüssen, den Wäldern, Einöden und Vulkanen. Wie sollten sie sich da nicht der Dreifaltigkeit von Erschaffung, Zerstörung und Fortdauer bewußt sein? In diesem Bewußtsein erwächst ein **Gefühl der Harmonie, das den Widerspruch von Geburt und Tod ausgleicht**. Im *pusaka* (einem geheiligten Erbstück, das von Generation zu Generation weitergegeben wird, etwa einer

Der mythische Unhold barong *(Bali)*

Waffe o.ä.) wohnt eine **Seele**, ebenso im Reis, in den Bäumen, Blumen, gewissen Tieren, im Blut und sogar im Haar und abgeschnittenen Fingernägeln.

Kopf und Haar gelten, wie in anderen südostasiatischen Kulturen auch, als »Krönung« und besitzen *semangat*, **Lebenskraft**. Daher wird der Kopf in allen Lebenslagen geschützt, im Regen dienen dazu die Hände, ein Blatt, ein Plastiksack o.ä. Und aus diesem Grunde ist das **Beugen des Kopfes Zeichen der Ehrerbietung** und Wertschätzung anderen gegenüber. Aus Tradition achten zum Beispiel alle in einem Raum Anwesenden darauf, ihren Kopf tiefer als den der ehrwürdigsten Person zu halten.

Als **Besucher** sollten Sie den Geisterglauben nicht leichthin oder gar spöttisch abtun. Gute und böse Geister genießen in Indonesien nun einmal ihre

Bedeutung. Und wer weiß schon, was Realität ist? Erkennen Sie also immerhin **die Realität des Geisterglaubens** an.

Eine sehr aufgeklärte, gebildete indonesische Freundin bekannte uns entsetzt, einen *hantu* (Geist) in einer geschnitzten Stammesmaske im Hause einer europäischen Bekannten entdeckt zu haben. »Aber ich wußte einfach nicht, was ich tun sollte. Wie hätte ich ihr das beibringen sollen? Er gehörte nämlich zu einer ganz besonders gefährlichen Art von Geistern!« Und so mancher westlich geschulte indonesische Arzt überweist gelegentlich einen Patienten an den *dukun*, einen volkskundlichen Heiler, dessen Stärke vor allem in der Behandlung von Knochenbrüchen und psychischen Leiden liegt.

Es wird in Indonesien gemeinhin angenommen, daß **die Seele sich während des Körperschlafes auf Reisen begeben** kann. Deshalb sollte man Schlafende **nie jäh oder unsanft wecken**, denn die Seele benötigt Zeit zur Heimkehr. Daher gilt es selbst in Situationen höchster Not, Schlafende nur behutsam aus der Welt der Träume zurückzuholen.

Zur **Abwehr von Geistern** werden zum Beispiel größere **Bauvorhaben vorsorglich von bestimmten Ritualen eingeleitet**, zu denen das Schlachten von Ziegen, Hühnern und Bullen gehört, deren Köpfe man anschließend unter begleitenden Gebeten begräbt. Zu diesem Zweck werden heutzutage **Priester** und **Schamanen** (im Begleitgepäck die Tierköpfe) mit Hubschraubern auf neu errichtete Ölbohrinseln geflogen, um an Ort und Stelle eine vergleichbare Zeremonie vollziehen zu können.

Tips für den Umgang mit Geistern
Tu! und Tabu!

Sehr viele Bücher über Indonesien, insbesondere ethnologische, setzen sich mit dem **Geisterglauben der Indonesier** auseinander. Wenn Ihr Interesse aufrichtig ist, sollten Sie sich auf jeden Fall weiter und intensiver mit diesem Thema beschäftigen. Wenn Sie dem eher skeptisch gegenüberstehen, so sollten Sie **Bewertungen ohne Überheblichkeit und behutsam aussprechen**.

Tu!: Seien Sie sich der **geheiligten Bedeutung von Haupt und Haar** stets bewußt, insbesondere auch im **Umgang mit Kindern** (Kopftätscheln!).

Tabu!: **Wecken Sie nie jemanden abrupt aus dem Schlaf** (es sei denn, den übermüdeten Taxifahrer, der in voller Fahrt am Steuer eingeschlafen ist).

Tu!: Verdrängen Sie großherzig Ihre Zweifel gegenüber dem Geisterglauben, und **versuchen Sie nicht, den anderen zu einer »rationalen« Haltung zu bekehren**. Ihr Schutzengel mag es Ihnen unter Umständen danken.

Klatsch & Ratsch & Tratsch

Indonesier lieben den Klatsch, vermeiden dabei jedoch grobschlächtige und ehrabschneidende Standardthemen. Sie haben ein sehr **feines Gespür für Zurückhaltung**, das ihnen sagt, ab welchem Punkt der Gesichtsverlust für die andere Person unerträglich wird.

Ausländer, oft sehr empfindlich, wenn es um ihre persönlichen Angelegenheiten und ihr Privatleben geht, sind nicht selten unangenehm berührt von der Tatsache, daß ihre möglichen indonesischen Hausangestellten über all ihre häuslichen Belange sehr genau im Bilde sind. Ähnlich gut informiert sind die im Büro tätigen Angestellten und Kollegen.

Umgekehrt jedoch wird es dem europäischen Besucher kaum gelingen, tief in die **Privatsphäre der Indonesier** vorzudringen. Es ist möglich, sogar wahrscheinlich, daß Sie so gut wie nichts Persönliches über Ihre Mitarbeiter in Haus und Büro in Erfahrung bringen werden. (Und das, was Sie über diese wissen, ist womöglich nur das, wovon man glaubt, daß Sie es hören wollten.)

Das Erfreuliche an der indonesischen Lebensphilosophie liegt darin, daß sowohl **Freud als auch Leid von allen geteilt** werden – allerdings mit der eher betrüblichen Folge, daß ein anvertrautes Geheimnis nicht lange ein solches bleibt.

Wissenswerte Begriffe

Basa basi:	»Smalltalk«, »Stehempfangs«-Geplauder, Partygespräche
Desas-desus (auch: *sas-sus*):	Freundlicher, harmloser Tratsch
Omong-omong:	Unterhaltung, Konversation

Von der Bedeutung der Namen

Namen gelten in Indonesien als **heilig**. Namen können nicht nur auf **Status** und **sozialen Rang** des Namensträgers, sondern auch auf den **Beruf seines Vaters** (oder das traditionell von seiner Familie ausgeübte Handwerk) verweisen, sich auf seinen **Geburtstag** und sogar seine **astrologischen Rahmenbedingungen** beziehen.

Ein **Javaner** wird seinem neugeborenen Kind den Namen zuflüstern, ehe er ihn laut ausspricht. Eine **Batak** mag ihr Kind nach dem ersten Gegenstand benennen, den sie nach der Geburt erblickt bzw. an den sie denkt. (Und das Kind muß womöglich sein Leben lang auf die ewig gleiche Frage antworten, warum es ausgerechnet *payung* – Regenschirm – heißt.)

Bei den **Javanern ändert man den Namen** des Kindes, wenn eine Folge von Unglücksfällen oder Krankheiten zeigt, daß sein Name *kabotan jeneng* (zu schwer, zu bedeutsam) und somit für das Kind nicht geeignet ist *(cocok)*. In einem solchen Fall wählt man als neuen Namen häufig *Slamet,* was soviel bedeutet wie »Viel Glück«.

Wie in anderen Kulturen auch, deuten manche Namen bzw. Namensteile auf die **berufliche Tätigkeit der Vorfahren** hin. Bei den **Javanern** zeigt zum Beispiel der Namensteil *Tirta* an, daß der Namensträger einen Rang in der Bewässerungsverwaltung einnimmt.

In den Dörfern bewahren **Frauen** auch nach ihrer Heirat meistens ihren Mädchennamen, während die **Kinder** den Namen des Vaters tragen. Es besteht kein Gesetz, das der Ehefrau vorschreibt, den Namen ihres Mannes anzunehmen.

In der westlich beeinflußten Mittelschicht ist dieser Brauch jedoch bereits verbreitet. Namen, die unseren westlichen **Nachnamen** vergleichbar wären, tragen eigentlich nur die **Batak**, die **Minahasa** sowie einige Stämme aus dem südlichen **Sulawesi**.

In der Oberschicht der **Minangkabau** wird dem zum Manne gereiften Jungen von seinem Stamm ein **Ehrenname** verliehen. Häufige Namen sind hierbei Sutan, Bagindo und Datu. Im nördlichen **Sumatra**, in den Gebieten mit starkem Missionseinfluß, tauchen viele **europäisch klingende Namen** auf. Ein indonesischer Freund erzählte uns belustigt: »Mein Name ist Importware.«

Namen wie Pan, Pon oder Casino scheinen englisch zu klingen und mögen daher den Ausländer verwirren. Andere sind **lautmalerischen Ursprungs**: Bambang, Bazuki, K'tut ebenso wie die **Spitznamen** Bung und Bang. In Indonesien finden sich nahezu alle Arten von Namen –- nüchterne, blumige, zufällig entstandene, geheimnisvolle, mythische, religiöse Namen, lange Namen und solche, die nur aus den Initialen bestehen, Stammes- und Kastennamen.

Javanische »Kalender«-Namen

Ein großer Teil der **Javaner** richtet sich auch heute noch nach einem eigenen **Kalendersystem** von jeweils fünf Tagen *(dino pasaran)*, das sich siebenmal zu einem »Monat« (: 35 Tage) addiert, wobei das »Jahr« wiederum aus 35 fortlaufend gezählten Monaten besteht.

Die nicht westlich gebildeten Javaner verfügen hiermit über ein **genaues Mittel zur Zeitbestimmung**, indem sie sowohl Tagesname als auch Tagesnummer zusammenführen und so wichtige Termine (wie Geburtstag) kennzeichnen und errechnen können.

Wer diese Bezeichnungen kennt und aufmerksam zuhört, wird bemerken, daß sie von Dorfbewohnern auch als **Personennamen** verwandt werden: Legi, Paing, Pon, Wage, Kliwon.

Balinesische Namen

Das **balinesische System der Namensgebung** ist für den »gewöhnlichen sterblichen« Ausländer viel zu kompliziert, als daß er es verstehen könnte, und wohl auch nur für die Balinesen nachvollziehbar und bedeutungsvoll. Es gibt immerhin **einige leicht einsehbare Regeln** dieses Systems, die Sie kennenlernen sollten, um sich den Spaß nicht entgehen zu lassen, balinesischen Bekannten und Freunden Ihr Wissen vorzuführen.

Denken Sie daran, daß auf Bali **drei Kasten** bestehen. Bei der **obersten Kaste**, den **Brahmanen**, dienen stets der Männername *Ida Bagus* und der Frauenname *Ida Ayu* als Erkennungszeichen. Ihre Kinder werden nach der **Geburtenfolge** *Putu, Made, Nyoman* und *Ketut* benannt.

Bei der **Satria-Kaste** findet sich keine solche altersmäßige »Numerierung« der Kinder. Angehörige dieser Kaste sind an dem Namensteil *Agung Gede* zu identifizieren.

Die **Waisa-Kaste** setzt bei Männern *Ida,* bei Frauen *Ni* vor den Namen. Die entsprechende **Namensfolge** bei den Kindern lautet Wayan, Made, Nyoman und Ketut.

Bapak und *Ibu*

Viele westliche Ausländer erstaunt die **häufige** und offensichtlich **ehrerbietige Verwendung der Wörter** *bapak* oder *pak*, **Vater**, und *ibu* oder *bu*, **Mutter**. Die Verlagerung dieser so gebräuchlichen Worte in die eigene Sprache und Kultur bereitet Schwierigkeiten. Stellen Sie sich »Papa Kohl« oder »Mama Rita (Süßmuth)« als **direkte oder indirekte Anrede** vor. Wenn Indonesier sich mit Ausländern in deren Sprache unterhalten, verwandeln sie allerdings Vater/Mutter in Sir/Madam oder Herr/Frau.

Der Begriff »**Vater**« ist in Indonesien von **nahezu mythischer Bedeutung**, und man neigt dazu, alle **Personen höheren Ranges** und größerer Macht zu »paterifizieren«, zur Vaterfigur zu erheben. Es scheinen sich alle Regeln der Ehrerbietung, der Verantwortungsabweisung und der Unterwerfung auf diesen Begriff zu beziehen.

Die ehrenden Bezeichnungen »Vater« und »Mutter« dienen auch als **Anrede für ältere bzw. höhergestellte Personen**. Man spricht eine ältere, unverheiratete Frau ebenso mit *ibu* an wie man längere Verhandlungen mit dem greisen Gemüsehändler mit der Anrede *pak* einleitet.

Der Umgang mit indonesischen Namen und Anreden

Wenn Sie bei einer **förmlichen Vorstellung** den Namen Ihres Gegenübers zum ersten Male vernehmen, so können Sie ohne weiteres **um Wiederholung bitten**. Trainieren Sie Ihr Gedächtnis, indem Sie antworten: »Nett, Sie zu treffen, Herr/Frau ...« Wenn man Ihnen eine **Visitenkarte** überreicht, prägen Sie sich den Namen optisch ein (und notieren Sie auf der Rückseite gegebenenfalls eine Aussprachehilfe). Am leichtesten fällt die **Aussprache** indonesischer Namen, wenn Sie diese als rhythmische Silben-Perlschnur begreifen. So werden Sie bald Meister darin werden.

Der **»Otto Normalverbraucher«** trägt nur einen Namen. Angehörige des **Mittelstandes** führen oft zwei Namen, die in etwa unseren Vor- und Zunamen entsprechen. Die Namen der **Oberschicht** hingegen (wie könnte es anders sein?) zeichnen sich durch besondere Länge aus. Allerdings pflegt man diese langen Namen auf den **Vornamen mit nachfolgendem Initial** (Deddy B.) zu verkürzen, was in der **höflichen Anrede** zu »Bapak Deddy« wird.

Auf **Java** werden Sie häufig *mas* (Gold) als **Anrede für Männer** hören, was sinngemäß unserem »Kumpel«, »Spezl« oder »Macker« entspricht. (Formelle Anreden und Vorstellungen werden wir später behandeln.) **Kinder und neue Bekannte** verwenden stets die **respektvollen Anreden**. Sich allein mit dem vertrauten **Vornamen** anzusprechen braucht als Voraussetzung das »Geschenk der Zeit«. Werten Sie also die Anrede »Frau Ursula« oder »Herr Franz-Josef« als Repektform und nicht als plumpe Vertraulichkeit.

Kaum haben wir Sie auf die **strengen sozialen Regeln und Umgangsformen** (vor allem unter Javanern) vorbereitet, werden Sie verstört die Erfahrung machen, daß junge Studenten oder Büroangestellte Sie »locker vom Hocker« lediglich beim Vornamen nennen. Sehen Sie darin jedoch keine Anmaßung; dies entspringt lediglich dem etwas unbeholfenen Versuch, vermeintlich respektvolle westliche (sprich: amerikanische) Umgangsformen anzuwenden.

Bei den verschiedenen Volksstämmen Indonesiens setzt man oft vor den Rufnamen ehrende Anreden oder verwendet diese ohne jeglichen Namenszusatz. **Regionale Beispiele solcher Höflichkeitsanreden:** Nord-Sumatra – *daud, teuku;* Java – *raden, raden mas;* Süd-Sulawesi (Buginesen) – *andi;* Bali – *ida bagus;* Nord-Java (Bantam) – *tubagus.*

Lexikon der höflichen Anreden

Ein Indonesier, der **auf sich aufmerksam machen** will (etwa im Restaurant), hebt nicht verzweifelt den Finger oder räuspert sich. Er benutzt statt dessen einfach die **in seinem Volksstamm gebräuchlichen Ruf-Namen**. Hier einige Beispiele:

Balinesen

Geg: Abkürzung von *egeg* (= hübsch), liebenswerte Anrede für junge Frauen.

Gus: Abkürzung von *bagus* (= gut), Anrede für Männer.

Batak

Amang:	Korrekte Anrede für einen älteren Mann, entspricht *bapak*.
Eda:	Anrede unter Frauen.
Inang:	Korrekte Anrede für eine ältere Frau, entspricht *ibu*.
Ito:	Anrede von Frau zu Mann und vice versa.
Lae:	Anrede unter Männern.

Javaner

Bapak:	Ehrerbietigste Anrede für Männer (in ganz Indonesien verwendet).
Bung:	»Freund«, »Bruder« – eine Anrede unter Männern, die aus der Zeit des von Sukarno geführten Unabhängigkeitskampfes stammen soll.
Ibu:	Ehrerbietigste Anrede für Frauen (ebenfalls in ganz Indonesien verbreitet).
Mas:	Kumpelhafte Anrede für Männer.
Sus:	Anrede für Frauen von niedrigerem sozialen Rang.

Minangkabau

Bayung:	Anrede für Männer.
Upik:	Anrede für Frauen.

Sundanesen

Jang:	Anrede unter jungen Männern oder Knaben.
Mang:	Anrede eines älteren Mannes (mindester Altersunterschied: eine Generation).
Neng:	Anrede für junge Mädchen.
Nyai:	Das Wort bedeutet heute »alte Frau« und wird von älteren Frauen als Selbstbezeichnung gebraucht. In der Kolonialzeit nannte man so die Mätressen von Europäern.

Pancasila – Die Staatsphilosophie Indonesiens

Der Begriff *Pancasila* beinhaltet die aus der Geschichte Indonesiens zu verstehenden **fünf Grundprinzipien, auf die sich der Staat in der Präambel zur Verfassung von 1945 verpflichtet hat.** Diese fünf Prinzipien sind auch im Staatswappen abgebildet:

• **Glaube an den Einen Höchsten Gott** (gleich welcher Religion), symbolisiert durch den Stern,
• **Nationalismus,** die **Einheit aller Nationalitäten,** auch der nichtindonesischen Minderheiten, symbolisiert durch den Büffelkopf,
• **Demokratie,** Volksherrschaft ausgehend von der Tradition des Dorfes, geleitet von innerer Weisheit, die aus der Einstimmigkeit der Ratschlüsse

83

der Volksvertreter hervorgeht, symbolisiert durch den *Banyan*-Baum,
• Streben nach einer gerechten und entwickelten **Humanität in den zwischenstaatlichen Beziehungen**, symbolisiert durch die Kette,
• Ziel der vorgenannten Prinzipien ist eine **sozial gerechte Gesellschaft**, die für das Wohlergehen des gesamten indonesischen Volkes sorgt, symbolisiert durch Reispflanze und Baumwollzweig.

Sozialer Druck auf sanfte Weise

Das **Sozialverhalten** der Indonesier wird durch **verschiedene Spielformen von sanftem Druck beeinflußt und kontrolliert**. Läßt zum Beispiel das Verhalten eines Jugendlichen zu wünschen übrig, so mag plötzlich, wie zufällig, ein Verwandter der Familie auftauchen, der die Angelegenheit behutsam und indirekt regelt. Auf diese Weise gerät der nicht angepaßte Jugendliche unter den **moralischen Druck eines bewunderten Vorbilds**, dem er ohnehin allein aus Altersgründen Respekt zu zollen hat.
Als weiteres moralisches Druckmittel dient *malu*, die **stets drohende Gefahr, Schande über sich selbst und andere zu bringen**, das tief verankerte Gefühl, den anderen gutes Benehmen zu schulden.
Auch ein **Ausländer** kann sich solchem Druck ausgesetzt sehen, etwa seitens seiner Hausangestellten. Wenn es zum Beispiel um Schwangerschaftsurlaub, Darlehen oder Lohnvorschuß für Landkauf o.ä. geht, so wird der indirekte Bittsteller (oder sein Abgesandter) vielleicht zunächst mit bewegenden Worten die Großzügigkeit eines früheren Arbeitgebers schildern, Sie damit in die Falle des schlechten Gewissens locken und erst dann allmählich zur Sache kommen.

Aufwachsen in der Gruppe

Als Teil einer (uniformen) Gruppe erkannt zu werden, »dazuzugehören«, ist in Indonesien, anders als im individualistischen Westen, ein erstrebenswertes Ziel. Gruppenuniformen, Gruppenkurse und Gruppenaktivitäten tragen zum **Wir-Gefühl** bei. Im frühen Morgengrauen schon können Sie Massen von organisierten Joggern, Radfahrern und anderen Sportlern beobachten, oft in einheitlichen Trainingsanzügen.
In einem (in seinen zentralen Teilen) so dicht bevölkerten Land wie Indonesien mag es durchaus vorteilhaft oder gar notwendig sein, daß **der einzelne sich in eine Gruppe eingliedert**, seine individuellen Bedürfnisse also in die rationelle Massenorganisation einfließen. »So etwas wie Privatangelegenheiten, Privatbesitz oder Zeit für sich selbst kennen wir nicht«, stellte ein indonesischer Freund einmal fest.
Teil einer Mädchen- bzw. Jungengruppe zu sein dient der **sozialen Disziplinierung** von Jugendlichen und wird als **Gewähr von Sicherheit und Geborgenheit aller** angesehen. Der Wunsch nach **Alleinsein** gilt als gefähr-

Das Staatswappen versinnbildlicht die Staatsprinzipien **pancasila.**

lich und psychologisch-emotional verräterisch. Und in der Folge wird auch **individuelles Verhalten im Sinne von Kreativität, Individualität und Einzigartigkeit** (Werte, die das Herz eines jeden westlichen Ausländers höherschlagen lassen) keineswegs geschätzt. Hausangestellte halten Ausschau nach Freundinnen, um einander auf Dienstwegen oder Spaziergängen begleiten zu können. Wahre Völkerscharen besuchen den kranken Verwandten, der als Patient im Krankenhaus liegt. Die gesamte Dorfbevölkerung quetscht sich in den Bus oder Lastwagen, um den Reisenden zu verabschieden, der sich auf die Pilgerfahrt nach Mekka begibt. Sie belagert den Boden der Flughafenhalle, ißt und schläft dort, bis alle gemeinsam endlich den großen Augenblick des Abschieds erleben.

In der Familie und auch in der Gruppe ist jeder dem nächsten alles: Er ist nicht nur Wächter und Anführer, er ist auch materieller Versorger, Berater, mütterlicher und väterlicher Beistand, Bruder, Mentor, Richter, Begleiter, Freund, Vertrauter, Zuflucht, Verbündeter, Spielkamerad, Kumpel …

Necken als Sozialtraining

Hohes Ziel ist die **Verschmelzung von Individuum und Gruppe.** Dabei dient das gegenseitige Necken, Foppen, »Pisacken« als soziales Training, als Vorbereitung auf das gemeinsame Leben. Ein indonesischer Junge beschrieb das Necken als: »… ein Spiel. Jeder versucht, dir auf die Nerven zu gehen und dich zu reizen. Du hast verloren, wenn du darauf reagierst. Und du bist Sieger, wenn man dir glaubt, daß du cool bleibst.« **Necken ist Training für das soziale Leitbild der »inneren Ruhe«** – zumindest dem äußeren Schein nach.

Als aufmerksamer Beobachter werden Sie derlei Neckspiele in sämtlichen Altersgruppen entdecken. **Grausame Züge** tragen diese Spiele, wenn sie sich gegen geistig oder körperlich Behinderte, vor allem Kinder, richten. Ausländern ist dieses Verhalten oft unverständlich. (Zudem scheint es der sprichwörtlichen indonesischen Kinderliebe zu widersprechen.) **Wenn Sie**

selbst aufs Korn genommen werden, mag es tröstlich sein zu wissen, daß die Indonesier selbst einander mit der gleichen Begeisterung auf den Arm nehmen.

Liebe, Sex und andere schweißtreibende Tätigkeiten

Das älteste Gewerbe der Welt hat auch in Indonesien seine Standesvertretung. **Transvestiten** lehnen lasziv an Straßenecken und locken verheißungsvoll: »Na, mein Süßer ...«; tiefstimmige Friseure lassen ihren Nachteulen-Augenrand auch unter kleisterdickem Make-up noch durchscheinen; **Barmädchen**, Drei-Taler-Huren, »Meernixen« unter Strandschirmen, elegante **Kokotten** – es gibt sie alle. Sie betreiben ihr Geschäft trotz des *adat*, des traditionellen Gesetzes, das sehr strenge Vorschriften für den **Umgang der Geschlechter** enthält. Es ist noch nicht allzu lange her, daß ein Vater seine Tochter steinigen durfte, nur weil sie vor der Hochzeit mit einem Mann geliebäugelt hatte.

Vielleicht sollten wir anmerken, daß **Männer aller Kreise unbekümmert Händchen haltend oder eingehakt promenieren**. Bei Frauen findet sich dies etwas weniger häufig. Werten Sie dies jedoch **keinesfalls als Ausdruck weitverbreiteter Homo- oder Bisexualität**. Es ist eher Zeichen einer unkomplizierten Zuneigung, die dem anderen Geschlecht gegenüber so nicht ausgedrückt werden darf. Und glauben Sie nicht, daß auch Sie nun schnurstracks mit dem Händchenhalten beginnen sollten.

Der Reisende findet in Indonesien, was sein Herz begehrt: sonnige Strände, historische Stätten, die verschiedensten, einander vermischenden Kulturen. Das Land ist an einer Förderung des Tourismus interessiert, dabei allerdings sehr darauf bedacht, nicht (wie etwa Thailand) in den Ruf eines Sündenbabels zu geraten und die **traditionellen indonesischen Tugenden** *kesopan* und *santunan* (Zucht und Zurückhaltung in Sprache und Betragen) nicht in Vergessenheit sinken zu lassen.

Organisierte Prostitution

Die **offizielle Haltung der Regierung** richtet sich gegen die Prostitution. Dennoch (?) ist sie vorhanden. Dolly und Charak (in Surabaya, Ost-Java) sind einschlägig bekannte Viertel mit der »Roten Laterne« als Beleuchtung. Pucok in Jambi (Ost-Sumatra) genießt den zweifelhaften Ruf, eines der am besten organisierten Prostituiertendörfer in ganz Indonesien zu sein. Es besteht seit nahezu vierzig Jahren, ist selbstverwaltet und wählt seine eigenen Stadtvertreter. Hier sind hunderte, meist aus Java stammende Frauen Seemännern, Fernfahrern und anderen Arbeitern zu Diensten.

Berichten einer wichtigen Tageszeitung von Jakarta zufolge bestand einst sogar eine verrucht legendär gewordene Flugverbindung nach Pucok. Der Chef einer im Dschungel stationierten Arbeitertruppe sorgte dafür, daß sei-

Madame (oder Monsieur?) Butterfly

ne Männer nachts ins Dorf fliegen – und pünktlich zum Arbeitsbeginn auf der Baustelle zurück sein konnten.

In den Städten warten **Bars, Massagesalons, Nachtklubs** und zahlreiche elegant wirkende Sekretärinnen (sind sie's, oder sind sie's nicht?) mit ihrer Ware und Dienstleistung käufliche Liebe auf. Die verbreitete Kenntnis über Geburtenkontrolle, der Zugang zu anderen Lebensformen durch Kino, Fernsehen, Literatur und Auslandsreisen, sie haben dazu beigetragen, die überlieferte Einstellung zum anderen Geschlecht und zur Sexualität zu verändern.

Sexualität auf dem Lande: »Auf der Alm, da gibt's koa Sünd' ...«

Die **Einstellung zur Sexualität** hängt in Indonesien vom **jeweiligen sozialwirtschaftlichen Rahmen** ab. Wie etwa im traditionellen China oder in Thailand gibt es eine herrschende Moral und (nicht immer im Einklang dazu) herrschende Bedingungen.

Die **herrschende Moral** schreibt den Dörflern ein keusches Leben bis zur Hochzeit und danach Sex im Dienste des Zeugens und Gebärens vor. Die **Realität** scheint viel weniger moralisch-idealistisch zu sein, was sich unter anderem in der **deftig-handfesten Sprache der Landbewohner** ausdrückt – wiederzufinden in einigen Charakteren des *wayang kulit*, dem Schattenspiel mit Lederpuppen.

87

An den Straßenrändern und auf den Märkten finden sich zahlreiche Verkäufer von **traditioneller Medizin**, Männer mit einem Zauberkasten voller Pillen und die javanischen *Jamu*-Frauen mit ihren hausgebrauten Kräuterelixieren. All diese Mittel sollen den Männern zu Saft und Kraft und den Frauen zu Höhenflügen der Wollust verhelfen. Die optischen Verkaufshilfen dieser Händler sind derart überzeugend, daß man/frau Angst vor der eigenen Courage überfällt.

Derlei Medizin entsteht als ein Gebräu aus lokalen Überlieferungen, schwarzer und religiöser Magie, natürlichen Arzneien und Histörchen und Märchen von sexueller Potenz (wozu hier auch die weibliche Gebärfähigkeit zu zählen ist). In diesem Zusammenhang muß erwähnt werden, daß für viele Landbewohner eine **große Kinderschar die sicherste Altersvorsorge bedeutet**. Da aber die Kindersterblichkeit während der ersten fünf Lebensjahre sehr hoch liegt, ist der **Zwang zur Fruchtbarkeit** doppelt bedingt. Eine wirksame ländliche Gesundheitsversorgung, die die Kindersterblichkeit senkt, bedeutet einen wichtigen Schritt zur Entlastung der Frauen.

In den **ländlichen Gebieten** wird nach einfacher Rezeptur verfahren: Sobald sich bei den Jugendlichen sexuelle Gelüste regen, wird geheiratet, so als könnte der Deckel auf dem Topf den Siedepunkt senken. All dies mit der Folge, daß sich wenige dieser **Frühehen** dauerhaft bewähren. Es besteht eher ein ständiges »Recycling« der Paarbeziehungen, und glücklicherweise finden Kinder immerhin im Schoße des größeren Familienverbundes Geborgenheit.

Die Lokalzeitungen quellen über von voyeuristischen Berichten über den Erfindungsreichtum dörflicher Stelldicheins. Bei den Ausländern erfreuen sich besonders jene Geschichten großer Beliebtheit, in denen ein zur Weißglut gereizter Hahnrei zum Messer greift, um dem Nebenbuhler sein Instrument der Wettbewerbsfähigkeit zu rauben.

Hukum Karma

Wie verhält sich eine indonesische Ehefrau, wenn sie bemerkt, daß ihr eine Nebenbuhlerin erwachsen ist?
Wenn sie einer unteren sozialen Schicht angehört, könnte sie ihre Rivalin mit dem Messer verfolgen. Eine Frau aus der Mittelschicht wird vermutlich die Scheidung einreichen und nach der Trennung zu ihrer Familie zurückkehren. Die Frau aus der Oberschicht aber, die die Vorzüge ihres Lebensstils nicht aufgeben will, wird wohl nur den **Fluch des *hukum karma*** heraufbeschwören.

Hukum karma ist eine **häufig gedachte, jedoch nur selten ausgesprochene Verwünschung** in bitteren Herzensangelegenheiten. Mit ihr soll die Kraft und das Gesetz des *karma* auf das Haupt der/des Sündigen herabbeschworen werden (»Jetzt kriegst du dein Fett ab!«). Dieser Fluch, der nicht leichtfertig ausgesprochen wird, will er doch göttlichen Beistand erwirken, ist gewiß

Liebreizende Verkäuferin von Liebestrank (**Jamu**-*Medizinmädchen aus Java*)

Balsam für die Seele jener Frauen, deren Männer sich Mätressen leisten oder in Affären verstrickt haben.

Lexikon von Liebe, Eifersucht und Sex

Banci:	Umgangssprachliche Bezeichnung für Transvestiten
Cewek:	»Biene«, »cooles« modernes Mädchen
Cowok:	»Schicky-micky« Typ
Gundik:	Geliebte, Mätresse
Hukum karma:	Herzhafte Verwünschung bei Liebesqual; das Erflehen göttlichen Beistands als Balsam für die eigene Seele
Main cewek:	Wörtlich: »Mit Frauen spielen«, übertragen: »Aufreißen«, »Anmachen«, »Wo läuft was?«
Nona:	»Fräulein«, unverheiratete Frau
Nonya:	(Ausgesprochen mit Betonung auf dem langen *o*) Partygirl

Nyonya:	Höflicher und korrekter Ausdruck für eine verheiratete Frau (wird mit Betonung auf dem *ny* ausgesprochen)
Pacar:	Freund /Freundin
Pelacur:	Höflicher Ausdruck für Prostituierte
Perek:	Slang-Ausdruck für Hure
Wadam:	Transvestit
»White Hunters«:	Frauen, nicht unbedingt Prostituierte, die in Bars versuchen, Ausländer kennenzulernen (Ziel: Heirat)
W. T. S.:	*Wanita tuna susila* (»Frauen ohne Moral«): Huren

»Indos«

Da auch noch nach dem Ende der Kolonialzeit zahlreiche Ausländer in Indonesien leben und lieben, gibt es natürlich viele **Mischlingskinder**, die »Indos«. Diese Bezeichnung bedeutet **keineswegs eine lockere Abkürzung von »Indonesier«**. Der Sachverhalt ist weitaus heikler, weil er in die **Kolonialzeit** zurückverweist.

»Indos« waren damals die **Kinder einer indonesischen Mutter und eines europäischen Vaters**. Und wenn Sie dann auch noch wissen, daß viele europäische Kolonialherren vom Leben in Indonesien hauptsächlich drei Dinge erwarteten, nämlich *nasi goreng, sambal* und *nyai* (Geliebte), dann werden Sie verstehen, daß der Begriff »Indo« nur **äußerst behutsam verwendet** werden sollte. Leider überschattet dieser Makel aus früherer Zeit auch das Schicksal von Kindern aus aufrichtigen Liebesehen.

Dehnbare Zeitbegriffe

Die **24 Stunden des Tages** werden in **vier Abschnitte** unterteilt:

Pagi:	Etwa von Mitternacht bis 11.00 Uhr morgens
Siang:	11.00 Uhr bis 15.00 Uhr
Sore:	15.00 Uhr bis etwa 18.45 Uhr
Malam:	18.45 Uhr bis Mitternacht

Um **deutlich zu machen**, daß man 2.00 Uhr morgens meint, würde man *jam dua pagi* sagen, während *jam dua siang* zwei Uhr nachmittags (14.00 Uhr) bedeutet. Werden die **Tageszeitangaben wiederholt** (*pagi-pagi* oder *malam-malam*), so zeigt dies entweder eine **sehr frühe oder sehr späte Uhrzeit** an.

Bereits Sir Stamford Raffles kommentierte diese Art der Tagesaufteilung, als er im frühen 19. Jh. auf Java tätig war. Er beobachtete, daß die Menschen

*Keusche Sinnlichkeit – Schöne auf Lombok mit Hibiskusblüten im Haar
(historische Aufnahme)*

91

früh zu ihrem **Morgengebet** *(pagi)* aufstanden und sofort danach mit der Arbeit begannen. Während der **größten Tageshitze** *(siang)* aßen und schliefen sie, arbeiteten am sich abkühlenden **Nachmittag** *(sore)* weiter und verbrachten die **restliche Zeit** *(malam)* mit Familie und Freunden.

Außerhalb der klimatisierten Büros in den Städten gilt dieser **Tagesablauf** noch heute. Wenn Sie indonesisches Hauspersonal eingestellt haben, sollten Sie gegebenenfalls auf diesen Rhythmus Rücksicht nehmen.

Die Indonesier sind jedoch durchaus mit der linearen 24-Stunden-Zählweise vertraut und wenden sie auch an (zum Beispiel bei offiziellen Einladungen oder Fahrplänen). Im **Freundeskreis** allerdings benutzt man weiterhin die Begriffe *pagi, siang, sore, malam,* um den **genauen Zeitpunkt** auszudrücken. Eine Einladung für Sonntagabend hätte also folgende Terminangabe: *Minggu malam senin* (Sonntagabend vor Montag).

Zeitbestimmungen

Die **Sieben-Tage-Woche** ist nur eine von **verschiedenen in Indonesien gebräuchlichen Zeiteinteilungen**. Die Balinesen benutzen den **Hindu-,** die Muslime den **Islamischen Kalender.**

Daneben ist die **Zählung nach Markttagen** verbreitet. Vor allem in den Dörfern richtet man sich überall auf den Inseln auch heute noch nach dem **Fünf-Tage-Markt-System**. In den größeren Städten stößt man lediglich noch auf die Namen dieser alten Märkte: *pasar rebu* (Mittwochsmarkt), *pasar senin* (Montagsmarkt), *pasar minggu* (Sonntagsmarkt), *pasar juma'at* (Freitagsmarkt) und *pasar selasa* (Dienstagsmarkt).

Daneben finden Sie im ganzen Land die **am frühen Morgen stattfindenden Märkte**, *pasar pagi*, auf denen frische Lebensmittel verkauft werden. Auch sie dienen der **Zeitbestimmung**, da jeder weiß, daß sie nach dem Morgengebet beginnen und um 10.00 Uhr schließen.

Die **Abendmärkte**, *pasar malam*, erinnern in ihrer Atmosphäre an Basare und Jahrmärkte und auch Karneval. Sie werden erst nach dem Abendgebet bei Sonnenuntergang eröffnet und erleben ihre höchste Betriebsamkeit gegen 20.00 Uhr. In den größeren Städten findet man auf den Abendmärkten ebenso Eßbuden wie Stände, die Kleidung, Schuhe, Musikkassetten und vieles mehr anbieten.

Die »Gummi-Zeit«

Jam karet (»Gummi-Zeit«) ist eine opportunistische Redewendung, die für Terminschlampereien um Vergebung bittet. Sie drückt eine sehr **sorgenfreie Einstellung zur Pünktlichkeit** aus.

In der freundlichsten freien Übertragung könnte *jam karet* »so ungefähr um … Uhr« heißen. Wird der Gummi zum Reißen gespannt, kann dies eine mehrstündige **Verspätung** bedeuten. Am einleuchtendsten und besänftigendsten sind Entschuldigungen, die auf Verkehrsstaus, Schlaglöcher, hinweggeschwemmte Brücken oder eines der unzähligen sonstigen Hindernisse in Indonesien hinweisen.

Es gibt jedoch **drei klare Ausnahmen vom »Gummi«-Laisser-faire:**

• Von einem **Ausländer** wird **unbedingte Pünktlichkeit bei Verabredungen mit ranghöheren Personen** erwartet. (Neben der angemessenen Ehrerbietung zählt hier auch, daß die Indonesier um den Pünktlichkeits-Fetischismus in der modernen westlichen Welt wissen.)

• Auf **Einladungskarten von sozial höhergestellten Indonesiern und Geschäftsleuten** ist meistens deutlich zu lesen: *Mohon hadir 15 minit sebelumnya.* (»Kommen Sie bitte 15 Minuten früher!«). Manchmal bittet man die Gäste sogar, eine halbe Stunde vor der Zeit zu erscheinen. **Beachten Sie diese Aufforderung!** Es wird zwar nie ausdrücklich betont, doch stets vorausgesetzt, daß Sie sich bei solchen Anlässen »sputen, um dann zu warten«.

• Es scheint das Gummiband des dehnbaren Zeitbegriffes sich durch **alle Lebensbereiche in Indonesien** hindurchzuflechten. Niemanden scheint die Eile zu treiben, am wenigsten die Hausangestellten. **Es sei denn:** Die Familie sendet ein Notsignal jemand ist gestorben, erkrankt oder verletzt – dann geht es ruckzuck: packen, Vorschuß einholen, ab wie der Blitz.

6
Soziale Begegnungen
Tips und Hintergründe

Das soziale Webwerk Indonesiens ist ebenso vielfältig, abwechslungsreich und bunt wie die heimischen Textilien. Der Ausländer mag sich einmal einverwoben fühlen, ein andermal als Synthetikfaser ausgesondert.
Wir möchten Ihnen **einige Hinweise geben, die Ihnen helfen sollen, sich bei verschiedenen Anlässen wohl und sicher zu fühlen:** bei **formellen Vorstellungen,** beim dazugehörigen **»Smalltalk«,** bei der **Bewirtung indonesischer Gäste** und möglichen Schwierigkeiten, denen Sie **im Hause eines indonesischen Freundes** begegnen.
Auch wollen wir erwähnen, **welchem sozialen Druck die meisten Indonesier der Mittelschicht ausgesetzt sind.** Das *arisan*, eine beliebte Form der sozialen Zusammenkunft, wird mit der Cocktail-Party verglichen und einiges mehr.

Der Tanz der Pinguine
Formelle Vorstellungen in Indonesien

Sie erkennen den genauen gesellschaftlichen Rang einer Person leicht daran, wie sie vorgestellt wird.
Traditionsverbundene Indonesier lieben es, so viele **Titel und Ordensverleihungen** aufzuführen, daß bloß keine Gefahr besteht (bzw. bei Ausländern erst recht), auch nur einen davon auszulassen. Es muß und soll sein! Brechen Sie sich doch einmal die Zunge (und das Rückgrat) mit folgender (mehrfach wiederholter!) Ansage: »Darf ich Ihnen Seine Exzellenz, den Botschafter Professor Doktor Unrat vorstellen!« Viele der Indonesier, die weit gereist sind oder im Ausland studiert haben, passen sich der eher lockeren westlichen Gepflogenheit der Vorstellung an; und sie verzichten dabei auch darauf, ihren eigenen akademischen Titel ständig zu nennen.
Sie können sich ohne Bedenken selbst vorstellen, jemanden nach seinem Namen fragen oder einen Dritten bitten, Sie vorzustellen.
Wenn Sie sich beim Vorstellen vollends verholpern, denken Sie einfach daran, daß die Indonesier ein feines Gespür für Aufrichtigkeit besitzen. Ihr unverstelltes Vergnügen am Kennenlernen anderer Menschen wird alles andere überlagern – Sie brauchen sich also wegen formeller Fehler bei der Anrede keine grauen Haare wachsen zu lassen.

*Das soziale Webwerk Indonesiens ist ebenso abwechslungsreich
(und gelegentlich brokatsteif) wie die heimischen Textilien.*

95

Tips für das Vorstellen

Für die **formelle Vorstellung** können Sie sich einer **Formel** bedienen. Sie beginnen mit dem üblichen »Ich möchte Ihnen gern …«, und dann folgt die **»Titelei« in der Reihenfolge**:

1. *Bapak / ibu* +
2. Akademischer Titel (falls vorhanden) +
3. Adelstitel (wenn ihn die Person selbst benutzt) +
4. Vor- und Zuname +
5. Berufliche Bezeichnung oder sozialer Rang +
(6. Akademischer Titel, sofern nicht bereits eingangs genannt)

Lexikon der Förmlichkeiten

Bapak:	»Herr« (Anrede vor allen anderen Titeln bei gehobenen männlichen Persönlichkeiten)
Drs:	Abkürzung für »Doktorandus« (= männlicher promovierter Akademiker, außer in Ingenieurwissenschaften oder Jura; früher der holländische »Titel« für einen Kandidaten der Promotion)
Dra.:	»Doktoranda« (weibliche Form
Ibu:	»Gnädige Frau«, »Frau« (siehe unter *bapak*)
Ingin (Boleh) saya memperkenalkan.	»Ich möchte Ihnen gern … vorstellen.«
Ir.:	Abkürzung für *Insinjur* (= Ingenieur; Titel, der in Indonesien oder Holland erworben wurde)
Isteri:	Ehefrau von … (»von« ist im Wort bereits eingeschlossen)
S. Econ.:	Abkürzung für *Sarjana*

96

	Economics; Graduierter der Wirtschaftsfakultät
S. H.:	Abkürzung für *Sarjana Hukum;* Graduierter der juristischen Fakultät
S. S.:	Abkürzung für *Sarjana Sastra;* Graduierter der philosophischen Fakultät
Suami:	Ehemann von … (»von« ist im Wort bereits inbegriffen)

Gesprächs-Tips

Die Sprache ist die Visitenkarte des Menschen – diese Erkenntnis ist so banal wie wahr. Hinzu kommt, daß es ein gerüttelt Maß an Wagemut und Beharrlichkeit erfordert, bis man in einer fremden Sprache locker und verständlich Inhalte, Ideen und Gefühle vermitteln kann.
Ausländer (und wohl auch Indonesier) mokieren sich manchmal über das seichte Party-Geplätscher – das Ihnen mit leichten inhaltlichen Abwandlungen allerdings auch aus Ihrer Heimat, und zwar bei unterschiedlichsten sozialen Anlässen, vielleicht bis zum Überdruß bekannt ist: »Woher kommen Sie? Wie lange sind Sie schon hier? Wie viele Kinder?« … Und doch dienen diese **Gesprächsrituale** der wichtigen Aufgabe, **das unbekannte soziale Umfeld abzutasten,** und bilden womöglich gar die erste Grundlage für eine spätere tiefe Freundschaft.

Grundwortschatz für Unterhaltungen

Asal:	Ursprung, Herkunft. Fremde werden häufig gefragt: *Asal dimana?* (»Was ist Ihr Heimatland?«) Dem Wort *asal* wird der Vorzug vor *negeri* (Land) gegeben.
Daerah:	Gebiet, Region
Kampung:	Dorf, Dorfgemeinschaft, Wohnbezirk einer Stadt, sogar Familiengrundstück. Das daraus abgeleitete Wort *kam pungan* wird häufig gebraucht und bedeutet Hinterwäldler, Landpomeranze o.ä.
Tukang:	Handwerker oder gelernter Arbeiter, auch Kunsthandwerker (*tukangkayu:* Zimmermann oder Holzschnitzer), meist in der einfachen Bedeutung des Wortes verwandt, im Gegensatz zu *ahli* (kompetent, hervorragend)

97

Einladung zum Gespräch

In der traditionellen indonesischen Gesellschaft nimmt an einem Gespräch nur teil, wer in dieses ausdrücklich einbezogen wurde. **Deshalb ist es für einen Indonesier eher** schwierig, ein Gespräch zu beginnen. Er ist erleichtert, wenn er angesprochen wird. Wenn Sie sich in der **sanften Kunst der indonesischen Unterhaltung** üben wollen, beachten Sie bitte **folgende Ratschläge:**

Tu! und Tabu!

Tu!: Erkundigen Sie sich zunächst bei Ihrem Gesprächspartner nach seinen **persönlichen und beruflichen Daten.** Dies wird erwartet, ist sozusagen ein Pflicht- und Eröffnungszug des sozialen Spiels.

Wenn Sie mit *Pasar*-Händlern oder *kampung tukang* sprechen, fragen Sie: »Aus welchem *kampung* kommen Sie?« Bei Gesprächspartnern, die der Mittelschicht entstammen, müßte die Frage etwa lauten: »Aus welchem *asal* oder *daerah* stammen Sie?« Zur Antwort werden Sie vermutlich den Namen eines Gebietes oder einer Stadt erhalten.

Tu!: Prägen Sie sich die **Namen** ein! Weisen die Namen auf eine ethnische Gruppe hin? Wagen Sie das Spiel! **Forschen Sie weiter nach!** Fragen Sie die Ihnen vorgestellte Frau Widodo: »Stammen Sie und Ihr Gatte aus Zentral-Java?« Versuchen Sie herauszufinden, ob die Eheleute aus verschiedenen ethnischen Gruppen kommen (solche Verbindungen gelten als sehr modern). Sie können dann ruhig fragen: »Hatten Sie Schwierigkeiten, Ihre beiden Kulturen in Einklang zu bringen?«

Tu!: **Erkundigen Sie sich unbedingt nach der Familie.** »Fragen Sie uns nach unseren Kindern!« drängte uns einmal ein indonesischer Bekannter. Haken Sie ruhig die **Standardfragen** ab: »Wie viele Kinder haben Sie? Wie alt sind sie?« Dies ergibt zudem oftmals die Chance für ein **Kompliment** an Ihre Gesprächspartnerin: »Ich kann einfach nicht glauben, daß Sie schon so große Kinder haben!«

Tabu!: Sie sollten **nie unverblümt nach dem Alter fragen** – obwohl dies sicherlich ein brennend interessantes Thema ist. Indonesische Frauen verfügen über ein Arsenal an entwaffnenden Antworten auf die Frage nach dem Alter. Eine davon ist Lächeln und das Wort *senja* (»Zwielicht«). Eine andere: »Mein Haar ist alt (grau), aber mein Herz ist jung.« Es gibt auch die Spaßvogelmethode. Wenn Sie hören: »Donnerwetter, Sie sehen wirklich nicht aus, als hätten Sie einen 21jährigen Sohn!« – dann antworten Sie einfach: »Ich habe ihn schon früh bekommen – im Alter von acht Jahren.«

Wenn Sie sich aus einer unfreiwilligen Unterhaltung zurückziehen wollen, lächeln Sie am besten freundlich und bitten um »Permisi ...«

Tabu!: Wenn westliche **Frauen** sich treffen, kommentieren sie nicht selten ihre äußere Erscheinung wie Kleidung, Farbzusammenstellung u.ä. Die Indonesierinnen sind für ihre Schönheit bekannt und setzen gewiß alles daran, diesen Eindruck zu verstärken. Sie **erwarten aber bei der ersten Begegnung noch kein Kompliment** dieser Art.

Tu!: **Wenn Sie Familie haben, so zeigen Sie Ihre Verbundenheit mit ihr.** Jeder Indonesier wird verstehen, daß Sie beteuern »Mir gefällt es hier sehr« und zugleich bemerken »Ich vermisse meine Familie in Europa« – im Gegenteil, dieses Eingeständnis wird Sie indonesischen Menschen näherbringen.

Tu!: **Erkundigen Sie sich nach Freizeitinteressen, Hobbies und Reisen.** Erwecken Sie aber nicht den Eindruck, daß Ihre Reiseerfahrung größer ist, was vermutlich (selbst auf Indonesien bezogen) zutrifft. Denn die meisten Indonesier verreisen nur aus familiären Gründen (Todesfall o.ä.), selten zum Vergnügen.

Tu!: **Geburtenkontrolle** ist ein wichtiges entwicklungspolitisches Thema. Daher können Sie mit Indonesiern **freizügig darüber sprechen**. In den frühen Tagen der modernen Familienplanung setzte die Verwaltung auch großflächige Plakate ein, von denen einige geradezu legendär wurden. Besonders gern erinnern sich indonesische Freunde an eine riesige Plakatwand im Zentrum von Jakarta mit der Aufschrift: »Hat *bapak* heute ein Kondom benutzt?« Später erhielten Paare, die sich der Familienplanungskampagne anschlossen, Kokosnußsetzlinge als Geschenk. Diese waren eine willkommene Gabe, doch rief von nun an jeder Bauer, der mit einem Setzling auftauchte, Gelächter hervor. Von diesen Anekdoten einmal abgesehen, müssen Sie tatsächlich damit rechnen, in Unterhaltungen über dieses Thema verstrickt zu werden. Ihre Gesprächspartnerin könnte Ihnen möglicherweise treuherzig und offen so mir nichts dir nichts mitteilen: »Zwei Kinder, das reicht. Gestern habe ich mir die Spirale einsetzen lassen.«

Tabu!: **Viele Indonesier vertreten die strikte Auffassung, daß nur im Büro über Geschäfte und Arbeit geredet werden sollte.** Bei anderen sozialen Anlässen löst jeder Anklang dieses Themas unbehagliche Empfindungen aus. Dies gilt selbstverständlich nicht, wenn Sie bei einem offiziellen Anlaß (z.B. Treffen von Wirtschaftsfachleuten) in Gespräche verwickelt sind. **Erwarten Sie auf Ihre Frage nach Beruf oder Job keine erschöpfende Antwort Ihres Gegenübers.** Sowohl der Laufbursche wie der Direktor einer Firma werden Sie nur knapp bescheiden: »Ich arbeite bei xyz.«

Tabu!: Wenn Sie sich **aus einer Unterhaltung zurückziehen** wollen, so tun Sie dies bitte **sanft** und **rücksichtsvoll.** Eine unvermittelte, schroffe Antwort kommt einer Ohrfeige gleich. Am besten lächeln Sie freundlich und bitten um *Permisi ...* (»Entschuldigen Sie mich bitte ...«).

Heikle Gesprächsthemen

Indonesier sind sehr **stolz auf ihr Land.** Aber erwarten Sie von keinem Indonesier, dem Sie begegnen, daß er Sie bei der Hand nimmt und als Cicerone durch die Kultur seines Landes führt. **Erliegen Sie auch nicht dem Irrtum, in jedem Indonesier einen Repräsentanten dieser Kultur zu erkennen.** Nehmen Sie jeden für sich als interessantes Individuum zur Kenntnis, denn folkloristische Klischees sind sehr holzschnittartig. Nicht jeder Thai hat in seiner Kindheit mit Elefanten gebadet, und nicht jeder indonesische Bursche ist schon auf einem Wasserbüffel geritten (als Modell für eine touristische Holzschnitzerei). Die meisten Indonesier, denen Sie bewußt begegnen werden, sind gebildet, weltoffen und in einem kosmopolitanen Sinne interessant.

Nachdem wir Sie nun bewogen haben, jeden Indonesier als ein Individuum zu betrachten, senken wir nun verlegen das Haupt, um dagegenzuhalten, daß **Sie keineswegs als eigenständiges Individuum mit all seinen widersprüchlichen Stärken und Schwächen betrachtet werden.** Sie sind der Urtyp Ihres Volkes, der ständig im Dienst stehende Botschafter Ihres Landes, Sie sind eine mit Originalzertifikat versehene Kulturexportware. Was Sie tun, wie Sie sich kleiden, was Sie essen – all dies ist kristalline Kultur Ihres Landes. (Nur schlimm, wenn Italiener in Indonesien Bier trinken und Deutsche französischen Cognac.) **Zwei Regeln sollten Sie sich bewußt machen:**

• Der Ausländer hat ein dankbarer Gast zu sein, selbst als Gastgeber im eigenen Heim.
• Der Ausländer ist Botschafter seines Landes und dessen Politik (!).

Versuchen Sie daher richtig zu deuten, wenn **Sie in einem Gespräch ein unmotiviertes oder deplaziertes Kichern oder Lachen vernehmen**. Das Gespräch ist dann entgleist, Ihr indonesischer Gesprächspartner ist verwirrt oder hat nicht verstanden. Fragen Sie alsdann nicht: »Was gibt's da zu lachen?« Versuchen Sie Ihre Aussage nochmals ruhig und behutsam »'rüberzubringen«. **Lernen Sie das nervöse von einem freudigen Lachen unterschieden.**
Humor schafft am schnellsten Freunde und überwindet am leichtesten kulturelle Hindernisse. **Indonesier lieben Ausländer, die auch einmal über sich selbst lachen können.** Seien Sie also nicht »bierernst«. Und seien Sie auch nicht zu tiefschürfend bei der Wahl Ihrer Gesprächsthemen. In Indonesien schätzt man die **Kunst des leichten, zeitvertreibenden Wortgeplänkels** sehr, genannt *basibasi* (leere Worte).

Häufige und beliebte Gesprächsthemen

• Sie haben sich bemüht, etwas *Bahasa Indonesia* zu lernen. Man wird Ihre (vielleicht dürftigen) **Sprachkenntnisse begeistert würdigen**.
• Sie schätzen **indonesisches Essen** – zumindest *saté* und gebratenen Reis, womöglich sogar einige Gerichte, die international weniger bekannt sind. Und wenn Ihnen gar die Durian-Frucht mundet (sie »stinkt wie die Hölle, schmeckt wie der Himmel«), dann werden Sie mit diesem kulinarischen Bekenntnis neue Freunde gewinnen.
• **Sie genießen Ihren Aufenhalt in Indonesien** – dies sollte der Grundtenor bei der Beantwortung der häufig gestellten Frage sein: »Wie gefällt Ihnen Indonesien?« Loben Sie die Schönheit des Landes, ehe Sie etwas von Überbevölkerung und Armut grummeln. Schildern Sie begeistert das paradiesische Angebot an Früchten und Blumen, bevor Sie etwas über den Verkehr murmeln. **Konversationen mit indonesischen Freunden und Bekannten sollten nicht dazu dienen**, über Installationsprobleme, den bürokratischen Papierkrieg, über Hitze, Katzen und Ratten, die Nebengeräusche des Telefons etc. zu lamentieren. Vermutlich würde auch Ihr makabrer Vorschlag befremden, unter allen Straßenkreuzungen Kontaktminen auszulegen, um so das Verkehrproblem zu lösen. All diese Probleme sind selbstverständlich auch allen Indonesiern bekannt. Dennoch meinen sie, daß sich nur in Indonesien leben läßt – wo sonst? Eine bittere und schockierend negative Einstellung eines Ausländers zum Gastland kann bestenfalls zu der Überlegung führen: »Warum zum Teufel ist er eigentlich hier?«
• **Sie halten Indonesien für ein »Land des Lächelns«.** Indonesier lächeln sehr gern. Und sie freuen sich, wenn sie angelächelt werden, denn dies

schafft zumindest die **Illusion von Freundlichkeit und Ruhe**, die Harmonie der Oberfläche. Die Indonesier empfinden sich als höflich, freundlich und gefällig – und sie haben damit vollkommen recht!
Sie finden die Nationaltracht, die traditionellen Stoffe und die kunsthandwerklichen Erzeugnisse bezaubernd. Deshalb müssen Sie nun aber nicht Ihre Tennissocken batiken und Ihre Unterwäsche handweben *(ikat)* lassen. Es genügt, ein anerkennendes Wort für all jenes bereitzuhalten, was Gegenstand des nationalen Stolzes bildet.

Charaktertypen

Es heißt, das indonesische Volk lebe zu gleicher Zeit in drei Jahrtausenden – in der Spannbreite von den Steinzeitmenschen in Irian Jaya bis zu den High-Tech-Bereichen der Großstädte. Dies ist gleichfalls (wenn auch weniger offensichtlich) feststellbar in den *wayang kulit*, den berühmten indonesischen **Schattenspielen**, in denen jahrtausendealte Mythen bis heute Ausdruck finden. Angeblich war das Schattenspiel in Java schon vor Ankunft der Inder verbreitet, nachvollziehbar an der Figur Semar, einer vor-indischen Charaktertype. Die *wayang kulit* haben nicht nur Wesentliches der indischen Philosophie, so wie sie in den Epen *Ramayana* und *Mahabharata* dargestellt wird, aufgenommen. Sie betonen und verstärken auch eine **ganzheitliche Sicht der Gesellschaft**, deren harmonische Ordnung den einzelnen ein rechtmäßiges und ruhiges Leben eröffnet.
Das Leben des einzelnen indes sollte einem aufgeschlagenen Buch gleichen. Er sollte lieber in Untätigkeit verharren, als Ärgernis zu erregen, lieber mit wenigem zufrieden als ehrgeizzerfressen.
Die einzelnen *Wayang*-Charaktere sind allgemein so bekannt, daß sie gern zur Charakterisierung von Personen herangezogen werden. Die Anmerkung »Er ähnelt **Ardjuna**« löst sogleich die Vorstellung von einem gutaussehenden, prinzipienfesten, tapferen und geschmeidigen (Über-Mann) aus, der zudem über spirituelle Kraft verfügt. Einen Mann als »echten **Gatot kaca**« zu bezeichnen, dies weckt bestimmte Vorstellungen: Körperkraft, »Machismo«, große und behaarte Erscheinung, Mut, Treue und Kampfgeist. Damit nicht genug, beherrscht Gatot kaca doch die Kunst, »abzuheben« (er kann fliegen) und Situationen von verschiedenen Blickwinkeln her wahrzunehmen. Vergleicht man jemanden mit **Rahwana**, so heiß dies, daß er ein Taugenichts ist, böse, gierig, skrupellos, unzuverlässig – kurz: eine totale Null und ein Bösewicht.

Lexikon der Charaktertypen

Baikhati:	Gutherzig, milde
Baik kelakuannya:	Wohlerzogen

Bandal:	Boshaft (schelmisch)
Cemberut:	Traurig, schwermütig
Cerewet:	Geschwätzig (»Plappermaul«)
Halus:	Von elegantem und feinem Betragen
Jahat:	Verdorben, verkommen
Jelek:	Von verdorbenem Wesen
Kasar:	Ungehobelt, grob
Kerashati:	Ausdauernd, dickköpfig
Kurangajar:	Von zweifelhaftem Betragen (die stärkste der höflichen Kritikformen am Verhalten einer Person)
Lincah:	Voller Energie
Lucu:	Lustig
Hakal:	Frech
Pemberani (berani):	Kühn, tapfer
Pemalu (malu):	Schüchtern
Rumah:	Freundlich
Sabar:	Geduldig
Sopan:	Respektvoll und »anständig«

Indonesische Gäste bewirten

Wenn Sie sich längere Zeit in Indonesien aufhalten, werden Sie vielleicht **Freunde und Bekannte zu sich einladen** wollen. Damit die Gäste sich bei Ihnen wohlfühlen, wollen wir Ihnen einige **Hinweise /Ratschläge** geben. Legen Sie das Essen auf einen **Samstag- oder Sonntagabend.** Verschicken Sie etwa eine Woche zuvor **schriftliche, an den Mann und seine Ehefrau gerichtete Einladungen.** Bei dem zusätzlichen Vermerk »ab 19.00 Uhr« oder »von 19.00 bis 21.00 Uhr« werden die Gäste wissen, daß es sich um eine **Einladung zum Abendessen** handelt. Die meisten Gäste werden etwa eine halbe Stunde später ankommen, was jedoch noch als **pünktlich** gilt. Sind unter Ihren Gästen **Muslime,** so werden diese ohnehin erst nach dem *Maghrib*-Gebet um 19.30 Uhr speisen wollen.
Während die Gäste eintreffen und es sich behaglich machen, sollten Sie Ihnen verschiedene gekühlte **Softdrinks** (ohne Eis) in kleinen Gläsern auf einem Tablett anbieten. Möglicherweise nippen die Gäste nur an den Gläsern. **Aperitifs** sind nicht überall verbreitet. Nüsse und kleine gebratene, auf Tellerchen servierte indonesische Leckereien müssen ausdrücklich angeboten werden, da sich **niemand ohne Aufforderung bedienen** würde.
Ihre Gäste werden davon ausgehen, daß **vor dem Essen** eine Stunde dem **Plaudern** (»Smalltalk«) vorbehalten ist. Da jedoch viele Indonesier und

103

Indonesierinnen Hemmungen haben, sich in einer fremden Sprache auszudrücken, kann es durchaus geschehen, daß ein Teil Ihrer Gäste sich aufs **Schweigen** verlegt – und dabei völlig wohl und **entspannt** fühlt.

Für die Gastgeber und ebenso die Gäste ist es wichtig zu wissen, wer der **sozial höchstrangige Besucher** ist. Dieser sollte auch das **Buffet eröffnen**. Die Gastgeber sollten sie oder ihn dabei begleiten und die verschiedenen Gerichte erklären.

Reichhaltige Buffets sind bei Indonesiern überaus beliebt. Die einzelnen Speisen richtet man am besten auf einem Sideboard an, während die Tische zum Essen gedeckt sind. Wer über Hauspersonal verfügt, kann seine Gäste laufend bedienen lassen. Ansonsten fordern Sie Ihre Gäste auf, **sich selbst nach Lust und Laune zu bedienen**. Wenn Sie sicher sind, daß alle gesättigt sind und niemand mehr zugreifen möchte, können die Tische abgeräumt werden, und die Gesellschaft wechselt über ins Wohnzimmer.

Dort werden **Kaffe** und **Tee** auf einem Tablett oder Serviertisch angeboten (Selbstbedienung bei Zucker und Sahne). Mit dem Kaffe klingt der Abend aus. Bald werden Sie die vertraute Formel *Permisi ...* vernehmen, mit der die Gäste ihren Aufbruch einleiten.

Verabschieden Sie Ihre Gäste mit einem **sanften** Händedruck (in Asien gilt es nicht als Zeichen von Energie, Willensstärke und Herzlichkeit, anderen mit Holzfällergriff die Hände zu zerquetschen). Wenn möglich, begleiten Sie Ihre Gäste noch bis zum Auto. Solche Abende ziehen sich selten länger als bis 21.30 Uhr hin.

Tips für die Speisenkarte

»Tja, wenn wir wüßten, was es bei euch zu essen gibt, dann wüßten wir auch, was davon uns schmeckt und wofür wir im Magen Platz lassen sollen!« scherzte ein indonesischer Freund. Und ein anderer fügte lachend hinzu: »Wenn ich vorgewarnt bin, kann ich vielleicht schon zu Hause meinen Hunger etwas stillen.«

Diese charmanten Hinweise auf die westliche Eßkultur sollten Sie erkennen lassen, daß **Indonesier tatsächlich sehr gern indonesisch essen**. Nun werden Sie aber vermutlich noch nicht tief genug in die Raffinessen der indonesischen Kochkunst eingedrungen sein, um höherrangige Gäste bewirten zu können.

Möglicherweise haben Sie auf Ihrer Reise einige **einfache Gerichte** als sehr schmackhaft empfunden. Allerdings können Sie mit diesem *makanan belakang* (»Dienstboten-Essen«) keine **wichtigen Gäste** bewirten. Sie werden also ein west-östliches Menü komponieren müssen. Hier einige **Ratschläge, was Sie indonesischen Gästen servieren könnten:**

Suppen: Cremige Suppen mit Fleisch- oder Gemüseeinlage. Beliebt sind Pilz-, Erbsen-, Bohnen-, Tomaten- und Hühnersuppen.

Grundlegende Zutatten der indonesischen Küche:
1 = Knoblauch, 2 = Schalotten, 3 = Frische Chili, 4 = Limonenblätter,
5 = Ingwer, 6 = Getrocknete Chili, 7 = Laoswurzel, 8 = Zitronengras,
9 = Muskatblüte, 10 = **Gula Jawa**, *11 = Muskatnuß, 12 = Kumin,*
13 = Tamarinde, 14 = Kurkuma (Gelbwurzel), 15 = Koriander, 16 = **Candlenuts**,
17 = Schwarzer Pfeffer, 18 = Gewürznelken

Gemüse: Alle Arten von im Wok kurzgebratenem Gemüse, auch gemischte Gemüse, gut gewürzte Gemüseeintöpfe oder Mais aus der Dose.
Auch Kartoffelsalat, von den Holländern übernommen, wird allseits gern gegessen.

105

Hauptgerichte: Vorbemerkung: **Reis** ist der Mittelpunkt jeder Mahlzeit, alles andere gilt als Beilage. Genau wie »essen« im Thai *gin kau* (»Reis essen«) heißt, fühlen sich auch die Indonesier nicht wirklich satt, wenn sie keinen Reis gegessen haben. Vergessen Sie also den Reis nicht!

Folgende **Fleischgerichte** erfreuen auch den indonesischen Gaumen: Geschnetzeltes vom Rind mit Pilzen; Nudeln mit Hackfleisch in Tomatensauce; kaltes, aufgeschnittenes Rind-, Hühnerfleisch oder Leber; Rinder- oder Hühnercurry; Rindfleisch / Nudelauflauf in saurer Sahne; *rendang* (gut gewürztes Rindfleisch in Kokoscreme); Rindsroulade; Schinkennudeln; geräucherte Zunge mit Erbsen in heller Soße; *semur* (im Ofen gegarter Eintopf); *saté* aus Hühner- oder Rindfleisch.

Wenn Sie es wagen wollen, eine komplette und recht **typische indonesische Speisentafel** anzubieten, versuchen Sie es doch einmal mit der folgenden Zusammenstellung: Gebratener Reis, gebratene Nudeln, Hühner-*Saté*, Hühnercurry, in Scheibchen geschnittenes Rinderfilet, gebackene oder in der Schale gekochte Kartoffeln, eingelegte Gemüse und Krupuk aus Krabbenmehl.

Brote: Wer darauf nicht verzichten will, könnte als Beilage aufgeschnittenes französisches Weißbrot oder kleine Cocktailbrötchen servieren.

Nachspeisen: Schokoladenkuchen mit reichlich Zuckerguß dekoriert, Obsttorte, auch Mousse au Chocolat oder Puddings finden großen Zuspruch. Obstsalate oder frisches Obst gehören unabdingbar dazu.

Ost-West-Unterschiede bei der Gästebewirtung

Wenn Sie die indonesische mit der westlichen Art der Gästebewirtung vergleichen, werden Sie mindestens **drei auffallende Unterschiede** bemerken: Der erste Unterschied liegt im **Grund und Anlaß für ein gesellschaftliches Essen**, der zweite in der **Handhabung der Gästeliste** und der dritte in der **Rolle, die das Essen selbst dabei spielt.**

Anlaß und Grund für eine Essenseinladung

In **europäischen Ländern** lädt man gelegentlich Freunde **spontan** zu sich nach Hause zum Essen ein, um gemeinsam einen netten Abend zu verbringen oder jemanden kennenzulernen.

Anders in Indonesien: Hier findet jede Party aus einem **besonderen und traditionellen Grund und Anlaß** statt (etwa wegen einer Hochzeit oder einer religiösen Festlichkeit). Daher sollten Sie sich nicht wundern, wenn Ihre Einladung zunächst auf ein »Warum?« stößt.

Die nächste Frage gilt dem **Ehrengast**, eine für Indonesier wichtige Information, da ausschlaggebend für das Verhalten. Weiterhin werden sie versuchen, auch die **Namen der anderen Gäste** zu erfahren. Indonesiern behagt möglicherweise die Vorstellung nicht, bei einem Ausländer allein zu Gast zu sein. Sie fürchten um den leichten Fluß der Konversation, um das angenehme und unverbindliche »Bäumchen-wechsel-dich« im Gespräch, das erst in einer größeren Gruppe möglich ist.

Gästeliste mit »Open end«

Viele westliche Ausländer legen Wert darauf, ihre Einladungen bis ins kleinste Detail vorauszuplanen: Tischkarten weisen die Sitzplätze zu, die Zahl der Gäste ist genau festgelegt und abgestimmt, der Zeitplan minutiös geregelt. Indonesier fänden eine solche strategische Planung nicht nur sehr schwierig, sie empfänden sie auch als ausgesprochen **unhöflich und unsozial**. Schließlich könnten derart starre Richtlinien Personen ausschließen, die gern mit zu der Einladung gekommen wären. Wirklich **offene Gastfreundschaft** ist ein indonesisches Kulturgut. Die technische Seite dieser Gastfreundschaft ist die **Improvisationsgabe**.
Es ist **nicht nötig, Einladungen formell zu beantworten**. Selbst wenn Indonesier dies tatsächlich wollten, stünden dem vielleicht zahlreiche Hindernisse im Wege: kein Telefon, ein defektes Telefon, persönliche »Umdisponierungen« (unangemeldeter Besuch eines Freundes, Todesfall in der Familie, Hilferuf eines Verwandten o.ä.). Alles ist im Fluß, nichts ist gewiß!
In der Tat wissen Gastgeber in Indonesien nie, wer nun eigentlich zur Einladung kommt – bis die Gäste vor der Tür stehen.
Unter diesen Vorzeichen ist ein Buffet genau die richtige Lösung: Es ist praktisch, optisch verführerisch und mindert das Aufwandsrisiko bei Tischen, Stühlen und Personal.
Nachdem die Einladung ausgesprochen wurde, geht alles seinen gewohnten Gang, ein angenehmer Fatalismus übernimmt die Verantwortung – *Insya Allah* (»So Gott will«). Natürlich kennen weitgereiste Indonesier unser konventionelles »u.A.w.g.« (»Um Antwort wird gebeten«), aber sollten sie es wirklich so ernst nehmen? Halten Sie sich an **die einfache Formel: erwartete Gäste pi x Daumen + x extra**.

»Immer am Buffet entlang ...«

Wie bereits erwähnt, ist das **Buffet** der **Mittelpunkt indonesischer Gastlichkeit**. Nach dem **Prinzip der »offenen Tür«** schieben sich stundenlang Besucher an den aus- und einladenden Flächen vorbei, um dem optischen Genuß die Gaumenfreude folgen zu lassen. Als ein indonesischer Freund den Geburtstag eines seiner Kinder feierte, hatte er über die »Buschtrommel« zahlreiche Familienmitglieder und Freunde eingeladen und für etwa zweihundert Personen Essen vorbereitet, das von 14.00 Uhr bis Mitternacht auf dem Selbstbedienungsbuffet serviert wurde. Wir stießen erst am frühen

Abend hinzu. Natürlich waren die Speisen nur zimmerwarm (was in fernöstlichen Ländern kein Makel ist), aber knackig und wohlschmeckend. Sie waren vormittags zubereitet worden, und somit war der Vorbereitungs-Streß für die Gastgeber bei Ankunft der Gäste vorbei. Lädt ein **Ausländer** für 19.00 Uhr zum Abendessen ein, so bedeutet dies, daß an diesem Zeitpunkt alle Vorbereitungen ihren Höhepunkt erreicht haben. Trudeln die Gäste aber erst um 20.00 Uhr ein, ist die Katastrophe perfekt: der Braten trocken, die Soße verdickt, das Soufflé zusammengefallen, der Obstsalat eine Farbkleisterei. Solche Probleme kennen indonesische Gastgeber nicht.

Bei Indonesiern zu Gast

Das *mampit* (»einfach mal vorbeischauen«) ist die **verbreitetste Form der Essenseinladung** in Indonesien. Buffet im Haus der offenen Tür – so werden zahlreiche Familienfeste gefeiert.

Ausländische Bekannte zu sich nach Hause einzuladen, dies stellt viele Indonesier vor Probleme. Daher werden sie Ausländer meistens im Restaurant bewirten. Viele, auch mittelständische, Indonesier leben in kleinen Häusern und meinen daher, nicht genügend Platz für Gäste zu haben. In zahlreichen Haushalten leben mehrere Generationen unter einem Dach: greise Eltern, verheiratete Kinder mit ihren Familien sowie ledige Kinder. Außerdem beherrscht oftmals nur eine Person die englische Sprache ausreichend gut, um sich am Gespräch beteiligen zu können.

Wenn Geschäftspartner oder Kollegen Sie ins Restaurant einladen, wird man Sie abholen. Unterlassen Sie es, die **Rechnung** begleichen zu wollen, und schlagen Sie auch nie vor, **getrennt zu zahlen**. Jede Andeutung in diese Richtung ist nicht nur unangebracht, sie würde Ihre indonesischen Gastgeber schlichtweg beleidigen.

Obwohl die Gastfreundlichkeit eine indonesische Tugend ist, steht sie doch im Schatten des **Familiensinnes**. *In dubio pro familia* – dies gilt selbstverständlich auch gegenüber Ausländern.

Gebote der Gastlichkeit

Stamford Raffles rühmte die Gastfreundschaft der Javaner mit Worten, die auf ganz Indonesien zutreffen: »Es reicht nicht, seinem Gast nur gutes Essen vorzusetzen. Der Gastgeber ist zu mehr verpflichtet: Er sollte den Speisenden mit **gefälligen Worten** und **sanftem Verhalten** erfreuen, ihm die Unrast der Reise nehmen, ihm neben körperlicher Erquickung ein frohes Herz bescheren.«

Indonesier sind großzügige und freundliche Gastwirte. Das Wohl des Gastes bedeutet sehr viel, und seine Ankunft bringt alles andere zum Stillstand. Deshalb ist die **beste Entschuldigung für eine unziemliche Verspätung** auch nicht: »Ich bin im Verkehrsstau hängengeblieben«; sie lautet vielmehr:

Bereit, Gäste ehrenvoll und fürsorglich zu empfangen ...

»Wir hatten Besuch.« Wenn Sie länger in Indonesien leben und **Hausange-stellte** beschäftigen sollten, werden Sie feststellen, daß auch diese nach der **Ethik der Gastfreundschaft** handeln (obgleich Sie der Mieter des Hauses sind). Sie werden gelegentlich Ihre guten Hausgeister beim Tee mit einem Besuch sehen, während der Schrubber mitsamt Wassereimer in einer Ecke der ungeputzten Küche steht. Ruhig Blut! Nachdem die Verpflichtung der Gastfreundlichkeit erfüllt ist, wird auch den Haushaltspflichten wieder nachgegangen.

Tips für den ausländischen Gast

Ehe Sie sich auf den Weg zu indonesischen Gastgebern machen, sollten Sie sich anhand der folgenden »Checklist« vorbereiten:

• Bringen Sie der Gastgeberin ein kleines **Geschenk** mit (Blumen, Kekse, Pralinen o.ä.).

• Warten Sie die **auffordernden Worte** *silakan minum* oder *silakan makan* ab, ehe Sie zu trinken oder essen beginnen.

• Lassen Sie einen »**Anstandsrest**« von Speisen auf Ihrem Teller, andernfalls wird man Sie zum Nachschlag nötigen.

• Möglicherweise zeigt man Ihnen **Familienfotos**; nehmen Sie einige (wenige) Fotos Ihrer Familie mit, um sich zu »revanchieren«.

• Die **Kinder der Familie** werden Ihnen zu Beginn des Abends sicher vorgestellt und tauchen zum Schluß nochmals auf, um Sie ebenfalls zum Auto zu begleiten. Vielleicht lassen Sie sich für die Kinder eine kleine Überraschung einfallen?

• Halten Sie das »**akademische Viertel**« (zehn bis fünfzehn Minuten nach dem offiziellen Einladungstermin) ein – dies gilt als **pünktlich**.

• Erkundigen Sie sich rechtzeitig, ob auch **Ihre Kinder** eingeladen sind. Fragen Sie jedoch **nicht direkt**, andernfalls lautet die Antwort wahrscheinlich: »Selbstverständlich.«

Lexikon des Festefeierns

Bebas:	In diesem Zusammenhang: Zwanglose Kleidung bei festlichen Anlässen
Ramah-tamah:	Lockere soziale Zusammenkunft (kann auch die Vorlaufzeit einer formellen Feier sein)
Rapat:	Üblicherweise ein formelles Treffen
Rapi:	Saubere und gepflegte, dem Anlaß angemessene Kleidung

Ihr kultureller Beitrag zum geselligen Ereignis

Bei einigen Volksstämmen, insbesondere den **Minahasa** und **Batak**, und auf einigen der »äußeren« Inseln, vor allem **Ambon** und **Timor**, ist es eine beliebte Sitte, die Gäste aufzufordern, ein **Lied zum besten zu geben** oder auf irgendeine andere Weise zur »Hausmusik« beizutragen.

Wenn Sie einige indonesische Volks- oder Kinderlieder kennen und bereit sind loszuschmettern, werden Sie sich für immer **in die Herzen der Zuhörer singen**. Wenn Sie lieber ein Lied aus Ihrer Heimat vortragen, wird die Spannung und Begeisterung groß sein.

Beherrschen Sie einige einfache **Zaubertricks** mit Streichhölzern oder Karten, um so besser. Ein Ausländer wurde unter Kindern dadurch berühmt, daß er seine falschen Zähne ins Taschentuch »niesen« konnte. Wenn Sie jedoch an Lampenfieber leiden und nicht vor Publikum auftreten möchten, so **lächeln** Sie einfach und erklären: »Das ist nicht mein *adat* (Tradition).« Bei solchen größeren sozialen Zusammenkünften wird man wahrscheinlich auch **Ihren Kindern viel Aufmerksamkeit schenken**. Nahezu unvermeidlich ist dabei die Frage:»Würdest du gern bei uns bleiben?« Ein indonesisches Kind, sicher und geborgen im Schoß der Großfamilie, würde sich sicher über die Chance einer kleinen, abenteuerlichen Abwechslung freuen. Ihr eigenes Kind hingegen, durch das Leben im fremden Land vielleicht ohnehin etwas verstört, würde es wohl kaum freudig zur Kenntnis nehmen, wenn Sie bei diesem Vorschlag breit lächeln und heftig nicken.

Soziale Verpflichtungen der Mittelschicht

Selbst wenn Sie ohne tiefe Vorkenntnisse das indonesische Sozialgefüge betrachten, werden Sie bald erkennen, wie vielschichtig, wechselseitig sich bedingend und wie zwingend integrativ es durch **obligatorische Gruppenzugehörigkeiten** ist – all dies zum Wohle der Gemeinschaft und (ideologisch gewendet) im Interesse der Regierungspolitik.
Und will sich nun der gutwillige **Ausländer** auf der Suche nach Bekannten und Freunden in dieses Netz einspinnen, wird er merken, wie er durch die Maschen dieses Netzes fällt. Es wird ihm erscheinen, als verfügten die Indonesier zwar stets über Zeit für organisierte Sozialtermine, nie aber über **Muße zur Pflege von Bekanntschaften oder lockeren Freundschaften**.
Um dies zu erklären, wollen wir **einige der Fäden dieses Netzwerks sozialer Verpflichtungen**, in das die meisten gebildeten Indonesier der Mittelklasse eingesponnen sind, herauslösen und beschreiben.

• Die **Fürsorge für die Großfamilie** nimmt ein Gutteil der Zeit eines Indonesiers in Anspruch. Zu den Pflichten gehören medizinischer, pädagogischer und seelischer Beistand ebenso wie die »Pflicht«, an allen Familienfeiern teilzunehmen. Möglicherweise ist die Familie auch Mitglied eines *arisan*, eines Sparvereins.

• Die **Batak** und **Minahasa** leben in Clans, während viele höherstehende **Javaner** sich als Mitglied eines *trah* betrachten, der die Nachfahren eines gemeinsamen glorreichen Ahnen zusammenfaßt. Diese **ethnischen Gruppenverbände** erfüllen im wesentlichen die Aufgaben der Großfamilie.

• Die **religiösen Gemeinschaften** (Moschee, Tempel, Kirche) fordern ihren Tribut: Teilnahme am religiösen Unterricht, an Gebetsgruppen, Chören, Tanztruppen, Sportmannschaften, Spendensammelgruppen oder Sponso-

111

rentätigkeit für die *Pramuka*, die Organisation indonesischer Pfadfinder/innen.

• Viele **Geschäftsbetriebe** unterstützen Sportmannschaften, und hierbei ist jeder Angestellte zur aktiven Teilnahme aufgefordert. Desgleichen finden sich auf Betriebsebene die Ehefrauen der Angestellten zusammen, um nach den Grundsätzen des *Dharma Wanita* (siehe unten) tätig zu werden.

• Alle sind in den *rukun tetangga*, den **Nachbarschaftsorganisationen**, zusammengefaßt, und es wird erwartet, tatkräftig bei der Straßenreinigung oder anderen gemeinsamen Vorhaben mitzuhelfen. Überdies soll jeder Haushalt Geld für bestimmte Gemeinschaftsfeiern (zum Beispiel am Unabhängigkeitstag, dem 17. August) spenden.

• Für alle **Angehörigen des Öffentlichen Dienstes** (und angegliederter Organisationen) ist die Mitgliedschaft im *Korps Pegawai Negri* (Verband der Angehörigen des Öffentlichen Dienstes) verpflichtend. Einmal monatlich, jeweils am 17. des Monats, versammeln sich die Mitglieder des *Korps Pegawai Negri* in ihren charakteristischen Batik-Uniformen vor den Dienstgebäuden.

• Die *Dharma Wanita*, die Organisation der Ehefrauen der Mitarbeiter des Öffentlichen Dienstes, ist kennzeichnend für die **parallele soziale Organisation von Ehemännern und -frauen**. Die Mitgliedschaft in diesen Organisationen ist verbindlich. In der hierarchisch gegliederten Gruppe nimmt die Frau jeweils die Position ein, die ihr Mann als beruflichen Rang bekleidet. Die Verpflichtungen wiegen schwer. Die *Dharma Wanita* und vergleichbare Organisationen engagieren sich sozial, politisch, bei Erziehungsfragen und Angelegenheiten des Gemeinwohls.
Dieses System reicht bis in die Spitze der sozialen Pyramide. Die Ehefrauen der Kabinettsmitglieder sind in der *Ibu Ria Pembangunan* sozial aktiv.

Im Schoße der Familie

Die indonesische Familie stellt für ihre Mitglieder den **Mittelpunkt der Loyalität** dar, ein stützendes System von Beziehungen, körperliche und gefühlsmäßige Sicherheit und Geborgenheit.
Das **statusbedingte soziale Beziehungssystem** bestimmt in Indonesien den Umgang miteinander. Auch die warme, Sicherheit spendende Familie ist nach **hierarchischem** Muster gegliedert. Die Linie reicht vom ältesten *bapak* hinunter zum jüngsten Kleinkind und wird weniger durch Geschlechtszugehörigkeit als durch **Alter** vertikal geregelt.
Die bestimmende Kraft der Eltem bleibt bis zu deren Tod lebendig – und wird dann an die eigenen Kinder weitergegeben. Der **Vater** bzw. die Vater-

112

Immer geborgen, nie allein

figur ist respekterheischend und formal bestimmend; die **Mutter** ist der
Herd der Liebe – und sie hat die Hand auf der Haushaltskasse. Wo sonst in

113

der Welt könnte eine Autoreparaturwerkstätte *Doa Ibu* (»Gebet einer Mutter«) heißen?

Die **enge Mutter-Kind-Beziehung** bildet sich auf vielfältige Weise: durch das bereitwillige Stillen, durch die dauerhafte, innige körperliche Nähe im Arm der Mutter oder im *slendang*, dem Schultertuch. Im Alter von etwa drei Jahren wird begonnen, das Kind **Ehrerbietung und Respekt gegenüber dem Vater** zu lehren – *asal bapak senang*. Der *bapak* ist eine starke, mitunter jedoch weit entfernte Person im Leben des Kindes.

Bis zum Zeitpunkt der Einschulung ist das Kind wohleingebettet in den Rahmen der Großfamilie und Nachbarschaft. Meist entwickelt sich zwischen dem Kind und einem älteren Verwandten (Großmutter/-vater, Vetter oder Cousine, Tante oder Onkel) ein Zugehörigkeitsgefühl. Diese Verwandte übernehmen dann oft die Rolle von **Ersatzeltern** oder **Mentoren** und stehen dem Kind im täglichen Leben häufig näher als die leiblichen Eltern.

Die gefühlsmäßigen Erfahrungen und Bindungen des Kindes erweitern sich ständig im Laufe seiner Kindheit. Dabei wird immer den Eltern die höchste Verehrung und Liebe zuteil, selbst wenn sie nicht den stärksten pädagogischen Einfluß auf das Kind ausüben. **In Indonesien wird man bis zur Heirat als Kind betrachtet.** Bis dahin untersteht man der Verantwortung der Eltern.

Ein Indonesier, der im Ausland studiert und dort seit dem Abitur allein gelebt hatte, konnte sich lebhaft an den Schock erinnern, als nach seiner Rückkehr von ihm erwartet wurde, wieder daheim bei den Eltern zu wohnen. »Wie könnten wir dir erlauben, eine eigene Wohnung zu suchen?« fragten die besorgten Eltern. »Alle werden denken, daß du uns gleichgültig bist und wir uns nicht mehr um dich kümmern wollen.«

Erwachsene »Kinder«, die zwar bereits im Arbeitsleben stehen, aber noch bei den Eltern wohnen, können meistens nicht selbst über ihr persönliches Einkommen verfügen und müssen damit rechnen, daß auch ihre private Post geöffnet wird. Außerdem erwartet man von ihnen, daß sie die Ausbildung jüngerer Geschwister finanziell unterstützen und zu Unterhalt und Pflege der ehrwürdigen Alten beitragen, die ebenfalls im Haushalt leben, aber nicht mehr arbeiten.

In extremen Fällen kann diese soziale Ethik den eigenen Lebensweg entscheidend beeinflussen. Wir machten einmal die Bekanntschaft mit einem Indonesier, einem sehr gutaussehenden und beruflich tüchtigen Mann, etwa Mitte dreißig, jedoch noch ledig. Auf unsere Frage, weshalb er noch nicht verheiratet sei, gab er uns eine Antwort, in der sich die **indonesischen Wertbegriffe** widerspiegelten. Als **ältestem Sohn und einzigem arbeitenden Familienmitglied** lag es in seiner Verantwortung, die Eltern zu versorgen und die Schulausbildung seiner jüngeren Geschwister zu gewährleisten. Und erst wenn er all diesen Pflichten nachkam, konnte er versuchen, Geld zu sparen, um heiraten und eine Familie gründen zu können. Er schien uns ein hoffnungsloser Fall.

Leben: Von der Gemeinschaft geprägt

»Wir teilen alles«, hörten wir von einem guten Freund. Dieses Gefühl **gemeinschaftlichen Familienbesitzes** und des Rechtes, sich frei zu bedienen und alles zu nutzen, macht es **dem einzelnen** sehr schwer, Geld zu sparen. Hat es dann jemand tatsächlich zu einem kleinen finanziellen Polster gebracht und Familienmitglieder oder enge Freunde erfahren davon, so werden ihn diese, wenn sie sich in Geldnöten befinden, ohne Scheu um **Unterstützung** bitten – und können davon ausgehen, daß ihre Bitte nicht abgeschlagen wird.

Die Verpflichtung und der innere Drang, immer wieder in den Familienschoß zurückzukehren, ist dem Ausländer am sichtbarsten während des *Lebaran*-Festes, wenn die Städte sich leeren und jeder, der nur kann, heimwärts strebt. Sogar die professionellen Bettler schließen sich diesem Exodus an. Ein Soziologe stellte einmal fest: »Bei den Verwandten im Dorf lecken sie sich die Wunden, die sie sich in der Stadt zugezogen haben. Sie sehnen sich nach der psychisch heilenden Wirkung des *kampung* (Heimatdorfes).« Die Tatsache, daß sie vermutlich nicht die ungeschminkte Wahrheit über ihr Leben in der Stadt erzählen, zählt in diesem Zusammenhang nicht. Sie kehren mit dem ersparten Geld ins Dorf zurück und feiern ein großes Familienfest, bei dem Geschenke und Geld verteilt werden.

Gefühle zu teilen und gemeinsam Verantwortung zu tragen, dies bildet die Grundlage des immer im Schatten des gesellschaftlichen Ganzen stehenden Sozialverhaltens der Indonesier. Sie empfinden es daher als beschämend, wenn das eigene Verhalten von der **Gruppennorm** abweicht. Diese Einstellung unterscheidet sich deutlich von der Betonung der leistungs- und wettbewerbsorientierten Individualität im Westen und dem daraus abgeleiteten Versagensgefühl, wenn die eigene Leistung nicht an der Spitze steht. Eine Indonesierin, die in einem Elternhaus mit zwanzig Personen lebte, teilte uns mit: »Wenn du deinen Vetter zweiten Grades nicht kennst, dann vergehst du dich an Anstand und Sitte, und dann hast du kein Herz.«

Wenn Sie indonesischen Freunden oder Bekannten gelegentlich angeboten haben, sie mit dem Auto heimzufahren, dann werden Sie vielleicht festgestellt haben, daß dieses »Heim« wechselt – mal ist es das Haus einer Tante, mal die Wohnung eines älteren Bruders oder die eines angeheirateten Vetters. Und trotzdem bedeutet all dies das »Zuhause«. Es gibt wohl nur wenige Indonesier, die sich im tatsächlichen wie gefühlsmäßigen Sinne obdachlos und (schlimmer noch) **heimatlos** fühlen müssen. Und in Indonesien wird niemand ins Altersheim abgeschoben.

Arisan (Sparvereinigungen)

Überall auf den Inseln findet sich jene soziale, *arisan* genannte Besonderheit. *Arisan* sind **meist aus Frauen bestehende Spargruppen**. Sie können aus Mitgliedern einer Großfamilie, einer *Kampung*-Nachbarschaft, Angehörigen einer Firma zusammengesetzt sein. Eigentlich kann sich aus jeder sozialen Gruppe ein *arisan* bilden.

Die Mitglieder treffen sich einmal im Monat zum Essen und legen einen zuvor vereinbarten Geldbetrag in den gemeinsamen »Topf«. Dieser Betrag schwankt je nach sozialem Hintergrund zwischen 1.000 bis 1 Mio. Rupiah. Danach wird der Name des Gewinners gezogen. Ein *arisan* besteht so lange, bis jedes Mitglied einmal »gewonnen« hat. Erhält man das Geld gleich zu Anfang seines Bestehens, so ähnelt es einem **Darlehen**; gewinnt man es erst gegen Ende, gleicht es einer **Ersparnis**. Danach organisiert sich der *arisan* von neuem, und die nächste Runde kann beginnen.

Der *arisan* übernimmt auch den **gemeinschaftlichen Erwerb größerer Anschaffungen** wie Kühlschränke, Nähmaschinen, Geschirr oder sogar Gold. Durch den Mengeneinkauf erhalten die Mitglieder einen höheren Rabatt auf hochwertige Güter.

Die gehobene Freizeit-Szene

Wenn Sie länger in Indonesien weilen oder dort arbeiten, werden Sie wohl bald Eingang in die gehobene Freizeit-Szene finden. Viele Frauen von in Indonesien tätigen westlichen »Gastarbeitern« schließen sich morgendlichen Plauderkreisen oder Hobbygrüppchen an. Oft entstehen daraus wertvolle Freundschaften.

Im englisch-amerikanischen Kulturkreis würde man diese Szene vielleicht als »Cocktail-/ Dinnerparty«-Szene bezeichnen, ein Begriff, den es hier deswegen in Anführungszeichen zu setzen gälte, weil er in Indonesien in anderer Form auftritt. Denn **Indonesier trinken kaum Alkohol**; sie **trennen strikt zwischen geschäftlichen und privaten Zusammenkünften**; außerdem ziehen sie es vor, **sich in klar umrissenen sozialen Gruppen zu treffen** (Familie, Frauengruppen, *Arisan*-Gruppen, Schul- oder religiösen Gruppen). Deshalb befremdet sie die Vorstellung, daß Männer und Frauen sich zu halb geschäftsmäßigem Anlaß zusammenfinden und dabei fast immer auch alkoholische Getränke zu sich nehmen. In einem solchen gesellschaftlichen Rahmen fehlt der **vertraute, klare Verhaltenskodex**, der Entspannung und Genuß erst ermöglicht.

Und *last not least:* Indonesier essen nur ungern im Stehen. Nicht umsonst sagt ein Sprichwort: *Makannya seperti kuda.* (»Pferde essen im Stehen.«)

Selamatan

Ein *selamatan* ist ein festlicher Anlaß, von dem Sie sicher hören, an dem Sie höchstwahrscheinlich aber kaum teilnehmen werden. Das Wort bedeutet »religiöses Mahl« und ist somit **kein profanes Fest**. Ein *selamatan* wird **nur zu besonderen, feierlichen Anlässen** ausgerichtet und soll Glück und Har-

Die Istiqlal-Moschee in Jakarta (hier das Innere mit dem Fischauge-Objektiv aufgenommen) gilt als Asiens größtes islamisches Gebetshaus.

monie für die Teilnehmenden heraufbeschwören. Dabei werden die Alten oder offizielle Gäste stets die Gebete sprechen und damit das Festmahl einleiten, wobei die Speisen häufig auch als »Give-away-Food« in die Häuser von Nachbarn oder Freunden gesandt werden. Ein *selamatan* kann aus **unterschiedlichen und unbegrenzten Anlässen** stattfinden: Richtfest eines Hauses, Aufbruch zu einer langen Reise, Ahnung von kommendem Unheil und vieles mehr.

Mitunter mag auch für in Indonesien weilende **Ausländer** der Anlaß für ein *selamatan* gegeben sein: die Einweihung eines neuen Büros, die »Umleitung schlechter Strömungen« an einem Arbeitsplatz, das Beenden einer Reihe von Haushaltsmißgeschicken und -unfällen, eine Haussegnung o.ä. In solchen Fällen sollten indonesische Freunde oder vertraute Bekannte die Einhaltung des Rituals überwachen, damit das Fest seine Würde nicht einbüßt.

Der Islam

Westliche Besucher werden kulturbedingt kaum **unmittelbar** am islamischen Leben teilnehmen, vielmehr werden sie lediglich Augenzeugen und Betrachter von außen sein. Diese Wahrnehmung unterscheidet sich natürlich sehr von jener der gläubigen Muslime. Denn **in Indonesien ist der Islam keine Sonntags- (bzw. Freitags-) Religion** – soziales Leben ist gleichbedeutend mit religiösem Leben und umgekehrt.

Es gibt sehr **sinn- und augenfällige Merkmale des Islam** in Indonesien: die Massen von Männern, die jeden Freitag zum Gebet in die Moschee strömen, viele mit *sarung* und weißen Hemden bekleidet, einige mit dem weißen Gewand, das sie von ihrer *haj* (Mekka-Pilgerreise) heimbrachten; Kinder aus den islamischen Schulen beleben die Straßen, die Mädchen nach der Keuschheitsvorschrift Kopf und Hals mit einem Tuch verhüllend; **Schweinefleisch** wird in Respekt vor den Speisevorschriften des Koran nur außerhalb des städtischen Fleischmarktes verkauft; manche Hausangestellte weigern sich, in Haushalten zu arbeiten, in denen es **Hunde** gibt; es finden üppige Feiern statt, die großen Schlachtfesten gleichen; und schon sehr früh am Morgen schallt der Ruf des Muezzin, von Lautsprechern übertragen, um die Gläubigen zum Gebet zu rufen (und dabei natürlich auch die Ungläubigen oder Andersgläubigen aufweckend).

Überall auf dem Archipel reflektiert die Sonne von den Dächern der Moscheen. In Indonesien lebt **eine der größten islamischen Bevölkerungen der Welt.** Die Regierung betont allerdings, daß im Rahmen der *Pancasila* Religionsfreiheit herrscht, so daß jeder frei über seine Religionszugehörigkeit entscheiden kann. Eine **Staatsreligion** gibt es nicht.

Der Islam in Indonesien: Ein historischer Überblick

Der Islam erreichte im frühen 15. Jh. durch indische und arabische muslimische Händler und Koranlehrer die Handelshäfen Nord-Sumatras. Weitere Stützpunkte entstanden im 17. Jh. im südlichen Sulawesi und an der Nordküste Javas. Beim Zusammentreffen des Islam mit den lokalen Religionen kam es nicht zur Konfrontation, sondern eher zur Anpassung und Verschmelzung. Dies trifft auch heute noch zu und erklärt unter anderem die **unterschiedlichen Praktiken des Islam in den verschiedenen Regionen Indonesiens.**

Der Einfluß des Islam auf die Kunst

Der Islam beeinflußte die verschiedenen **Kunstformen** auf den Inseln, ohne sie jedoch vollständig zu verändern. Das islamische Verbot, Menschen und Tiere realistisch abzubilden, spiegelt sich in vielen der stilisierten **Batikmuster** wider. (Auf Batiken aus traditionell weniger islamisch beeinflußten Gegenden jedoch werden Sie zahlreiche plastische Tier- und Menschengestalten erkennen können.) Nur in den *wayang kulit*, den javanischen **Schattenspielen,** blieben unter dem direkten Einfluß des Islam die menschlichen Figuren in Konturen erhalten. Die dynamischen und sinnlichen **Tanzstile Indiens** wurden zur islamischen Keuschheit hin modifiziert zu den für Zentral-Java typischen, sehr disziplinierten und ruhigen Tänzen, die noch heute zu sehen sind. Und viele **Moscheen** aus früherer Zeit vereinen Elemente der Hindu- mit jenen der islamischen Architektur.

Das islamische Jahr

Der islamische **Mondkalender** ist nur einer von vielen Kalendern, die auf den Inseln zu Rate gezogen werden. Die Termine der Heiligen Tage werden vom islamischen Klerus bekanntgegeben.

Die heutige Bedeutung des Islam

In Indonesien sind die **Moscheen Zentren für eine Vielzahl von sozialen, erzieherischen und geistigen Aktivitäten.** Sie fördern Sportmannschaften, veranlassen Jugendgruppen, Geld für die verschiedensten sozialen Zwecke zu sammeln, organisieren religiöse Familienfeiern und leiten eigene Schulen.

Für den **Ausländer** ist das morgendlich von Lautsprechern übertragene Gebet um 4.30 Uhr der erste, nicht zu überhörende Kontakt mit dem Islam. Wenn Sie der Auffassung sind, daß Beten für den Ewigen Schlaf besser ist als der irdische Schlaf, werden Sie dies leicht ertragen können.

Der Koran schreibt den Gläubigen **drei Gebete am Tag** vor, traditionell jedoch sind eigentlich **fünf tägliche Gebete** vorgesehen: das erste bei Sonnenuntergang, danach das Nachtgebet, dem wiederum die Gebete beim Morgengrauen, um 12.00 Uhr mittags und am Nachmittag folgen.

Man kennt in Indonesien eine **volkstümliche Regel zur Bestimmung der »korrekten« Zeit für das Gebet bei Morgengrauen**: Lassen sich bei natürlichem Licht ein weißer und ein schwarzer Faden unterscheiden – dann ist es eindeutig zu spät!

Die Erfüllung religiöser Pflichten

Die **Fünf Grundgebote des Islam** bestehen: im Glaubensbekenntnis, der Einhaltung der fünf täglichen Gebete, der Bezahlung der religiösen Abgaben, dem Fasten während des *Ramadan* und der Pilgerfahrt nach Mekka *(haj)*.

Die Vorbereitungen zum Gebet

Vor dem Gebet hat der Gäubige bestimmte **körperliche Säuberungsrituale** zu vollziehen, um die Reinheit der Absicht zum Ausdruck zu bringen: Er muß seine Hände dreimal vom Handgelenk bis zu den Fingerspitzen mit *air wudu* (gewöhnlichem Wasser) waschen; er muß gurgeln und den Mund ausspülen, das Gesicht waschen, alsdann die Unterarme bis zu den Ellbogen reinigen, Teile des Kopfes befeuchten, das Haar mit wasserbenetzten Fingern kämmen und die Füße bis zu den Knöcheln säubern.

Nur körperlich und geistig gereinigt darf ein Muslim das Gebet beginnen. Sollte ihm etwas widerfahren, was diesen Zustand beeinträchtigt –

119

wenn er etwa von einem Hund oder einer Frau berührt wird, Stuhlgang hatte oder Winde gingen –, dann muß er mit der rituellen Reinigung von neuem beginnen.

Die dem Gebet angemessene Kleidung

Die meisten muslimischen **Frauen** tragen beim Gebet die *mukena*, die den Körper nahezu vollständig verhüllt.
Die **Männer** kleiden sich in den *kain sarung* und ein schlichtes weißes Hemd. Oft nehmen sie einen *sejadah* (kleinen Gebetsteppich) mit in die Moschee.

Der Gebetplatz

Die meisten **Geschäfts- oder Amtsgebäude** verfügen über einen *musholla*, einen Gebetplatz. Die **Männer** beten meistens in der Moschee, die **Frauen** traditionell zu Hause.
Ein um sein Seelenheil besorgter Muslim forderte in einer javanischen Lokalzeitung, die staatseigene Eisenbahn PJKA solle in jedem Zug zumindest einen *musholla* zur Verfügung stellen. Er begründete seine Forderung damit, daß die Gläubigen an den Haltestationen nicht zu beten wagten – aus Furcht, den Zug zu verpassen. Wo also hin – auf die himmlische oder irdische Reise?

Leben unter islamischem Recht

Nach islamischem Gesetz fällt alles menschliche Handeln unter **fünf moralische Kategorien**:

Halal:	Weder gut noch böse
Haram:	Verboten
Makruh:	Unerwünscht (Unterlassung wird belohnt, Tat nicht betraft)
Sunah:	Wünschenwert (Tat wird belohnt, Unterlassung nicht bestraft)
Wajib:	Verpflichtend (Tat wird belohnt, Unterlassung bestraft)

Speisen und Getränke

Der Islam verbietet den Genuß von **Alkohol** und **Schweinefleisch**. Daneben bestehen jedoch **weitere besondere Vorschriften**, nach denen Sie sich erkundigen sollten, besonders wenn Sie **Gäste bewirten** wollen.

Heirat und Scheidung

Die islamische Tradition in Indonesien erlaubt dem Mann die **Vielehe** mit bis zu vier Ehefrauen, was viele ältere Muslime, vor allem in ländlichen Gebieten, tatsächlich in Anspruch nehmen. Das Ehegesetz von 1974 regelt die **Rechte der Frauen** und betont den Zusammenhalt der Familie, läßt in der Praxis aber auch **Scheidungen** zu.

Besuch einer Moschee

In ihrem Buch *Reisegast in Malaysia/Singapur* geht JoAnn Craig ausführlich auf islamische Traditionen und Verhaltensweisen in Asien ein. Der in Indonesien praktizierte Islam genießt einen liberaleren Ruf als der malaysische. **Besucher sind in Moscheen grundsätzlich willkommen.**

Moschee-Besuche
Tu! und Tabu!

Tu!: Wenn Zweifel bestehen, ob Ihr Besuch erwünscht ist, fragen Sie zuvor um **Erlaubnis**.

Tu!: Legen Sie die **Schuhe** ab, ehe Sie die Moschee betreten.

Tu!: Verhalten Sie sich leise, zurückhaltend und **respektvoll**.

Tu!: Bewegen Sie sich **hinter, nicht vor** den betenden Gläubigen.

Tu!: **Kleiden** Sie sich angemessen: **Frauen** sollten langärmelige Kleider und Blusen, **Männer** lange Hosen tragen.

Tu!: Bitten Sie um Erlaubnis, ehe Sie **fotografieren**.

Tu!: Achten Sie darauf, **nichts und niemanden zu berühren**, besonders nicht den Heiligen Koran.

Tabu!: **Frauen** dürfen laut islamischem Gesetz während ihrer Mensis die Moschee nicht betreten.

Indonesisch-islamisches Lexikon

Air wudu:	Das Wasser, mit dem der Gläubige sich vor dem Gebet rituell wäscht.
Azan:	Aufruf zum Gebet.
Masjid:	Abgegrenzter Platz zum Beten.

Je nachdem, in welcher Region Indonesiens Sie sich aufhalten, heißt dieser Platz auch:

	Masigit: Sunda
	Mesigii: Sulawesi
	Mesigit: Java
	Mensingit: Atjèh
Masjidjami:	Die Moschee, in der freitags gebetet wird (auch bekannt als Freitagsmoschee).

Kleinere Gebetshäuser, die nicht den Gebeten in der Gruppe, sondern Einzelandachten dienen, **heißen je nach Region**:

	Langgar: Java
	Langgara: Sulawesi
	Meunasah: Atjèh
	Surau: West-Sumatra
Minaret (menara):	Rufturm des Muezzin neben der Moschee.
Muezzin (muazin):	Der Mann, der traditionell die Gläubigen fünfmal am Tage zum Gebet ruft. Heute wird er oft profan durch Kassetten und elektrische Verstärker ersetzt.
Musholla (mushalla):	Gebetsort (auch außer halb der Moschee), der nicht vorrangig dem Freitagsgebet dient.
Sejadah:	Gebetsteppich.
Assalaamu 'alaikum:	Aus dem Arabischen übernommener Gruß: »Friede sei mit dir.«
Alaikum salaam:	»Friede auch mit dir!« (Entgegnung)

7
Lebens- und Jahreskreislauf

Beginn des Lebenskreislaufes

Jeder Indonesier wächst in der **Tradition seines *suku*** (Volksstammes) und im **Ritus seiner Religion** auf. Aus beiden stammen die reichen und tief verinnerlichten Bräuche, die den Lebenskreislauf des einzelnen (Geburt, Geschlechtsreife, Hochzeit, Elternschaft, Tod) symbolhaft schmücken und begleiten, sowie die Fest- und Feiertage, die sich in jährlichem Ryhthmus wiederholen.

Wir wollen die aufgeführten einschneidenden und **feierlichen Anlässe vorstellen** und **Hinweise für das angemessene Verhalten**, die richtigen Worte und auch die geeigneten Geschenke geben.

Auf **ethnische Besonderheiten** wollen wir aus folgendem Grund **nicht im einzelnen eingehen**: Es gibt einfach zu viele davon! Zahlreiche Zeremonien gelten als traditionell, werden jedoch nicht mehr von der Mehrheit der Bevölkerung, sondern nur noch von hochadligen Familien praktiziert. Wir

123

wollen Sie mit einer **allgemeinen Einführung** ermutigen, die lokalen Besonderheiten kennen- und verstehen zu lernen.

Viele der sozial hochrangigen und adligen Familien (die teilweise noch feudale Rituale ausüben), gelten weithin als *adat yang betul* (wahrhaftig die Tradition befolgend), andere als *adat di adatkan* (das *adat* wegen des gesellschaftlichen Ranges der Familie beachtend). **Nicht jeder Indonesier hält an allen Traditionen fest**, wäre auch aus finanziellen Gründen dazu nicht in der Lage. Der menschlichen Natur entsprechend, wählt der einzelne aus dem reichen Schatz an Zeremonien und Feiern jene aus, die ihm (und seinem Geldbeutel) am meisten entgegenkommen.

Beim Bemühen, **noch lebendige Traditionen** zu sammeln und zu erfassen, stießen wir auf **drei Schwierigkeiten**: Zunächst fanden wir uns vor einem kaum bezwingbaren Berg von völkerkundlichem und sprachwissenschaftlichem Forschungsmaterial wieder; darüber hinaus sind auch zahlreiche Indonesier, die jünger als fünfzig Jahre alt sind, auf Hilfe und Rat der Älteren angewiesen, wenn es um die genaue Ausführung von Zeremonien geht, da sie selbst diese nicht mehr ausüben; ferner wissen viele Indonesier nur über die Gepflogenheiten der eigenen ethnischen Gruppe zu erzählen, verfügen aber über keine übergreifende und vergleichende Kenntnis.

Ehe wir ins einzelne gehen, möchten wir Ihnen den schlichten **praktischen Ratschlag** geben, bei Feierlichkeiten und Zeremonien **erst genau zu beobachten und sich dann dem Verhalten der Gastgeber und anderen Gäste einfach anzuschließen**. Indonesier sind freundliche Gastgeber und darauf bedacht, ihre Gäste in das jeweilige Geschehen zu integrieren. Sind Ihre Gastgeber Batak, so können Sie damit rechnen, daß Ihnen die symbolhafte Bedeutung der Zeremonien erklärt wird; ebenso würden sich Javanesen, Balinesen und Minahasa verhalten.

Wir können Ihnen daher nur empfehlen, die Gelegenheit kühn beim Schopf zu packen und an den besonderen »kosmischen« Zeremonien Ihrer Nachbarn und Freunde sowie den Jahresfesten teilzunehmen – und diese **mit Neugier und Freude zu genießen**.

Geburt

Kinder gelten als Segen der Familie, und so hütet man Säuglinge wie einen Schatz, bemüht, sie vor allem Bösen und allen Gefahren zu bewahren. Leider ist die hohe **Kindersterblichkeit**, insbesondere in ländlichen Gebieten, noch nicht überwunden. Daran erinnern immer wieder schmerzlich die langen Reihen kleiner Gräber auf den Dorffriedhöfen. Es findet sich kaum eine Bauernfamilie, die nicht den Tod mehrerer Kinder zu betrauern hätte.

Die Eltern tun alles, damit ihre Kinder die **kritischen ersten fünf Lebensjahre** überstehen. Einige flößen den Säuglingen Gelbwurzelsaft ein, der vor allem gegen Darmerkrankungen helfen soll. Andere versuchen es mit Honig. In den Dörfern Javas tragen manche Kinder **Bänder** *(lawe)* und

Die Indonesier lieben Kinder. Nie ist ein schützender Schoß oder Arm fern.

Amulette um Hals und Bauch. Diese aus handgesponnener Baumwolle gefertigten Bänder legt ihnen die Mutter, Großmutter oder der *dukun* (der traditionelle Heiler) um. Sie verfügen angeblich über die Kraft, das Kind vor dem Bösen, vor Krankheiten und frühem Tod zu schützen.

Die Regierungsbehörden versuchen das Problem der Kindersterblichkeit dadurch in den Griff zu bekommen, daß sie ein Netz von **Kinderkliniken** (*anak-anak-balita*, wörtlich: »Kinder unter fünf Jahren«) aufbauen, die auch der medizinischen Beratung und Vorsorge (u.a. in bezug auf Geburtenregelung und Hygiene) dienen sollen.

Willkommenszeremonien

Fast alle Zeremonien, die für Neugeborene abgehalten werden, verbinden die **Aufnahme des Kindes in die Gemeinschaft** mit Gebeten für seine

125

Gesundheit, Gedeihen und Kraft. Die einzelnen Zeremonien sind jedoch sehr von der jeweiligen **ethnischen Gruppe und sozialen Schicht geprägt**. Hat zum Beispiel bei den **Batak** ein Kind das Alter von sieben Tagen erreicht, so backt die Mutter einen Reiskuchen mit Zucker und Gewürzen und bietet ihn den Nachbarn im *kampung* an; zugleich zeigt sie dem Kind zum ersten Mal die Sonne, »das Licht der Welt«. Eine aufwendigere Variante dieser Zeremonie bezieht die Dorfbevölkerung stärker ein: Während einer großen Prozession wird das Kind unter Gebeten und Riten dem Dorf und den Geistern vorgestellt und schließlich im *permandian* (dem Badeplatz) gewaschen. Man bereitet ein Fest vor, bei dem eine besondere Speise, ein Fisch, an die Lippen des Säuglings geführt wird, damit er fortan unter dem Schutz der Dorfgeister stehen möge.

Kommt in einer adligen Familie der **Minangkabau** ein Mädchen zur Welt, so schenkt ihm der Großvater mütterlicherseits goldene Armbänder und verleiht dem Kind einen zusätzlichen Namen. Die Großeltern von väterlicher Seite schenken der Neugeborenen eine junge Milchkuh *(anak sapi)*. In einer weniger begüterten Familie entspräche dem Kalb ein lebendes Huhn.

In **christlichen Familien** feiert man die Taufe mit einem großen Essen für zahlreiche Gäste.

Tujuh Bulan für die werdende Mutter *Turun Tanah* für das Kind

Zwei Zeremonien werden Sie in unterschiedlicher Form immer wieder begegnen: dem *tujuh bulan*, **dem rituellen Bad der zukünftigen Mutter**, und der *Turun-tanah*-**Zeremonie für das Neugeborene**. Diese Zeremonien sind eine Mischung aus animistischen Praktiken, Volksbräuchen und (bei manchen Volksgruppen) auch Gebeten.

Auf **Bali** findet die *Tujuh–bulan-* (Siebter-Monat-) Zeremonie bereits im dritten Monat der Schwangerschaft statt. Die **meisten anderen Volksstämme** vollziehen das Ritual *tujuh bulan selamatan* im siebten Monat. Die **Toba Batak** nennen die bei ihnen übliche Zeremonie ebenfalls *tujuh bulan*, doch sie begehen die Feier mit Gebeten und *ikan mas* (einer großen Goldfischart) als »Festbraten« und ohne rituelles Bad.

In der Zeit der **Schwangerschaft** wird vermehrt und demütig für die Gesundheit aller gebetet, und die werdende Mutter erfährt von anderen Müttern eine starke, gefühlvolle Zuneigung. Verschiedene ergänzende **Riten** folgen, bei denen besondere Blumenarten, Früchte, parfümiertes oder gesegnetes Wasser, Kleidung und Nahrung eine Rolle spielen.

Neben dem rituellen Bad veranstalten **Javaner** und **Sundanesen** ein *selamatan*, zu dem das folgende Spiel gehört: Die werdende Mutter »verkauft« den Gästen *rujak* (einen scharf gewürzten Fruchtsalat) und erhält als Entgelt Bruchstücke von tönernen Dachziegeln. Die spontanen Kommentare der Gäste über den Geschmack des *rujak* sollen **Aufschluß über das**

Geschlecht des Kindes und seinen Charakter geben. Außerdem soll dieses »Geschäft« dem Kind Sinn für Sparsamkeit und Haushalten vermitteln. Die *Turun-tanah*-Zeremonie, bei der das Kind der Mutter Erde (in deren Schoß es bis zu seinem Lebensende weilt) vorgestellt wird, stammt aus früher Zeit und ist (mit unterschiedlichen, ethnisch bedingten Ausprägungen) überall in Indonesien zu finden. Auf **Bali** wird diese Zeremonie nach 210 Lebenstagen durchgeführt. Das Kind wird offiziell von der Familie willkommengeheißen, man schneidet ihm das Haar und versucht, seine Zukunft vorherzusagen.

Bei den **Minangkabau** ist diese Zeremonie auch unter dem Namen *turun mandi* bekannt. Besondere Bedeutung kommt hierbei dem **rituellen ersten Haarschnitt** zu, der Wachstum und Stärke des Kindes fördern soll (also entgegengesetzt dem, was uns die biblische Geschichte von Simson und Delila lehrt).

Die **Javaner** verwandeln dieses Ritual in ein spielerisches Fest. Man verstreut verschiedene Gegenstände (etwa Goldschmuck, Füllfederhalter, ein Buch, Geld) in der Reichweite des Kindes und beobachtet dann voller Spannung, wonach das Kind zuerst greift. Daraus werden Mutmaßungen über Charakter und Zukunft abgeleitet.

Einige **traditionsbewußte adlige Familien auf Java** legen das Baby auf sieben verschiedene *kain batik* (lange Batiktücher). Es sind die Tücher, die seine Mutter bei der *Tujuh-bulan*-Zeremonie getragen hat und die meist lebenslang aufbewahrt werden. Die Tücher, die die Mutter vor der Geburt des Kindes trug, werden bei dessen *turun tanah* wieder verwendet und begleiten das Kind bis zum Tod (sie dienen als Leichentuch).

Ratschlag für Ausländer

Wollen Sie indonesischen Freunden zur Geburt eines Kindes nicht nur gratulieren, sondern Ihren Glückwunsch auch von einem Geschenk begleitet wissen, so lautet die ungleiche Gleichung: Übergeben Sie lieber ein **Geschenk mit persönlicher Note** für 5.000 Rupiah als einen unpersönlichen Geldschein von 10.000 Rupiah. Geschenke sollen schließlich von Herzen kommen. Legen Sie Ihrem Geschenk eine **Karte mit dem Text** *Selamat dengan kelahiran putri/putra!* (»Herzlichen Glückwunsch zur Geburt Ihres Sohnes/Ihrer Tochter!«) bei.

Zahlreiche der erwähnten Zeremonien vollziehen die höfischen Rituale an den Fürstensitzen von Yogyakarta und Surakarta nach. Doch heute noch freuen sich **viele moderne Familien der Oberschicht** über diese willkommenen Gelegenheiten zum Feiern, Schenken und Zusammentreffen. In den kleinen **ländlichen** *kampung* begeht man diese Feste selbstverständlich auf bescheidenere Weise, genießt sie jedoch mit ebensolcher Freude.

Lädt man Sie zum *turun tanah* **ein**, so wäre ein eingewickelter *sarung*, der für das Kind aufbewahrt wird, oder auch eine im Briefkuvert überreichte

Geldspende ein angemessenes **Geschenk. Wollen Sie der Mutter und dem Neugeborenen einen Besuch abstatten**, so sollten Sie sich daran erinnern, daß bei den Javanern, Sundanesen, Batak und Balinesen zum Beispiel die niedergekommene Mutter eine strikte **Schonzeit** von bis zu vierzig Tagen genießt (auch wenn moderne Frauen in dieser Zeit gelegentlich Besuch empfangen). Nach dieser Ruhezeit können Sie sich mit Ihrem Geschenk anmelden.

Sind die Eltern des Kindes **Chinesen**, müssen Sie diese Frist nicht beachten. In chinesischen Familien ist es üblich, dem Kind nach vierzig Lebenstagen zum erstenmal die Haare zu schneiden. Zu diesem Anlaß wird eine besondere Mahlzeit aus Hühnerfleisch und rot eingefärbten Eiern zubereitet, die man an Verwandte und enge Freunde schickt. Dies ist zugleich eine der Möglichkeiten, sich für Geschenke zur Geburt des Kindes zu bedanken.

Bei »**Großstadt-Kindern**« schicken Sie der jungen Mutter am besten einen Blumenstrauß ins Krankenhaus, sobald Sie erfahren haben, daß Mutter und Kind wohlauf sind.

In den **Städten** setzt es sich immer mehr durch, daß sich die Eltern für Geschenke und Glückwünsche mit einer Karte bedanken, auf der auch der Name des Kindes bekanntgegeben wird.

Schenken Sie ruhig das »Übliche«: Babykleidung, Silberlöffel, eine silberne Tasse o.ä. Natürlich hängen Art und Kosten Ihres Geschenkes davon ab, wie vertraut Sie mit der Familie des Kindes sind.

Beschneidungsrituale

Die Beschneidung *(sunatan)* ist ein im wahrsten Sinne des Wortes wichtiger Einschnitt im Leben eines jeden jungen Muslim und markiert den **Übergang von der Kindheit ins Erwachsenenalter**. Sie findet meistens im Alter von elf oder zwölf Jahren statt. Sich beschneiden zu lassen ist im Islam *sunah*, d.h. **jedem freigestellt**, und nicht (wie oft fälschlich angenommen) eine zwingende Verpflichtung.

Früher war die Beschneidungszeremonie ein öffentliches Ereignis. Heutzutage, vor allem in den städtischen Gebieten, sieht man darin lediglich einen kleinen medizinischen Eingriff, der ohne gesundheitliches Risiko mit den entsprechenden medizinischen Instrumenten durchgeführt wird. Allerdings geschieht es auch heute noch (etwa in den völlig abgelegenen ländlichen Gebieten Javas), daß die Knaben am Tag ihrer Beschneidung vor dem Morgengrauen geweckt und zu einem kalten Gebirgsfluß geführt werden. Dort harren sie so lange im eisigen Wasser aus, bis ihr Körper nahezu empfindungslos geworden ist und sie den Beschneidungsschmerz kaum mehr wahrnehmen.

Überall in Indonesien ist es üblich, einige Tage nach der Beschneidung ein **kulinarisches Fest** zu feiern, zu dem die Familie mitunter auch **ausländische Freunde** einlädt. Auch hier wäre es angebracht, dem Beschnittenen als

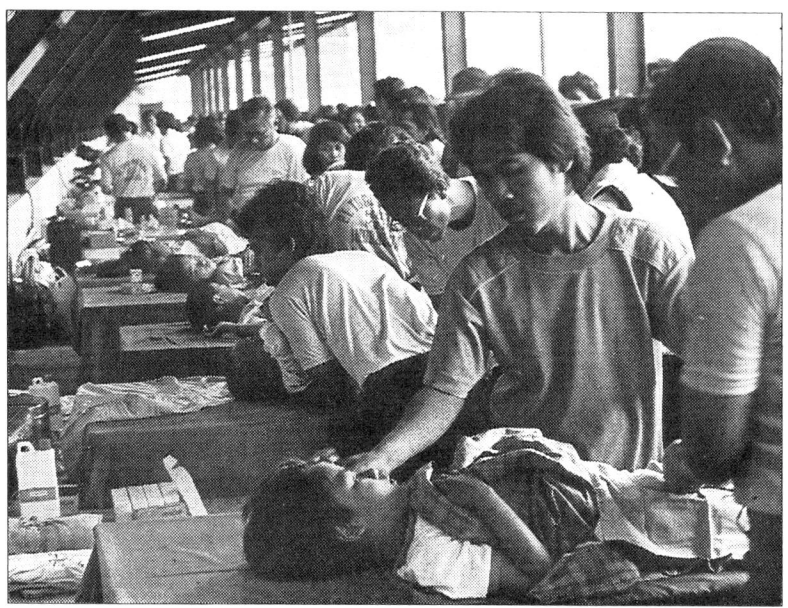

*»Sponsoren« ermöglichen die Massenbeschneidung
für Söhne aus mittellosen Familien.*

Anerkennung seiner Tapferkeit eine Geldgabe in einem Umschlag zu über-
reichen. Früher gab die Familie viel Geld für dieses Fest aus, kleidete den
Jungen neu ein und veranstaltete aufwendige **Umzüge**, die die gesamte
Nachbarschaft einbezogen. In Ost-Java putzt man heute noch die Knaben als
Prinzen heraus und läßt sie auf prächtig geschmückten Pferden durch das
Dorf ziehen. In anderen Gegenden reiten die Jungen auf »Steckenpferden«;
andernorts wiederum werden sie von festlich geschmückten *becak* (Fahrrad-
Taxis) durch die Straßen gefahren. In manchen Familien finden Sie Imitate
des niedrigen und breiten handgeschnitzten Beschneidungsstuhles, der als
Ehrenplatz für die männlichen Angehörigen der adligen Familien diente, die
Höflinge des *Kraton* (dem Palast von Surakarta oder Yogyakarta) waren.

Lexikon des Beschneidungsfestes

Bei einer Beschneidungsfeier erwartet man, daß die anwesenden **Gäste den
Knaben segnen**. Dabei sind die folgenden **Wortwendungen** angemessen:

Selamat:	»Sei gesegnet!«
Selamat atas khitanan adik:	»Herzlichen Glückwunsch zur Beschneidung!«

Semoga adik men jadi anak yang baik: »Wir hoffen, daß du ein guter Junge wirst!«

Die Hochzeit – Der große Augenblick

In der indonesischen Kultur (mit **Ausnahme der hinduistischen Balinesen**) ist die **Hochzeit das wichtigste Ereignis im Leben einer Frau.** Sie ist Symbol der Vervollkommnung – des Endes der Kindheit, des Eintritts in die Welt der Erwachsenen, der Verbindung von Mann und Frau (und deren Familien), der Verheißung körperlicher Fruchtbarkeit ...

»Natürlich erwartet man hier von allen geschlechtsreifen Menschen, daß sie irgendwann einmal heiraten«, teilte uns eine unverheiratete, berufstätige Indonesierin in mittleren Jahren mit. »Es gibt keine denkbare Erklärung für den Wunsch, ledig zu bleiben.« Selbst wenn eine Ehe nur eine kurze und schmerzliche Erfahrung war – weitaus besser, als niemals verheiratet gewesen zu sein!

Wir können auch hier nicht auf alle ethnischen Besonderheiten der Hochzeitszeremonie eingehen. Doch **an welcher Feier auch immer Sie teilnehmen sollten**, es gilt stets die (an sich selbstverständliche) **Benimmregel:** höfliches und respektvolles, zurückhaltendes und zugleich in der Wahrnehmung des Fremden offenes Verhalten.

Ausländern fallen meistens **drei Hauptmerkmale** ins Auge, die indonesische von westlichen Hochzeitszeremonien unterscheiden. Bei den der Hochzeit vorangehenden Feiern werden üblicherweise in verschwenderischem Maße **Geschenke** ausgetauscht, und zwar nicht nur zwischen den künftigen Eheleuten, sondern auch zwischen den beiden Familien. Bei der Hochzeitsfeier selbst tragen die Brautleute und Gäste die **traditionelle Kleidung ihrer jeweiligen ethnischen Gruppe** – ein rauschendes Fest für das Auge! Außerdem unterliegen die Familien dem sozialen Zwang, ein möglichst **aufwendiges und außergewöhnliches Hochzeitsfest** auszurichten.

Der Hochzeit vorangehende Feiern

Die **Verlobungszeit** kann in Indonesien sehr lange dauern: Studenten beenden zunächst ihr Studium, manche Brautleute müssen vor der Hochzeit sozialen Verpflichtungen innerhalb der Familie nachkommen, und andere benötigen Zeit, um das Kapital für die Festlichkeiten aufzubringen.

Während dieser Wartezeit findet jedoch bereits **eine Reihe von »Polterabenden«** unterschiedlicher zeremonieller Art und Bedeutung statt, bei denen man Geschenke (Geld, Gold, Obst, Blumen etc.) austauscht. Das Ziel dieser Feiern liegt darin, das Paar und seine Familien aneinanderzubinden und die guten persönlichen Beziehungen auf- und auszubauen, die in Indonesien so unerläßlich sind.

130

Bei derartigen Zeremonien mag es mitunter zu verwunderlichen **Mischungen aus neutheologischen Gebeten, alten *Adat*-Ritualen und animistischen Überlieferungen** kommen. Dabei ist inzwischen für viele Indonesier der religiöse Kern einer Zeremonie nicht mehr herauszuschälen. Bei den **Javanern** und **Sundanesen** zum Beispiel ist es üblich, daß die Braut (und manchmal auch der Bräutigam) ein Baderitual ausführt, das von Gebeten begleitet wird und unter Mithilfe von Familienangehörigen stattfindet. Bei einem anderen Brauch postiert man an Straßenkreuzungen zeremonielle Dekorationsgegenstände von symbolischer Bedeutung, um der Hoffnung Ausdruck zu verleihen, daß das gemeinsame Glück der Brautleute ewig währen möge.

All diese Rituale dienen letztlich der **Beschwörung von Harmonie, Wohlstand und langem Leben für das Brautpaar.** Waren diese Rituale und Zeremonien früher wohl noch Ausdruck einer tief empfundenen, bewußt erlebten Tradition, sind sie heute (wie auch bei uns) meist nur noch **Spektakel und Spiel, die Freude und Spaß bereiten.**

Die Ausstattung der Hochzeit

Eine Lieblingsbeschäftigung der Indonesierinnen besteht im Arrangieren einer Modenschau, bei der die verschiedenen **traditionellen Hochzeitstrachten der ethnischen Gruppen** vorgeführt werden. Alle lieben diesen Augenschmaus.

Doch wollen wir vorab darauf hinweisen, daß auch in Indonesien die inzwischen»traditionelle« Hochzeitstracht für viele Chinesen, Betawi (gebürtige Jakarter) und Minahasa das **westliche Tüll- und Spitzenkleid** ist, das entweder geliehen oder als Familienbesitz von einer Brautgeneration an die nächste vergeben wird.

Traditionsbewußte Javanerinnen tragen maßgeschneiderte schwarze Samtjacken und feine *tulis* (handgearbeitete) *kain batik panjang*. **Sundanesische Bräute** tragen ebenfalls den *kain batik*, ersetzen die Samtjacken jedoch durch eine weiße Bluse *(kebaya)*. **Minangkabau-Bräute** sehen mit ihrem golddurchwirkten Kopfputz und den goldbestickten roten und hellblauen Trachten besonders farbenprächtig aus.

Beim **Hochzeitsempfang** nimmt das Brautpaar oft auf einem thronähnlichen Stuhl Platz. Die meisten Hotels, in denen Hochzeitsfeiern stattfinden, sind in der Lage, das entsprechende Mobiliar zur Verfügung zu stellen. Man kann auch bei bestimmten Ausstattern und Warenhäusern den gesamten Hochzeitsbedarf leihen: Hochzeitstrachten, Mobiliar, Beleuchtung, Dekorationen usw.

Viele Familien stellen heute eine Frau ein, die sämtliche **Hochzeitsvorbereitungen** in die Hand nimmt. Sie stellt die Zeremonien zusammen, sorgt für Verpflegung und Speiseplan, bereitet die einzelnen Familienangehörigen auf ihre jeweiligen Rollen vor, erstellt einen Zeitplan für den Ablauf der Feierlichkeiten, kümmert sich um den Brautputz, regelt die Fototermine und sorgt inzwischen auch für Videoaufnahmen. Auch spezialisierte Ausstattungsgeschäfte übernehmen solche Aufträge.

Die gesetzliche Trauung *(Akad Nikah)*

Das *akad nikah* verbindet für die **Muslime aller Volksstämme in Indonesien** religiöse und weltliche Gebote zu einer **gesetzlichen Form der Eheschließung**, die allerdings nur im **engsten Familienkreise** stattfindet und der daher nicht die soziale und emotionale Bedeutung der großen Hochzeitsfeier zukommt.

Die Hochzeitsfeier

Die **Einladung zu einer indonesischen Hochzeitsfeier** ist in liebenswürdiger Weise »verpflichtend«, denn man geht davon aus, daß die Gegenwart des geladenen Gastes dem jungen Paar Segen bringt.
Zu einer »**kleinen**« Familienhochzeit kommen immerhin einige hundert Menschen zusammen, bei einer »**normalen**« Hochzeitsfeier versammeln sich Tausende aus allen Winkeln des Inselreiches. Das Thema Hochzeit begeistert alle unsere indonesischen Freunde und Bekannten. Ein javanischer Freund: »Alle Gäste segnen das Paar. Deshalb können es nie genug Gäste sein.« Ein sundanesischer Muslim: »Wir laden jeden ein, den wir kennen, und multiplizieren mit drei, um die erwartbare Zahl der Gäste zu errechnen.«
Für diesen Anlaß **verschulden sich Famili**en, verkaufen Vieh und Land. Was sein muß, muß sein – wofür die Minangkabau das Sprichwort kennen: *Kalau tidak ada kayu, jen jang dikeping.* (»Wenn es kein Holz gibt, zersägt die Leiter.« Gemeint ist die Treppenleiter, die bei dem auf Stelzen gesetzten traditionellen Haus die einzige Verbindung zwischen diesem und der Erde bedeutet.)
Chinesische Familien feiern die Hochzeit meistens in einem **Restaurant** oder **Hotel**. Dabei wird das Essen an den Tischen serviert, außer bei sehr großen Festen, bei denen man ein Hochzeitsbuffet (ähnlich dem bereits beschriebenen) anrichtet. Wenn die Räumlichkeiten – und die Trinkfestigkeit – es gestatten, gehen Bräutigam und Brautvater von Tisch zu Tisch und stoßen mit den Gästen an.
Die einzelnen Schritte, die man bei einer indonesischen Hochzeit von den Gästen erwartet, sind auch für den Ausländer äußerst einfach: Schreiben Sie sich in das Gästebuch ein, übergeben Sie Ihr Geschenk, übermitteln Sie Ihre Glückwünsche (nachdem Sie sich zuvor in die Gratulantenschlange eingereiht haben), bedienen Sie sich am Buffet, verabschieden Sie sich und verlassen Sie das Fest – eine simple Reihenfolge.
Mitunter ist eine Hochzeitsfeier so groß und die Empfangshalle derart über-

Traditionelle javanische Hochzeit mit dem Brautpaar auf der Ehrenempore

völkert, daß es eine volle Stunde dauern mag, bis Sie endlich Ihr Glück-wunschverslein aufsagen dürfen. Ein befreundetes Paar wurde einmal Opfer dieser zeitraubenden Zeremonie. Die beiden hatten sich eingetragen, ihr Geschenk abgegeben, sich brav an die Warteschlange gehängt und gelang-ten allmählich in Sichtweite des glücklichen Paares – um festzustellen, daß es das falsche war! Mit einem verlegenen Lächeln holten sie ihr Geschenk zurück und eilten zur richtigen Feier.

Wenn der Abend hereinbricht, versammelt sich die Festgemeinde vor der Empore, auf der das Brautpaar »thront«. Ein Ansager kommentiert das Geschehen, ohne daß ihm jemand recht zuzuhören scheint. Die Familien des Hochzeitspaares geben *sambutan* (Lobpreisungen) zum besten. Bei christli-chen Paaren mag auch gebetet werden. Dann ertönt die Einladung zum Essen: *Silakan makan,* und gleichzeitig bildet sich die Reihe der Gratulan-ten.

Wenn Sie das Brautpaar gut kennen, so überbringen Sie traditionelle Glückwünsche in der Sprache, in der Sie mit den beiden auch ansonsten ver-kehren. **Kennen Sie das Paar weniger gut**, wünschen Sie einfach lächelnd: *Selamat berbahagia!* (»Alles Gute!«) Für verfeinerte Konversation bleibt bei dieser Gelegenheit ohnehin keine Zeit.

Wenn Sie Ihre Gratulation glücklich überbracht haben, dürfen Sie sich end-lich erleichtert auf das **Buffet** stürzen und alsdann sitzend die kulinarischen Reichtümer Indonesiens kosten. Um die »Entsorgung« Ihrer Essensreste müssen Sie sich nicht kümmern. Es sind genügend dienstbare Geister anwe-send.

133

Zum **Abschied** müssen Sie sich wohl oder übel nochmals in die Warteschlange einreihen. Nach Ihrer Bitte, das Fest verlassen zu dürfen *(permisi)*, dankt Ihnen das Paar *(terimakasih)* für Ihr Geschenk, Ihre Zuwendung und Anwesenheit.

Hochzeitsgeschenke

• **Oberschicht:** Bei dieser sozialen Gruppe müssen die angemessenen Geschenke – wie könnt' es anders sein – entsprechend **kostspielig** ausfallen. Durchaus »normale« Geschenke sind also ein Fernsehapparat, ein Gasherd oder ein repräsentatives Möbelstück. Gleichermaßen willkommen sind Luxusartikel wie Edelsteine, elektrische Geräte, Silberbestecke oder Kristallgläser. **Verschenken Sie keine gebräuchlichen kunsthandwerklichen Produkte** wie etwa Batikwaren.
Da sich selbstverständlich kaum jemand derart hochpreisige Geschenke leisten kann, finden in den meisten Firmen zu diesem Zweck **Sammlungen**, sogenannte *patokan* oder *iuran*, statt. Die Angestellten zahlen regelmäßig bestimmte Summen in einen gemeinsamen Topf ein, aus dem dann Hochzeitgeschenke, Präsente zu Geburten, Jubiläen oder anderen Anlässen finanziert werden. Dem Geschenk wird eine Karte beigelegt, auf der die Namen aller Beteiligten aufgeführt sind. Dies ist zweifelsohne die einzig vernünftige Weise, dem hohen Anspruch gerecht zu werden, ohne sich selbst in finanzielle Schwierigkeiten zu stürzen. Auch Sie als **Ausländer** können sich an solchen pragmatischen Regelungen beteiligen.

• **Mittelschicht: Sozial angemessene Geschenke** wären hier etwa ein Geschirrservice, ein Satz Gläser, Elektrogeräte, dekorative Gegenstände. Tischtücher, Bettwäsche oder Handtücher besitzen nur als hochwertige Importware Prestigewert.
Sind die Hochzeiter **chinesischer Abstammung**, ist ein großzügiges **Geldgeschenk** in einem roten Umschlag *(hong bao)* durchaus üblich und angebracht.

• *Kampung*-**Hochzeit:** Geeignete Geschenke wären hier zum Beispiel ein Geschirrservice, Batikware von guter Qualität, zwei bis drei Meter eines guten Stoffes, Bettwäsche, Töpfe und Pfannen oder dekorative Gegenstände für den Haushalt. Auch **Goldgeschenke** sind üblich, etwa ein kleiner goldener Ring für eine Hausangestellte. Doch schenken Sie weder Handtücher (auch keine Importware) noch Lebensmittel.
Lädt man Sie zu einer Hochzeit im *kampung* ein, wird Ihnen womöglich gar nicht bewußt sein, welche Ehre Ihre Anwesenheit für die Gastgeber bedeutet. **Vergelten Sie diese Würdigung mit Liebenswürdigkeit.** Wenn Sie auf der Hochzeit **fotografieren**, so sollten Sie daran denken, der Familie Abzüge zuzusenden bzw. persönlich zu übergeben.

Tips für Einladungen zur Hochzeit

Tu! und Tabu!

Tu!: Seien Sie sich stets bewußt, daß für Indonesier aller sozialen Schichten die Hochzeitsfeier im Mittelpunkt des Lebenszyklus' steht. **Ihre Anwesenheit gilt als Ehre – erweisen Sie sich dieser würdig.**

Tu!: **Kleiden** Sie sich dem Anlaß angemessen.

Tabu!: Schenken Sie niemals **Geld**, wenn die zu beschenkende Person Ihnen (nach indonesischen Sozialregeln) gleichgestellt ist.

Hochzeits-Lexikon

Akad nikah:	Die gesetzliche Heirat.
Bernikah:	Heiraten (nicht zu verwechseln mit dem umgangssprachlichen *kahwin*, was in etwa »sich paaren, erzeugen« bedeutet).
Selamat berbahagia:	Glückwunsch zur Hochzeit.

Schriftliche Glückwünsche

Wenn Sie an einem Hochzeitsempfang nicht teilnehmen können, sich aber für die Einladung mit einem **Geschenk** bedanken wollen, so senden Sie dieses an die **Anschrift der Braut** (jedoch adressiert an Braut und Bräutigam). Als Glückwunsch auf der beiliegenden Karte eignet sich: *Selamat dan bahagia atas pernikahan anda berdua.* (»Alles Gute Ihnen beiden zur Hochzeit!«) Wollen Sie sich **für die Einladung bedanken, ohne ein größeres Geschenk beizulegen**, so schicken Sie etwa einen Tag vor der Hochzeitsfeier an die Adresse der Braut einen kleinen Blumenstrauß mit der Glückwunschkarte: *Selamat berbahagia!* Wollen Sie die Einladung in indonesischer **Sprache** absagen, so könnte die Formulierung folgendermaßen lauten: *Terima kasih atas undangan pernikahan putra/putri Bapak dan Ibu, tetapi sayang kami berhalangan untuk hadir. Semoga kedua mempelai sangat berbahagia.* (»Vielen Dank für die Einladung zu Ihrer Hochzeit. Es tut uns sehr leid, daß wir nicht teilnehmen können. Dem Brautpaar wünschen wir alles Gute!«)

Danksagungen

Vor einem guten Vierteljahrhundert verfaßten indonesische Bräute noch eigenhändig Danksagungen für einen jeden Gast, der zum Hochzeitempfang erschienen war, und überbrachten diese meistens auch persönlich. Diese guten alten Sitten sind inzwischen dem »Fortschritt« zum Opfer gefallen. **Heute** verläuft – zumindest in den oberen Gesellschaftskreisen – die **Danksagung wesentlich rationeller**: Während Sie sich in die Gästeliste eintragen und Ihr Geschenk übergeben, reicht Ihnen ein Hausangestellter eine Karte, auf der Ihnen für Ihr Kommen und Ihr Geschenk gedankt wird.

Die Kleidung der Hochzeitsgäste

Hochzeitsempfang in der Oberschicht: Von **männlichen Gästen** erwartet man, daß sie in einem feinen Anzug westlichen Stils erscheinen. Sie haben keine andere Chance. **Frauen** sollten ein schlichtes, klassisch geschnittenes Kleid (aus Seide oder ähnlich gutem Stoff) mit Ärmeln oder einem Jäckchen darüber tragen.

Hochzeitsempfang in der Mittelschicht: Findet sich auf der Einladung der Hinweis »Gesellschaftsanzug erwünscht«, so sollte der **männliche Gast** sich auch daran halten. Ist keine Kleidervorschrift vermerkt, so sind ein langärmeliges Batikhemd und dunkle Hosen die passende Kleidung. Der **weibliche Gast** sollte ein Cocktailkleid in dezenten Farben mit langen Ärmeln (oder Jäckchen) wählen.

Hochzeitsempfang im *kampung*: Hochzeiten zählen zu den wichtigsten sozialen Ereignissen im Leben der *Kampung*-Bewohner. Auch hier sind langärmeliges Batikhemd und dunkle Hose die angemessene Kleidung für den **Mann**. **Frauen** sind in einem hübschen Baumwollkleid oder einer geschmackvollen Kombination von Rock und Bluse richtig gekleidet. **Kinder** sollten in ihrem »Sonntagsstaat« auftreten (mit Söckchen und Schuhen).

Der **Kleidungsstil Ihrer indonesischen *Kampung*-Gastgeber** mag Ihnen womöglich ausgefallen erscheinen, und elitäre Gäste halten diesen *Kampungan*-Stil für etwas operettenhaft. Möglicherweise sind einige Kinder einem Weihnachtsbaum gleich mit Bergkristallen, Rüschchen, Bändern, Schleifen und Volants behängt. Als *dernier cri* des *Kampung*-Modesalons könnte auch durchaus ein Paar niegelnagelneuer Bluejeans gelten. Denken Sie daran, daß für viele *Kampung*-Bewohner Hochzeiten zu jenen wenigen Anlässen gehören, sich neu einzukleiden.

Tod

Gelbe Papierfähnchen, befestigt an Bäumen oder Laternenmasten einer Straße, machen die Gemeinde auf den Tod eines Mitglieds aufmerksam. Wenn dann noch Menschenmassen und Autos die Straßen verstopfen, Polizei den Verkehr umleitet oder gar eine Straße sperrt, dann wissen Sie, daß jemand gestorben ist und Familie und Freunde des Verstorbenen sich versammeln. Von allen rituell begangenen Ereignissen im Lebenskreislauf eines Indonesiers wird den Fremden vielleicht am meisten verwundern, **wie stark und verpflichtend der Drang ist, sich bei einem Todesfall zusam-**

Islamische Trauer

menzufinden. Andererseits reagieren die Indonesier verständnis- und fassungslos, wenn ein Ausländer nicht ohne weiteres die Tiefe der Empfindungen nachvollziehen kann, die dieser Anlaß doch so unbedingt auslösen muß. Es gibt keinen in Indonesien lebenden Ausländer, der nicht von einem Firmenangestellten oder Hausbediensteten zu berichten wüßte, der völlig aufgelöst hereinstürzte, stammelnd vom Tod eines Familienmitgliedes oder Freundes erzählte und dann in allergrößter Eile verschwand, um manchmal erst nach einer Woche oder gar noch später wieder aufzutauchen. Häufig, jedoch meistens zu Unrecht, deuten Ausländer solche übereilte Reisen als durchsichtige Entschuldigungen für einen Kurzurlaub im Heimatdorf. Oft zu hören ist dann der sarkastische Kommentar: »Welch ein zuvorkommender Vater ist es doch, der da regelmäßig im Sommer stirbt.« Oder: »Ich dachte, Ihre Mutter wäre im vergangenen Jahr schon einmal gestorben.«

Sie sollten verstehen lernen, welch hohe Bedeutung im Sittenkodex der Indonesier dem **sofortigen Beistand bei Todesfällen** zukommt. Es gehört sich nun einmal, alles liegen- und stehenzulassen und zur Familie des Verstorbenen zu eilen.

Ein in Zentral-Java lebender Ausländer kam bei einem Unfall ums Leben. Seine ausländischen Kollegen trafen am Arbeitsort die Vorbereitungen für das Begräbnis, an dem sämtliche indonesische Mitarbeiter teilnahmen. Später erfuhren einige der indonesischen Angestellten, daß man in Jakarta lebende Freunde des Verstorbenen nicht über den Todesfall informiert hatte. Es war ihnen vollkommen unbegreiflich, daß man im Zeitalter der Telekommunikation **nicht alles unternommen hatte, um jeden Bekannten des**

137

Verstorbenen über das traurige Ereignis zu unterrichten – ein schwerwiegender **Verstoß gegen Sitte und Anstand**.

Stille Trauer – Soziale Trauer

Erinnern wir uns doch zunächst einmal daran, wie **bei uns** bei einem Trauerfall die Geschehnisse ablaufen: Pfarrer und Leichenbestatter (Beerdigungsinstitute) übernehmen die gesamte formelle, rituelle und materielle Abwicklung der Bestattung, um dem engsten Familienkreis die Möglichkeit zur ungestörten Trauer im stillen Kämmerlein einzuräumen. Besucherströme von außerhalb sind meist unerwünscht. Beileid wird formalisiert über schwarzumrahmte Trauerkarten gezeigt, weniger aber durch persönliche Worte und Anteilnahme.

Ganz anders in Indonesien. Zwar finden wir auch hier Beerdigungsgesellschaften, doch sind diese eher Sparklubs, um unerwarteten Kosten bei plötzlichen Todesfällen vorzubeugen. Nahezu alle Aufgaben, die ein Todesfall mit sich bringt, werden von den Familienmitgliedern erledigt. Dabei erhalten sie emotionalen Beistand von zahllosen Verwandten, Freunden, Nachbarn und Bekannten. **Je voller das Haus, desto größer der Trost im Schmerz** – gemeinsam sind wir stark.

Der Tod in der islamischen Gemeinschaft

Zwar bestehen geringfügige regionale Unterschiede im *adat*, doch finden im wesentlichen muslimische Begräbnisse stets nach einem **festgelegten Ablauf** statt.

Indonesier erweisen dem Toten ihre Ehre, indem sie, kaum daß sie von dem traurigen Ereignis erfahren haben, **zum Haus des Verstorbenen eilen**. Die Zeit für die notwendigen Zeremonien ist begrenzt, und die Trauerfamilie benötigt Hilfe bei den unzähligen noch folgenden Aktivitäten.

Meninggal! (»Er ist gestorben!«) – diese Nachricht überbringen die nächsten Verwandten und Nachbarn meistens persönlich bzw. fernmündlich. Telefone klingeln bei Tag und Nacht, um einen jeden zu benachrichtigen. Nachbarn, Verwandte und Freunde füllen das Haus. In kurzer Zeit sind alle notwendigen rituellen Utensilien beschafft, ist die Leiche gewaschen und für die Bestattung vorbereitet. In Gegenwart der Angehörigen trägt man die Leiche nach draußen und bettet sie auf Bananenstauden. Eine religiöse Autorität, ein Geistlicher der Moschee oder zumindest ein *haji* (Mekkapilger) massiert den Bauch, damit sich die Därme entleeren. Anschließend erfolgt die **Waschung des Leichnams** mit parfümiertem Wasser, dem manchmal Blütenblätter beigegeben sind. Mitunter bittet der geistliche Zeremonienmeister die Angehörigen, das Wasser der letzten Waschung zu vergießen, damit die Erinnerung an den Verstorbenen die Überlebenden nicht belastet. Dann legt man die Leiche auf ein *tikar* (eine geflochtene Matte), wickelt sie in ein weißes Tuch von vorgebener Länge, umgibt sie mit sauberer Baumwolle, Mottenkugeln und zerpflückten Rosen und sprenkelt darüber Eau-de-Cologne. All diese **vorgeschriebenen zeremoniellen Handlungen** sollen sicherstellen, daß der Tote angenehm riecht. Auch unter seine Achseln, sein Gesäß und auf seinen Leib legt man duftgetränkte Baumwolle. Seine Hände liegen rechts über links gekreuzt, und drei Lagen Tuch sind nacheinander um den Leichnam gehüllt. Nach Vollendung dieses Rituals beten die Anwesenden.

Schließlich wird die Leiche auf einen *kurung batang* (einen von der Moschee zur Verfügung gestellten Metallrahmen) gelegt und auf den Schultern von Familienangehörigen zum Friedhof getragen (oder auch dorthin gefahren). Ist ein **kleines Kind** gestorben, so trägt meist sein Vater den Leichnam in seinen Armen zur letzten Ruhestätte, wo nun die *pemakaman,* **die Beerdigungszeremonie am Grabe** selbst, beginnt.

Eine große Anzahl von Menschen hat sich am Grab eingefunden. Der Leichnam wird **mit dem Haupt in Richtung Mekka** weisend ins Grab gesenkt. Man entfernt das Tuch, das den Kopf bedeckte, so daß das Gesicht »den Boden küßt«. Dann stellt man über dem Toten zeltartig Holzbohlen auf, auf die die Verwandten Blüten werfen. Während der nun folgenden Gebete wirft jeder Trauernde eine Handvoll Erde in das Grab. Es wird erwartet, daß die **Trauergäste so lange am Ort verweilen, bis das Grab aufgefüllt und abgedeckt ist.**

Verschiedene **regionale Varianten der Trauerzeremonie** scheinen auf **andere Wurzeln als den Islam** zurückzugreifen. Auf **Java** dreht man beispielsweise für einen Zeitraum von mindestens vierzig Tagen Bilder und Fotos, die den Toten zeigen, zur Wand hin oder legt sie mit der Bildseite nach unten hin. Am 3., 7., 15., 100. und 1.000. Tag nach dem Tod hält ein religiöser Vertreter im Hause des Verstorbenen Gebete ab. In der Fremde arbeitende Familienmitglieder nehmen Urlaub, um an diesen Gebeten (besonders zum 100. und 1.000. Todestag) teilnehmen zu können. Manchmal schickt die Trauerfamilie zu diesem Anlaß ihren Nachbarn sogenannte *besek-besek* (geschlossene Körbe, die eine vollständige Mahlzeit, einschließlich Nachtisch und Obst, enthalten).

Trauer – Verhaltensratschläge für Ausländer

Wenn Sie einer Trauerfamilie einen Kondolenzbesuch *(melawat)* **abstatten wollen,** lassen Sie Ihre **Schuhe** vor dem Eingang und warten, bis Ihnen ein Platz angeboten wird (meistens auf dem Boden). **Männer** sitzen mit überkreuzten Beinen im Schneidersitz, während **Frauen** sich mit seitlich parallel aneinandergelegten Beinen (im »Damensitz«) niederlassen. Möglicherweise nehmen die Geschlechter voneinander getrennt Platz.

Unmittelbar hinter dem Eingang hat man einen zum Teil mit Reis (oder einem anderen Lebenssymbol) gefüllten Behälter aufgestellt. In diesen legen Sie Ihr **Geldgeschenk**, das Sie in einen einfachen weißen Umschlag, der Ihren Namen trägt, stecken sollten. Handelt es sich bei dem Verstorbenen um einen Nachbarn und weder einen Geschäftsfreund noch einen Angestellten des Öffentlichen Dienstes, sollten Sie diskret mit den Hausangestellten der Trauerfamilie sprechen, um die **Übersendung von Lebensmitteln** zu regeln. Oder aber Sie bringen der Familie persönlich ein Kilo Tee oder Zucker vorbei.

Man wird Ihnen ein kleines **Getränk** anbieten, das Sie mit einem dankenden Nicken annehmen sollten. Ist der Tote bereits begraben, leeren Sie Ihr Glas, sprechen der Familie Ihr **Beileid** aus und bitten dann um Erlaubnis, sich **verabschieden** zu dürfen *(permisi ...)*.

Bei den Zeremonien ist von Ihnen nur eines gefragt: Ihre Anwesenheit. Das schlichte körperliche Dasein reicht aus. Wollen Sie dem Toten und seiner Familie **besonderen Respekt erweisen**, so sollten Sie, wenn der Tote noch nicht begraben ist, der Familie einen späten Besuch (gegen zehn Uhr abends oder noch später) abstatten. Da die Trauerfamilie der Tradition zufolge vor der Beerdigung keinen Schlaf suchen sollte, sind Sie auch in der Nacht willkommen – ein solch später Besuch gilt sogar als Zeichen erhöhter Anteilnahme.

Die **Verpflichtung, das Haus des Verstorbenen aufzusuchen**, ist für alle Freunde und Bekannte zwingend, so daß sich Beamte auch während der offiziellen Arbeitszeit im Dienstwagen zum Begräbnis fahren lassen. In westlichen Ländern wäre eine solch breite und tiefe Anteilnahme am Tod eines nicht prominenten Menschen wohl außergewöhnlich.

Eine unserer indonesischen Freundinnen berichtete hierzu, daß ihre Mutter sich sehr abfällig über einen Freund geäußert hatte: »Vergiß ihn. Er ist die Freundschaft nicht wert. Er hat uns damals schließlich nicht besucht ...« Jener Freund hatte es versäumt, sich in das Heer der Kondolenzbesucher einzureihen, die sich anläßlich des Todes des Vaters unserer Freundin im Hause eingefunden hatten. In dieser Angelegenheit besaß die Mutter ein Gedächtnis wie ein Elefant – und dies gilt für die meisten Indonesier.

Trauerfälle (Islam)

Tu! und Tabu!

Tu!: Für **Männer** eignet sich als **Kleidung** bei Traueranlässen ein langärmeliges Hemd mit dunklen Hosen. **Frauen** sollten sich konservativ in dunkle Farben kleiden. Auch auf Schmuck sollten Sie verzichten.

Tu!: Sind Sie sich nicht sicher, wie Sie sich **verhalten** sollen, dann warten Sie einfach ab, bis Ihnen jemand zu Hilfe kommt. **Beobachten** Sie aufmerksam, wie sich Ihre Umgebung verhält, und versuchen Sie, es den anderen nachzutun.

Tu!: **Grüßen** Sie mit einem leichten Händedruck oder mit dem traditionellen asiatischen Gruß (innere Handflächen aneinandergelegt und zur Brust- bzw. Kinnhöhe erhoben), wenn Sie das Haus der Trauerfamilie betreten.

Tu!: **Wenn Sie verheiratet sind** und mit Ihrem Ehepartner in Indonesien weilen, sollte sich das Ehepaar gemeinsam (oder der Mann allein) zur Trauervisite begeben. Der Besuch lediglich der Ehefrau entspricht hier nicht dem konservativen indonesischen Verhaltenskodex.

Tabu!: Das Wort *selamat*, ansonsten ein »Sesam-öffne-dich« für den sprachunkundigen Ausländer, ist hier völlig **unangebracht**. Auch das **Lächeln**, ansonsten ein weiterer Schlüssel zum Herzen der Asiaten, muß im Trauerfall unterbleiben.

Lexikon von Trauer und Tod

Meninggal:	Sterben. (Viele Ausländer verwenden – leider nicht korrekt – häufig das Wort *mati; mati* bezieht sich jedoch auf Blumen und Tiere, nicht auf Menschen.)
Mobil jenazah:	Leichenwagen (Trauerbahre)
Tanda berduka cita:	Die kleinen gelben Papierfähnchen, die man zur Straße hin aufhängt, um dasTrauerhaus zu kennzeichnen. Sie finden sich auch am Kopf der Prozession auf dem Weg zum Friedhof.

Mit den folgenden Worten können Sie Trauerenden jeder Religionsgehörigkeit kondolieren. Die übliche indonesische **Antwort** darauf besteht in einem Nicken und den Worten *Terima kasih.* Erwarten Sie keinen längeren Wortwechsel.

Kami menghasurkan belasungkawa kami.	»Wir teilen Ihre Trauer.«
Kami turut berduka cita.	»Wir möchten Ihre Sorgen teilen.«
Semoga arwahnya diterima di sisi Tuhan yang Maha Esa.	»Möge seine Seele von Gott empfangen werden.«
Inna lillahi wa inna ilaihi rojiun.	Arabische Formulierung für: »Möge er in Frieden in der Nähe des Herrn ruhen.«

Auf **Beileidskarten** lautet eine weitere höfliche Formulierung:
Jika ada sesuatu yang dapat kami lalukan, kami harap jangan ragu-ragu untuk memberitahukannya.
»Wenn wir etwas für Sie tun können, zögern Sie bitte nicht, es uns wissen zu lassen.«

141

Der Tod in der christlichen Gemeinschaft

Meistens bewahrt man den Toten zu Hause in einem Sarg auf, wobei Trockenpuder und Trockeneis den Verwesungsprozeß verzögern sollen. **Kondolenzbesuche** verlaufen nach den bereits beschriebenen Gepflogenheiten. Der Geistliche kann den Gottesdienst im Hause der Trauerfamilie oder auf Wunsch in der Kirche abhalten. Christliche Bestattungszeremonien in Indonesien sind eine **Melange aus Bräuchen**, die noch aus der Kolonialzeit stammen, aus dem *adat* des jeweiligen Volksstammes, der Liturgie der jeweiligen Kirche und modernen Entwicklungen herrühren (wozu auch das hemmungslose Fotografieren und Videofilmen gehört, was natürlich deshalb wichtig ist, weil man später genau weiß, wer anwesend war).

Ausländer verhalten sich angemessen, wenn sie der Trauerfamilie **Blumen** senden (sagen Sie dem Floristen, daß es sich um ein christliches Begräbnis handelt), ein **Geldgeschenk** in einem schlichten weißen Umschlag übergeben (wenn die Familie Geld benötigt) oder, wie schon beschrieben, **Tee und Zucker** schenken, um zu den Erfrischungen für die Trauergäste beizutragen. Denken Sie bei allem stets daran, daß Ihre Anwesenheit als wichtigste Geste (und Geschenk) gilt.

Die oben genannten Vorschläge hinsichtlich **Kleidung** und **Beileidsworten** treffen auch auf christliche Beerdigungen zu.

Der Tod in der chinesischen Gemeinschaft

Die Begräbniszeremonien bei christlichen Chinesen werden Ihnen weitgehend bekannt sein. Wir wollen daher hier auf die **Bräuche von nicht-christlichen Chinesen** eingehen.

Es wird sehr übel vermerkt, nicht genügend **Zeit** mitzubringen, um den Zeremonien beizuwohnen – besonders wenn es sich beim Verstorbenen um eine prominente Persönlichkeit handelt. Es mögen mehrere Tage, an denen sich die Familie versammelt, vergehen, ehe die Leiche verbrannt bzw. beerdigt wird.

Häufig wird zunächst ein **glückverheißender Tag** für das Begräbnis auserkoren. In der Zwischenzeit kann der Leichnam mit Trockeneis, Teeblättern (als Trockenmittel), Kampferbällchen und Nachthyazinthen *(sedap malam)* präpariert werden. Duftstäbchen sorgen für angenehme Luft im Totenraum. Es ist üblich, am Fußende des Sarges ein großes Portrait des Verstorbenen aufzustellen.

Die meisten der großen chinesischen Gemeinden verfügen über ein **Krematorium**. Man bewahrt die Asche entweder im »Aschenhaus« *(rumah abu)* oder zu Hause auf dem Familienaltar auf oder verstreut sie über das Meer.

Die Vorschriften für die **Trauerkleidung** können leichte Unterschiede aufweisen. Viele tragen Kutten aus ungebleichtem, nach außen gewendetem Sackleinen, anderen drapieren dicken, weißen Jute- oder Kalikostoff um den

Chinesisches Fachgeschäft für Begräbnisausstattung

Kopf. Die meisten engeren Verwandten heften ein Stück schwarzen Stoff an den rechten Ärmel der Kleidung und tragen für einen gewissen Zeitraum keine rote (da Glück und Freude symbolisierende) Kleidung. In einer Zeitungsannonce wird der Tod öffentlich mitgeteilt, zugleich der Ort der Totenwache angezeigt und der Zeitpunkt der Bestattung kundgetan. Sie können dies als Zeichen nehmen, daß die Familie bereit ist, **Kondolenzbesuche** von Freunden und Bekannten zu empfangen. Ist die Leiche noch zu Hause aufgebahrt, wird Sie ein Familienmitglied an der Tür empfangen und Ihnen behilflich sein, den Formalitäten nachzukommen und der Familie Ihr Beileid auszudrücken. Ehe Sie sich verabschieden, wird man Ihnen eine kleine Erfrischung anbieten.

143

Manche chinesische Familien stellen bei Todesfällen professionelle »**Klageweiber**« ein.

Trauerfälle (in chinesischen Kreisen)

Tu! und Tabu!

Tu!: Tragen Sie **Kleidung** in gedeckten, keinesfalls roten und gelben Farben. Frauen sollten auf Schmuck und Make-up verzichten.

Tu!: Behalten Sie Ihre **Schuhe** an, es sei denn Sie sehen, daß andere sie abstreifen.

Tabu!: Erwähnen Sie den Tod niemals in persönlichem Bezug. **Sprechen Sie das Thema Tod stets nur unbestimmt in der dritten Person an:** »Wenn jemand sterben sollte ...« o.ä.

Tu!: Übergeben Sie ein **Geldgeschenk** (in einem schlichten weißen Umschlag, auf dem Ihr Name steht) nur dann, wenn die Familie Ihrer finanziellen Unterstützung bedarf. Ist die Familie wohlhabend, so senden Sie ihr einen **Blumenkranz** (keinen Blumenstrauß) zusammen mit einer Beileidskarte.

Tabu!: Die Familie und engen Freunde des Verstorbenen essen zu dieser Zeit keine **Nudeln**, da dies angeblich die Unglücksperiode verlängern würde.

Schriftliche Beileidsbekundungen

Turut berduka cita sedalam-dalamnya:	Tiefstes Beileid
Belasungkawa:	Beileid

Fürsorge für die Geister der Ahnen

Die **Bandbreite der zeremoniellen Grabpflege und Sorge um die Ahnen** widerspiegelt den gesellschaftlichen Widerspruch in Indonesien (zwischen Steinzeit und Hochtechnologie-Zeitalter).

Auf **Java** begegnet uns das **Ritual des** *nyekar*, bei dem man den Verstorbenen am Grab huldigt. Obwohl der Ursprung dieses Brauches im Dunkeln liegt, gilt er als fester Teil islamischer Tradition. Die Familien treffen sich, um vor dem *lebaran* die Gräber zu reinigen und mit Blumen zu schmücken. Die **Verpflichtung, regelmäßig die Gräber der Vorfahren aufzusuchen,** findet sich bei sehr vielen ethnischen Gruppen des Landes. **Indonesische Chinesen** zeigen mit einer besonderen Zeremonie das Ende der Trauerzeit an. Aus dieser Pflicht entlassen, entsteht der Familie eine neue: **dem Ahnengeist zu huldigen.** (Hierbei sind die einzelnen Riten bei den verschiedenen chinesischen Gruppen sehr unterschiedlich.) Die **Balinesen** unterhalten

Tempel für eine Vielzahl von Geistern. In den meisten Dörfern gibt es einen *pura dalem*, einen **Tempel für die Toten.**

Bei den sogenannten »**primitiven**« **Stämmen** werden die Leichen häufig so lange am Wohnort aufbewahrt und »versorgt«, bis die **Riten zur Befreiung der Geisterseeelen** durchgeführt werden konnten.

Selbstverständlich sollten **Reisende** sich, wenn sie als Augenzeuge an solch spirituellen und rituellen Anlässen teilnehmen, äußerst **respektvoll** verhalten. **Klettern Sie beispielsweise nicht auf Mauern oder Sockel, um besser fotografieren zu können,** insbesondere dann nicht, wenn spirituelle Würdenträger anwesend sind (ihr Rang läßt nicht zu, daß man sich körperlich über sie erhebt).

Feiertage

Das Ministerium für religiöse Angelegenheiten legt alljährlich die offiziellen Feiertage fest. **Die zwölf unten aufgeführten Festtage sind für Schulen und Regierungsbehörden verbindlich.** Die Termine für die **islamischen Feiertage** verschieben sich jährlich um elf Tage, weil hierbei der Mondkalender mit 29 bis 30 Tagen angewandt wird. Wir weisen auch auf andere Feiertage hin, die in der **Geschäftswelt** beachtet werden und an denen Betriebe oder Läden ganz oder teilweise geschlossen sind.

Nyepi
(Neujahrstag der Hindu)

Dieser besonders auf **Bali** in großer Tradition stehende Feiertag fällt auf die **Mittsommerwende.** Er ist auch ein Fest der Kontraste. Am letzten Tag des ausklingenden Jahres fegt der Putzteufel durchs ganze Dorf, berstende Speisetafeln für Götter und Menschen werden vorbereitet, **Hahnenkämpfe** finden in zeremoniellem Rahmen statt. Nachts vertreibt man mit Geschrei und Toben die Teufel und Dämonen, die, nachdem der Herr der Hölle, Yama, sie aus seinem Reich verjagt hat, nun die Insel Bali heimsuchen. Der folgende Tag, *nyepi*, soll in **Stille und Untätigkeit** begangen werden. Die Straßen sind verlassen, die Dörfer ruhig, die **Läden geschlossen** – und unternehmungslustige **Kurzzeit-Touristen auf Bali** frustriert.

Isra Mi'raj Nabi Muhammad
(Nacht der Himmelfahrt Mohammeds)

Dieser islamische Feiertag erinnert an die Nacht im zehnten Jahr des Prophetentums Mohammeds, in welcher dieser vom Erzengel Gabriel durch die Sieben Himmel zu Gott geführt wurde, um von dort unter anderem mit dem Gebot der fünf täglichen Gebete zurückzukehren. **Dieser Feiertag wirkt sich kaum auf das Geschäftsleben aus.**

145

Waisak
(*Vesak*-Tag)

Jahresgedenktag an Buddhas Eintritt ins Nirwana. Zahlreiche **Buddhisten** reisen an diesem Tag von weit her an, um im **Borobodur-Tempel** (Zentral-Java) zu feiern. Dieser Tempel gehört neben Angkor Wat in Kambodscha und Pagan in Burma zu den größten Baudenkmälern des Buddhismus. **Das Geschäftsleben wird von diesem Feiertag nicht berührt.**

Idul Fitri / Lebaran
(Ende des Fastenmonats *Ramadan*)

Überall in Indonesien können Sie zumindest drei hör- und sichtbare Anzeichen des *Lebaran*-Festes feststellen. Zum einen füllen sich schon Tage zuvor die Straßen mit Verkäufern, die *ketupat* anbieten (kleine, aus Palmblättern geflochtene und mit Reis gefüllte Behälter, mit denen Gäste bewirtet werden). Weiterhin häufen sich in den Straßen am Abend des letzten Tages der Fastenzeit *Ramadan* zahllose Jugendliche auf Lastwagen, Motor- und Fahrrädern oder auch zu Fuß, die das einleitende Gebet *takbir* (am Vorabend des *idul fitri*) mit Trommeln und Rufen begleiten. Und schließlich setzt am ersten Tag des *idul fitri* ein **viel- und gegenseitiges Besuchen** ein. Während der zwei Tage des *lebaran* suchen die Untergebenen ihre Vorgesetzten zu Hause auf, die Jungen besuchen die Alten, und auch Würdenträger des Staates halten ihr Haus offen.
Familien machen sich auf Motorrädern, in Bussen und Autos auf den Weg, ganze *kampung* werden auf Lastwagen verladen. Sie suchen sich gegenseitig auf, um **Vergebung für vermeintliche und tatsächliche Fehler zu erbitten**. *Selamat idul-fitri: ma'afkan lahir batin!* (»Fröhliches *lebaran* und vergebt all unsere Fehler und verborgenen bösartigen Gefühle!«)
Die Bedeutung des *lebaran* für den ausländischen Besucher: Während des *Ramadan* halten sich die gläubigen Muslime an die **Fastenvorschrift** *(puasa)* zwischen dem Morgengrauen und der Abenddämmerung, um ihre spirituelle Disziplin zu üben. Der Ausländer wird schnell bemerken, wie sehr das **Geschäfts- und soziale Leben** während dieses Monats davon beeinträchtigt wird. Die Fastenden ermüden leicht und rasch; die Effektivität läßt nach, und die Geduldsfäden werden schließlich zum Reißen gespannt. Die Hitze verstärkt die allgemeine Erschöpfung. Die sozialen Anforderungen der muslimischen Welt wiegen schwer: Es wird in großen Gruppen gebetet und später gemeinsam das Fasten gebrochen. Magenprobleme (Geschwüre und andere Leiden) treten gehäuft auf, da der Magen abwechselnd völlig leer und wie ein Ballon gefüllt ist.
Wenn Sie in leitender Aufgabe in Indonesien arbeiten, wäre es ratsam, nicht genüßlich in der Gegenwart fastender Angestellter zu speisen und sich vor Augen zu halten, daß der Tag sehr lang für diejenigen währt, die sich den

Den waisak, *Jahresgedenktag an Buddhas Eintritt ins Nirwana,*
feiern zahlreiche Buddhisten im zentraljavanischen Tempel Borobodur
(hier die Oberterrassen dieses größten buddhistischen Monuments).

religiösen Regeln unterwerfen. Stellen Sie sich auch darauf ein, daß Ihre Angestellten eine **Gratifikation** von etwa einem Monatslohn erwarten – für Geschenke, die zu diesem Anlaß benötigt werden, neue Kleidung und die besonderen Leckereien. Weiterhin werden sie **freie Tage** für den Besuch ihrer Familie im *kampung* verlangen.

Senden Sie Ihren muslimischen Freunden *Lebaran*-**Karten**, und machen Sie ihnen einen **Besuch**, wenn Sie sich im Geist dieses Festes verhalten wollen; selbstgebackene Kekse oder Kuchen sind willkommene Geschenke. Zu dieser Zeit sind **viele Läden entweder für einige Tage oder gar Wochen völlig geschlossen**; andere arbeiten nur mit der Hälfte des Personals, um den Angestellten Gelegenheit zu geben, zu ihren Familien zu fahren.

Proklamasi Kemerdekaan Republik Indonesia
(Unabhängigkeitstag)

Dieser wichtige Tag (der 17. August) wird **landesweit gefeiert**. Wenn Sie an diesem Tag der indonesischen Nation Ihre Wertschätzung bezeugen wollen (dies hat nichts mit der Einschätzung aktueller politischer Gegebenheiten zu tun!), dann können Sie vor Ihrem Haus eine Flagge oder an Ihrem Auto ein Fähnchen hissen. (Überall auf den Straßen stoßen Sie auf Flaggenverkäufer.) **An diesem Feiertag halten die meisten Geschäfte geschlossen**, einige haben nur zu bestimmten Zeiten geöffnet.

147

Idul Adha
(Opferfest)

Dieser Festtag ist auch als *idul korban* und *lebaran haji* bekannt. In ihm spiegeln sich **drei wichtige religiöse Sinnbilder des Islam**: der Beginn der Umrundung der Heiligen Kaaba durch die Mekka-Pilger; das Tieropfer als Zeichen der Bereitschaft Abrahams, seinen Sohn Ismael zu opfern; die Zeit, die Gräber zu besuchen, zu reinigen und mit Blumen zu schmücken. (Manche Frauen bringen auch Speisung für die Armen mit auf den Friedhof.)
Den Ausländer wird zu dieser Zeit die große Zahl der zum Schlachten feilgebotenen Tiere erstaunen. Jede Grasnarbe scheint Ziegen hervorzubringen, Kühe drängen sich im Schatten der Bäume. Die **Opfertiere**, von Einzelpersonen oder Familien gekauft, werden an die Moscheen überführt, wo ein Opferkomitee *(panitia korban)* die Schlachtung übernimmt und die **Verteilung des Fleisches an die Armen** überwacht. **Zu diesem Zeitpunkt sind nahezu alle Geschäftsbetriebe geschlossen.**

Tahun Baru Hijriyah
(*Hegira*, das islamische Neujahrsfest)

Ein Festtag, der an den **Beginn der islamischen Zeitrechnung** im Jahre 622 (u.Z.) erinnert, als Mohammed Mekka verließ, um eine neue Gemeinde in Medina zu gründen.

Maulid Nabi Muhammad
(Geburtstag des Propheten Mohammed)

Die Muslime verehren Mohammed als den letzten in der Reihe der Großen Propheten, zu denen auch Noah, Moses, David, Johannes der Täufer und Jesus gehören. Die Muslime glauben, daß Gott durch Mohammed seinen vollendeten Willen offenbart habe und dieser im Koran niedergelegt sei. **Das Gedenken an Mohammeds Geburtstag beginnt am zwölften Tag des dritten Monats islamischer Zeitrechnung *(Rabiul Awal)* und dauert einen Monat.** In dieser Zeit werden *selamatan* (besondere Feiern und Gebetszeremonien) in Schulen, Moscheen und Häusern abgehalten, und islamische Jugendgruppen engagieren sich verstärkt in der Gemeindesozialarbeit.

8
Der indonesische Geschäftsgeist

Wir wollen nicht mit technischen Ratschlägen aufwarten, wie Sie in Indonesien erfolgreich eine Firma aufbauen können. Dafür benötigen Sie Stapel von Ratgeber-Literatur sowie Legionen von Rechtsbeiständen und einen Kompaß, um sich durch das Labyrinth der Vorschriften zu schlängeln. **Vielmehr wollen wir einige heikle oder »sensible« Bereiche ansprechen, die im indonesischen Geschäftsleben (überlebens-) wichtig sind:**

• Die Funktion und Position des *Bapak*-Chefs
• Die richtigen »Kanäle«
• »Gesicht wahren« und »durch die Blume sprechen«
• Die »Gummi-Zeit«
• Entscheidung durch Übereinstimmung
• Arbeitsschutzgesetze und die sozialkulturelle Bedeutung einer Entlassung
• Der Ausländer und der indonesische Nationalismus

Das koloniale Vermächtnis

Der indonesische Wissenschaftler Selo Soemardjan verweist in seinen soziologischen Forschungen zum indonesischen Geschäftsgeist gern auf das Vermächtnis des Kolonialismus. Die Kolonialmachthaber und ihre »Pfeffersäcke« hatten die »Eingeborenen« weder im politischen noch im geschäftlichen Bereich Führungspositionen erlangen lassen. Dem lag auch die Ideologie zugrunde, daß östlicher und westlicher Geschäftsgeist so gegensätzlich wie Feuer und Wasser wären. Der anderen Seite erschien die westliche Art, menschliche und natürliche Ressourcen hemmungslos zu plündern, als harmoniestörend und barbarisch. So entstand **eine tiefe Kluft, die auch heute noch nicht überbrückt ist**, wie uns ein erfolgreicher indonesischer Geschäftsmann versicherte: »Die Mehrheit meiner Landsleute ist überzeugt, daß jeder ausländische Geschäftsmann nur eines im Sinn hat: die Indonesier übers Ohr zu hauen. Sie verachten die Plündermentalität, das kurze Gedächtnis bei Freundschaften im Geschäftsbereich und die unpersönliche Art, Geschäfte abzuwickeln. Wir lecken immer noch unsere Wunden.«
Ein anderer Geschäftsmann fügte hinzu: »Im Westen begegnen sich einander unbekannte Geschäftspartner, um über die Qualität und Brauchbarkeit der Ware zueinanderzufinden. **Wir hier machen Geschäfte mit Freunden.** Wenn uns ein ausländischer Exporteur aufsucht und die Güte seiner Waren

anpreist, dann hören wir höflich zu. Aber dies bildet noch keine Grundlage für ein Geschäft, bestenfalls die Vorstufe.«

Was der Ausländer grundsätzlich wissen sollte ...

• Das **Geschäftsleben** in Indonesien ist **nicht »demokratisch«** – auch nicht scheinbar demokratisch wie in den USA, wo Angestellte den Chef mit Vornamen ansprechen können. Es ist **klar hierarchisch** und stets erkenntlich, wer die Autorität innehat.
• In den Augen der Indonesier ist **der Ausländer vorrangig Fremder und Gast.**
• Das materielle geschäftliche Ziel gestattet **keine Durchsetzungmethoden, die der Harmonie des Äußeren und dem »Wahren des Gesichtes« zuwiderlaufen.**
Wie lernen Sie nun, Geschäfte in indonesischem Stil abzuwickeln?
Zunächst sollten Sie Ihre »Fleißaufgaben« erledigen: Arbeiten Sie sich in das wirtschaftliche Datenmaterial ein, und bemühen Sie sich, die **Grundzüge der indonesischen Wirtschaftspolitik** zu verstehen. Alsdann sollten Sie behutsam durch **Erfahrung** und **soziale Kontakte** lernen.
Ein weiterer indonesischer Geschäftsmann erzählte uns von einem Ausländer, der schlichtweg »fehl am Platz« war und alsbald fluchtartig das Land verließ. Er nannte als **Kennzeichen solchen Fehlverhaltens:**
• Das **»Kommando«-Gebaren eines Vorgesetzten**, der strikte Anordnungen erteilt, anstatt sich über soziale Motivation Unterstützung zu sichern.
• Eine **irrationale Angst und Abscheu** vor dem Essen, dem Wasser, den Lebensbedingungen schlechthin, was die Indonesier, die mit ihm zusammenarbeiteten, verwirrte, befremdete und schließlich beleidigte: »Natürlich liegen uns allen gesundes, sauberes Essen und hygienische Lebensbedingungen am Herzen. Er aber verlangte, ein Ei zu waschen, ehe es gekocht wurde!«
Dieser Bericht wurde allerdings von einem positiven Gegenbeispiel ergänzt. Der Nachfolger jenes ausländischen Geschäftsmannes lernte schnell die **Landessprache, traf sich auch privat mit seinen Mitarbeitern** und wurde somit **»Teil des Ganzen«**, das alle gemeinsam zu fördern trachteten.

Der *Bapak*-Boß

Die **wichtigste Person im hierarchischen Gefüge** ist – im Geschäft wie in der Familie – der *bapak*. Hier wie dort lautet das Motto: »Haltet den Alten bei Laune!« In welcher Umgebung auch immer: Derjenige, dem im gegebenen Augenblick die *Bapak*-Rolle zufällt, kann mit **Ehrerbietung** und **Wunscherfüllung** (also nicht Befehlsvollzug) rechnen.
Im Rahmen einer solchen Vater-Kind-Beziehung verlieren Anweisungen ihren rein befehlsautoritären Charakter. Spricht der Chef mit einem

150

*Auch die internationale **White-collar-and-tie**-Begegnung im Geschäftsbereich muß die früheren kolonialen Kränkungen behutsam berücksichtigen.*

Angestellten mit ruhiger Stimme in einer privat wirkenden Atmosphäre, so gibt dies dem Untergeordneten das Gefühl, der Vater spräche zu ihm. Kein Indonesier kann seinem Vater ernsthaft böse sein. Dieses kulturell festgelegte Verhältnis zwischen Vater und Sohn ist auf Vorgesetzte und Untergebene übertragbar.

Der indonesische Verwaltungsbeamte

Der indonesische Verwaltungsbeamte ist kein »Diener des Volkes«. Er ist ein *tua* – **Chef, respektierter Älterer** –, dem **hoher Respekt** gebührt. Erwarten Sie also nicht einen beflissenen Angehörigen des Dienstleistungssektors, der sich in Demut der Tatsache bewußt ist, daß die Steuerzahler ihn finanzieren.

Die richtigen »Kanäle«

In allen sozialen und beruflichen Situationen, besonders jedoch im Umgang mit den »besseren Kreisen«, ist die **Herangehensweise** im wahrsten Sinne des Wortes entscheidend. Der richtige Weg ist hierbei kein Trampel-, sondern ein Treidelpfad – lassen Sie sich schleppen, ziehen und lotsen.
Nutzen Sie bei sozialen und geschäftlichen Anliegen stets eine(n) **Mittelsmann/-frau**. In Indonesien ist es allgemein verbreitet und hat jahrhundertealte Tradition, einen Mentor / Ratgeber / Vermittler / Förderer einzuschal-

151

ten und Ziele so »durch die Blume« zu verfolgen. **Der Ausländer, dem die entsprechenden persönlichen Kontakte zunächst fehlen**, sollte sich verhalten und taktvoll nach dem »richtigen« Vermittler umsehen. Vor allem sollte der seriöse Geschäftsmann wissen, nach welchen **Spielregeln** dieses System arbeitet. Oft übernehmen **hochstehende Repräsentanten des öffentlichen Lebens und der Regierungsverwaltung** die Aufgabe eines solchen Vermittlers, arrangieren Treffen zum wechselseitigen »Beschnuppern« und »übersetzen« die Hinweise und Signale beider Seiten.

Indonesier haben bei **offiziellen geschäftlichen Zusammenkünften** stets einen Vermittler in ihrer Begleitung. Da die meisten wichtigen Sachverhalte und Entscheidungen ohnehin **zuvor** in sorgfältigen, informellen Verhandlungen ausgelotet und getroffen wurden, wirkt die Anwesenheit eines vertrauenswürdigen Vermittlers beim offiziellen Treffen entspannend.

Die Sekretärin

»Unterschätzen Sie nie die Macht einer guten Sekretärin«, meinte ein Geschäftsmann. »Sie kann ihren Chef in den Ruin treiben oder ihm zum Erfolg verhelfen, je nachdem, wie sie mit Kunden oder Geschäftspartnern umgeht.«

Eine Sekretärin »umfriedet« oft ihren Chef, indem sie lästige Anrufe und Besucher fernhält. Mitunter überdauert eine Sekretärin mehrere Chefs in der gleichen beruflichen Stellung. Sie speichert alle **wichtigen Informationen**, die **Namen von Kontaktpersonen** und kennt die **Gepflogenheiten des Geschäfts**. Ihr Verhältnis zum Chef ist vertraulich auf Grundlage von professioneller Fachkenntnis. Manchmal wird sie auch gebeten, über die »Buschtrommel« der Sekretärinnen Informationen einzuholen, die das **Umfeld eines möglichen Geschäfts erkunden** helfen.

»Gesicht wahren«
und »durch die Blume sprechen«

Schlechte Nachrichten dringen nie nach oben oder außen. Wenn jeder Geschäftsbericht positiv eingefärbt ist, jede Nachricht rosig ist und überhaupt alle rundum zufrieden zu sein scheinen – wie um Himmels willen geht man dann mit den schlechten Nachrichten um? Oder ist Indonesien eine Insel der Seligen?

Selbstverständlich nicht. Aber **für die (unvermeidliche) Übermittlung schlechter Nachrichten gilt** erstens: Sie erfolgt nur **diskret und privat**; zweitens: Der **Überbringer ist eine vertraute und geschätzte Person**, häufig ein Verwandter oder Geschäftspartner. Und grundsätzlich gilt auch hier: Die Harmonie des Äußeren darf nicht von Bloßstellungen gestört werden. Dies ist natürlich bei allen Menschen weltweit gleich, aber gleicher in Asien und noch gleicher in Java.

152

Die »Gummi-Zeit«

In Indonesien ist »Zeit nicht Geld«. Zeit ist keine vermarktbare Ware. Sie wird weder gekauft, noch gespart, noch verschwendet. Das Uhrenpendel bestimmt nie den Herzschlag. Ein Freund muß sich nie verabreden, und er wird auch **nie unter Zeitdruck »abgefertigt«.**

Ein ausländischer Geschäftsmann, der brummt:»Ich bin hier, um Geschäfte abzuwickeln, und nicht, um Freundschaften zu schließen«, wird bald feststellen, daß ihm nicht nur die Freunde, sondern auch die Geschäftserfolge fehlen.

Termineinhaltung

Da jeglicher Plan, jedes Vorhaben und jede Terminfestlegung von unzähligen Unwägbarkeiten beeinträchtigt werden kann (besonders in Indonesien), bedeutet jede Terminabsprache **eher eine Empfehlung als Versprechung.** Wenn dabei auch noch der soziale Höhenunterschied als Variationsbreite der Termineinhaltung umgelegt wird – dann meinen Sie sich tatsächlich auf die lange (Warte-) Bank geschoben. Nur die enttäuschungsreiche Erfahrung wird Sie lehren können, mit Terminen und deren Einhaltung »richtig« umzugehen.

Musyawarah Untuk Muafakat
Entscheidung durch Übereinstimmung

Vom Fischmarkt bis zur Vorstandsetage – überall in Indonesien wird gehandelt und verhandelt. Verhandeln vor dem Handeln, »Palavern« vor der Entscheidung sind die Merkmale eines **Aktivitätsprinzips auf der Grundlage von Harmonie.** Dies gilt für die familiären, freundschaftlichen und geschäftlichen Beziehungen, für alle sozialen Beziehungen.

In verschachtelten geschäftlichen / sozialen / familiären / behördlichen Problemfällen ist immer die ranghöchste *Bapak*-Persönlichkeit der ausrichtende Pol.

Die westliche Ellbogen-Mentalität widerstrebt den Indonesiern. Sie begreifen Verhandlungen nicht als offenen oder versteckten Verdrängungswettbewerb. Es geht ihnen vielmehr um die **Balance der Gefühle und Sichtweisen,** um das **Wahren des Gesichts** und **Einpendeln der Statusverhältnisse.** Es ist ihnen schier unvorstellbar, am Ende einer mit harten Bandagen geführten Auseinandersetzung aufzustehen und einander die Hände zu reichen. »Niemand mag lächeln und Hände schütteln, wenn er das Gefühl hat, soeben ausgepunktet worden zu sein«, meinte ein indonesischer Jurist, der an vielen Verhandlungen teilgenommen hatte.

153

Erfolgreich verhandeln

Ein wesentlicher, unerläßlicher Teil von Verhandlungen sind die **im Vorfeld stattfindenden Gespräche mit einer »Lobby«**. Dies ist auch im Westen üblich, gleicht in Indonesien jedoch nahezu einer Kunstform. Das formale Geschäftstreffen kann einem *sandiwara* ähneln – einem Rollenspiel, in dem jeder seinen vorbereiteten, ausgefeilten Text vorträgt. Wurde dieses Spiel zuvor erfolgreich geprobt, entstehen bei der »Premiere« keine Überraschungen, kein Ärger, nicht das Gefühl, verloren zu haben oder ausgenutzt worden zu sein. Da die Rollenfächer und Stichworte schon generalgeprobt wurden, ist die letztliche Aufführung nur mehr Harmoniespiel der Beteiligten. Und wenn es dennoch nicht gelingt, alle Tagesordungspunkte beim Treffen zu regeln, dann sollten Sie **keinesfalls Ihren Unmut zeigen**, sondern über erneute informelle Vorgespräche eine erfolgreichere Verabredung vorbereiten.

»Den Dienstweg einhalten«

Bei der **Verwirklichung getroffener Entscheidungen** ist das »korrekte« Vorgehen ausschlaggebend. Sie müssen die **angemessene Form einhalten**, die **richtige Reihenfolge beachten** und den »**Marsch durch die Institutionen**« in der richtigen **Schrittfolge** antreten.
Subalterne Beamte verlangsamen häufig die laufenden Vorgänge durch ihre wohlbekannte Abneigung, Verantwortung zu übernehmen, und ihre Neigung, sich an Formalitäten festzuklammern, selbst wenn bereits von oben verfügt wurde, die Angelegenheit rasch zu erledigen.
Die Erfahrungen eines seit langem im Lande lebenden Ausländers illustrieren diese Erkenntnis. Er hatte seinen Paß verloren. Nachdem er den Verlust dem Einwanderungsbüro mitgeteilt hatte, bot sich der höhere Beamte entgegenkommenderweise an, mit einem Schreiben den Papierkrieg zu beschleunigen. Als der Ausländer diesen Schriftsatz den mit dem Vorgang betrauten Sachbearbeitern und unteren Beamten vorlegte, bestätigten diese zwar kopfnickend, daß es sich um ein wertvolles und hilfreiches Papier handelte – doch es galt ihnen nicht als Teil der gehörigen Prozedur. Sowohl Ausländer als auch Indonesier führen dieses träge Verzögerungsmoment, das auf einer konservativen und zurückhaltenden Einstellung beruht, darauf zurück, daß **alle ihre Arbeitsplätze erhalten wollen, indem sie auf ihrer »Funktion« beharren**.

Arbeitsschutz und Entlassungen

In der nationalen Aufbruchsstimmung nach dem II. Weltkrieg wollte Indonesien auch in internationalen Belangen aktiv werden und schloß sich unter

*Bedeutet der Respekt vor den sozialen Eigenheiten und
der Souveränität des Gastgeberlandes überzeugungswidriges Schweigen –
zum Beispiel wenn es (wie hier im westlichen Nusa Tenggara) um wohlfeile
Kinderarbeit geht?*

anderem der ILO, der Internationalen Arbeitsorganisation, an. Daraus ergaben sich beispielsweise **Gesetze zum Schutz von Frauen und Kindern im Arbeitsleben**, die zumindest formell internationaler Übereinkunft entsprechen.

Es werden nicht alle Firmen auf die Einhaltung der gesetzlichen Vorschriften hin kontrolliert, meist sind es nur die größeren, vor allem aber die multinationalen Firmen. In den 50er Jahren wurden auch **Kündigungsschutzgesetze** verabschiedet. Die Entlassung eines Beschäftigten benötigt die Zustimmung des lokalen Arbeitsamtes. Auch ist gesetzlich vorgeschrieben, daß jede Firma, die unter das Arbeitsgesetz fällt, ein **Beschäftigten-Handbuch** führt, das vom Arbeitsamt geprüft wird.

Um die **Kündigungsschutzgesetze zu unterlaufen**, haben die Firmen überaus flexible informelle Methoden entwickelt, um »Anreize zu geben, das Beschäftigungsverhältnis freiwillig zu beenden«. Zu diesen Mitteln zählt die »**Leerlauf**«-**Beschäftigung**: Ein Angestellter behält Rang und Bezüge, darf aber keine wichtigen oder nur noch in begrenztem Maße Tätigkeiten ausüben.

Mitunter ist es für den Arbeitgeber überaus **schwierig, sich von einem ungeliebten Angestellten zu trennen**, nicht allein aus Gründen der Arbeitsgesetzgebung, sondern auch, weil dieser womöglich mit einer einflußreichen Persönlichkeit verwandt oder eng befreundet ist.

155

Der Ausländer und der indonesische Nationalismus

Wir haben bereits erwähnt, daß Indonesien ein junger Nationalstaat ist. Er erhielt seine Unabhängigkeit nach harten antikolonialen Kämpfen, und etliche Angehörige der »Generation von 1945«, der Unabhängigkeitskämpfer also, leben noch heute und sind im Geschäftsbereich aktiv.

Selbstverständlich sollten Sie diesen **tief empfundenen Nationalismus achten** angesichts der Tatsache, daß das Land über dreihundert Jahre lang von Ausländern ausgebeutet wurde.

Dem nationalen Empfinden der Indonesier kommt der Ausländer unter anderem dadurch entgegen, daß er sich bemüht, die Sprache zu lernen, und nationale Sinnbilder wie Flagge und Landeswährung respektiert.

Unterschiedlicher Geschäfts-Geist
Kleine Soziologie des indonesischen Geschäftslebens

Suku-isma: Stammes-/Vetternwirtschaft

Einige ethnische Gruppen, insbesondere die **Batak** und **Minahasa**, favorisieren bei Einstellungen und Stellenbesetzungen Angehörige des eigenen Stammes.

Die Elite

Diese relativ kleine, gebildete Gruppe lebt in den Städten, ist sprachgebildet, pflegt internationale Kontakte und kennt sowohl die materiellen wie auch die geistigen Aspekte der westlichen Zivilisation. Meistens sind es ältere Männer, von denen viele in den holländischen Eliteschulen ausgebildet wurden. Sie gelten als bikulturell und weltoffen und haben sich mit unterschiedlichen Philosophien und Weltanschauungen auseinandergesetzt. Von ihrer antikolonialen Lebensgeschichte her neigen sie häufig zu einem extrem **nationalistischen Standpunkt**, sind jedoch **kulturellen Unterschieden gegenüber liberal eingestellt**.

All dies wirkt sich im Geschäftsleben aus: auf die Einstellung zu Verträgen, zum wirtschaftlichen Wert der Zeit und auf die Funktion des Geldes im öffentlichen und privaten Leben. Sie verstehen es, ihre eigenen Wertvorstellungen vom internationalen Geschäft zu trennen.

Die »opportunistische« und die konservative Gruppe

Die »opportunistische« Gruppe von Geschäftsleuten ist der oben genannten Elite zahlenmäßig weit überlegen. Auch sie leben überwiegend in den Städten und verfügen über eine formale Bildung, die allerdings dem internationalen Standard weniger gerecht wird. Immerhin wurden einige im Ausland ausgebildet und erwarben dort auch ihr Diplom, andere haben eine Auslandsausbildung ohne Abschluß durchlaufen. Sie sind mit der indonesischen Kultur eher lose verbunden, doch ist ihre oberflächliche Weltanschauung nicht selten weitaus **rigider und konservativer als jene der Elitegruppe**.

Die Angehörigen der »opportunistischen« Gruppe streben nach dem **materiellen Komfort des Westens**, häufig jedoch ohne den **arbeitsethischen und wirtschaftsstrukturellen Unterbau** dieses materiellen Standards zu sehen.

Ein indonesischer Geschäftsmann charakterisierte bei einem internationalen Treffen von Geschäftsleuten augenzwinkernd die typische Einstellung des *priyayi* (des Beamten, der zur »opportunistischen« Gruppe zählt) folgendermaßen: »Er ist weniger an der Frage interessiert, ob das Endergebnis der Arbeit in einem angemessenen Verhältnis zum Arbeitsaufwand steht. Auch kümmern ihn die Fertigkeiten, die er durch langzeitige Fortbildung erlangt hat, weniger als das erhaltene Zertifikat oder Zeugnis zum Zweck der **Statusförderung**.«

Innerhalb dieser Gruppe gilt eine **vertragliche Vereinbarung** nicht als vertrauensbildende Maßnahme, die beide Seiten auf ein Vertragsethos verpflichtet, sondern als ein **pragmatisches Mittel zum Zweck**. Dem entspricht eine keineswegs erstaunliche nachsichtige Einstellung gegenüber ungedeckten Schecks oder anderen Tricks aus der »Zauberkiste des schnellen Geldes«.

Die **dritte und größte Gruppe** umfaßt die restliche wirtschaftlich tätige Bevölkerung. Sie respektiert den westlichen Lebens- und Geschäftsstil, ohne damit jedoch weitergehend vertraut zu sein. Ihre Angehörigen sind der eigenen ursprünglichen Kultur verpflichtet und **auch im geschäftlichen Bereich von diesen kulturellen Werten geprägt**.

Ost-West-Kontrast

Zwischen dem westlichen industrie-zivilisatorischen Kapitalismus und dem immer noch von dörflich-sozialen Strukturen beeinflußten Geschäftsleben in Indonesien bestehen verständlicherweise bedeutsame Unterschiede.

Der westliche Kapitalismus gründet sich auf den wettstreitenden Individualismus *(celeriter – fortiter – altiter)*, eine liberale Wirtschaftsverfassung, materialistische Leistungs- und Zielorientierung und naturwissenschaftlich-technologisch abgeleitete Verfahrensweisen; das erkenntnisleitende Interesse ist die Gewinnmaximierung.

Davon unterscheidet sich die sozialökonomische *Suku*-Ethik Indonesiens ganz deutlich. Ihre idealen Wertsetzungen lauten: **Gemeinschafts- und Familiensinn bei Arbeit und Besitz; traditionsorientierte dörfliche Demokratie; »Sozialisierung« durch Leistung erzielter Erfolge**, d.h. Erfolg verpflichtet zum Teilen und zur Fürsorge.

Der indonesische Geschäftsgeist
in sozialwissenschaftlicher Sicht

Indonesische Sozialwissenschaftler, Psychologen und Völkerkundler versuchen seit geraumer Zeit eine Skizze des »**Nationalcharakters**« zu entwerfen. Wir wollen einige dieser interessanten Mutmaßungen vorstellen, insbesondere jene, die sich auf den **Vergleich mit der westlichen Arbeits- und Geschäftsethik** einlassen.

Theorie I: Die Arbeitsethik der Indonesier (aus indonesischer Sicht)

• Die Indonesier vernachlässigen **Arbeits- und Produktqualität**.

• Sie sind nicht bereit, ihren **beruflichen Werdegang** von unten zu beginnen, von »der Pieke auf« zu lernen. Man liebt den schnellen und sichtbaren Erfolg und Statusgewinn.

• Die **Autorität von Vorgesetzten** beruht nicht auf *auctoritas* (Wertschätzung aufgrund von Können), sondern auf formeller Ranghöhe.

• Die Indonesier folgen einem weitherzigen **Disziplinverständnis**. Stichworte: Unpünktlichkeit, ausgedehnte Mittagspausen, lockere Vorstellung von Terminverbindlichkeiten etc.

• Es widerstrebt ihnen, **Verantwortung** zu übernehmen; die Verantwortung wird wie eine heiße Kartoffel weitergereicht. (»Ich habe nur Befehle ausgeführt!«)

• Sie springen gern auf den »fahrenden Zug«, d.h. geben die erprobte **Initiative** anderer als die eigene aus.

Ein Kulturanthropologe faßte die **Eigenarten des indonesischen Geschäftsgebarens und Arbeitsmilieus** in einigen Punkten zusammen:

Theorie II:
Wesentliche Merkmale der besonderen Arbeitsorganisation
Indonesiens

• Bei der **Stellenbesetzung** sollten sowohl familiäre wie Stammeszugehörigkeit berücksichtigt werden. Die (negative wie positive) Bedeutung des *suku-isma* ist nicht zu unterschätzen. (Dabei sind die indonesischen Chinesen und die Eurasier besonders zu berücksichtigen.)

• Leistungsgerechte **Entlohnung** von Angestellten läßt sich kaum durchsetzen. Die **Beziehung zwischen Arbeitgeber und Arbeitnehmer** ist moralisch, nicht von der Leistung bestimmt. Der Angestellte erwartet, daß man ihn für seine Loyalität und langjährige Betriebszugehörigkeit belohnt, nicht unbedingt für seinen Arbeitseinsatz.

• Eine unverblümte **Bewertung der Arbeitsleistung** ist zumindest sehr heikel.

• Die **Entlassung von Angestellten** ist kaum möglich, sie schlüge zu wie ein »Kulturschock«. Schlechte Leistung ist kein Grund zum »Feuern«, sondern zur Übertragung einer anderen Aufgabe.

• Direkte **Meinungskonfrontationen** sind zu vermeiden. Moderne betriebliche **Motivierungsprozesse** wie »Gruppendiskussionen«, »Feedback« oder »Sensitivitätstraining« werden von den Angehörigen des mittleren und unteren Managements nur baß erstaunt und verlegen zur Kenntnis genommen. (Anders verhalten sich die im Ausland ausgebildeten höheren Manager.)

• **Vermittler** spielen im Geschäftsleben bei der **Entscheidungsvorbereitung** eine wichtige Rolle (siehe oben).

• *Gotong royong*, **Gemeinschaftsarbeit**, kann leistungsmotivierend und integrierend im Sinne eines betrieblichen Gemeinschaftsgefühls wirken.

• **Partizipative Führungsorganisation** (gar nach dem Modell *primus inter pares*) ist in Indonesien fehl am Platz. Der Untergebene erwartet vom Vorgesetzten **autoritäre Distanz**.

• Die klare **Statushierarchie** ist das Rückgrat der wohlvertrauten Sozialordnung. Indonesier wollen nicht, daß der Chef »einer von uns« ist.

• Es ist äußerst wichtig, in allen Lagen die **Höflichkeitsregeln strikt einzuhalten** und **Gefühle unbedingt zu verbergen**. Auch bei nicht-formellen Zusammenkünften ist distanziertes Betragen beizubehalten.

• **Pünktlichkeit** und **technische Präzision** sind nicht als gegeben vorauszusetzen, können aber durch verständnisvolle Anleitung erreicht werden.

Kleines Wörterbuch der Wirtschaft

Korupsi:	**Korruption** im zeitgenössischen, unverblümt gemeinten Sinne.
Sogok:	»Das Geld unter dem Tisch«. Dieses alte javanische Wort fand Eingang in die *Bahasa Indonesia* und bezeichnet eine etwas **ehrenwertere Form der Korruption**, etwa das Bemühen um einen Platz in einer guten Schule oder ähnliche Vergünstigungen. *Sogok* ist seit alter Zeit Teil des normalen Geschäftsgebarens und häufig auch nur ein bescheidenes Geschenk als Dank für eine kleine Gefälligkeit.
Pungli:	Dieses Kunstwort ist die Abkürzung für *pungutan liar*. Es kennzeichnet insbesondere die **Bestechlichkeit von Beamten** (»unautorisierter Geldempfang«) und ist der zentrale Begriff bei den offiziellen Anti-Korruptions-Kampagnen.
»Indonesisierung«:	Dieses (im Deutschen) zungenbrecherische Wort bedeutet schlicht das Bemühen der Regierung,

159

alle **ausländischen durch kompetente indonesische Fachkräfte zu ersetzen**.

PT, CV, yayasan: Die verbreitetsten **Firmengesellschaftsformen**
sind die *PT* (GmbH) oder die *CV* (KG). Daneben
werden Sie zahlreiche **Regierungskooperati-
ven** und **gemeinnützige Institutionen** *(yayasan)* vorfinden. Viele der Mittelsmänner/
Agenten, die (wie oben beschrieben) beim Einfä-
deln von Geschäften nützlich sind, erfüllen auch
bei der Konstruktion von Gesellschaften und der
Vermittlung geeigneter Partner eine wichtige Rolle; ihre Dienste werden häufig in Gesellschafts-
anteilen vergolten.

»Dankeschön« im Geschäftsleben:

Sie sollten sich stets daran erinnern, daß ein **Lächeln** und/oder **Nicken** meist
ein »Dankeschön« ersetzt. Besonders im geschäftlichen Bereich ist **über-
schwenglicher Dank unangemessen**; man würde ihn zurückweisen, um
nicht den Eindruck von Selbstgefälligkeit und Eitelkeit entstehen zu lassen.

160

9
Tips für den Alltag
Von A–Z

Gegen die Unbill des Alltags – etwa mit dem **becak** *im Schlamm der Regenzeit steckenzubleiben – hilft die asiatische Improvisationsgabe.*

Bei einem so dicht bevölkerten Land wie Indonesien, das zudem als wirtschaftlich aufstrebend gilt, wird man leicht zu der Hoffnung verführt, hier wie selbstverständlich sämtliche **Segnungen der westlich-technischen Zivilisation** vorzufinden. Dies trifft in einem sehr allgemeinen Sinne auch zu, besonders auf **Jakarta** und das halbe Dutzend anderer **Großstädte**, die als »modern« bezeichnet werden können – mit glitzernden Bürogebäuden aus Glas und Chrom und Neonreklamen westlicher Markennamen, die beruhigend vertraut auf die Nerven des entwurzelten Fremden einwirken.

Wenn wir die Anspruchslatte etwas tiefer anlegen, stimmt es auch, daß Sie **fast überall in Indonesien Ihre gewohnten Bedürfnisse des alltäglichen Lebens befriedigen können** – eventuell mit einigen Zugeständnissen bezüglich Farbe, Größe und Firmenmarke. **Ernsthafte Versorgungsengpässe bestehen kaum**, und erfindungsreicher Pragmatismus ist eine Tugend.

Sie sollten sich nicht entmutigen lassen, wenn Sie während der Regenzeit mit einem *becak* in Schlamm und Fluten steckenbleiben oder das Dach des

161

Hauses, in dem Sie sich aufhalten, dem Anprall des Regens nicht standhält. Die Asiaten sind Meister der Improvisation – es findet sich für alles ein Ausweg.

Einige der nachfolgenden Informationen beziehen sich speziell auf Jakarta. Andere gelten für das ganze Land. Und einige weitere Hinweise geben wir mit Blick auf das Leben in der Provinz.

Gesundheit – Drei wichtige Hinweise

• **Mäßige, aber regelmäßige sportliche Betätigung:** Raffen Sie sich entweder in der Kühle des Morgens dazu auf, mit dem Hund spazierenzugehen, zu joggen, radzufahren, oder schließen Sie sich den *Hash House Harriers* an, einer asiatischen Gruppe von Freizeitläufern. In den größeren Städten entstehen immer mehr Fitness-Clubs, wo Sie sich in klimatisierten Räumen sportlich betätigen können. Was auch immer Sie tun, Sie sollten regelmäßig trainieren.
• **Trinken Sie reichlich:** In den Tropen sollten Sie viel Flüssigkeit zu sich nehmen, am besten reines Wasser, und gelegentlich ein Glas Wasser mit einer darin aufgelösten Salztablette trinken.
• **Vernünftige Lebensweise:** Sie sollten sich vornehmen, früh aufzustehen und entsprechend früh zu Bett zu gehen. Und/oder halten Sie ein Mittagsschläfchen.

Kleidung

In Indonesien diktieren weder »topaktuelle Trends« noch konservative Vorschriften im Übermaß den Kleidungsstil. **Der Modeimperativ heißt: zweckmäßig und dezent.**
Die **Frauenkleidung** läßt allerdings deutlich den Einfluß des Islam erkennen. Die Schultern müssen bedeckt sein, und freizügige Kleidung (etwa Shorts, offenherzige Sonnentops und »flippige« Discokleidung) wird in der Öffentlichkeit (!) mit Befremden zur Kenntnis genommen. Wenn an einem besonders heißen Tag Ihr schweißgetränktes leichtes weißes Kleid den modischen schwarzen Slip durchscheinen läßt und Sie sich beobachtet und unwohl fühlen, dann sollten Sie vielleicht doch einen leichten Baumwollunterrock als »Sichtschutz« wählen.
Wir wissen von vielen Indonesiern, daß ihr erstes Urteil über die Lebensgewohnheiten von Ausländern auf deren Kleidung beruht. Immer wieder hörten wir die Frage: »Sehen bei euch alle so aus?« Ob es Ihnen angenehm ist oder nicht, **ein jeder Ausländer wird stets als Repräsentant seines Landes wahrgenommen.**
Indonesier kleiden sich »lässig« (jedoch nicht nachlässig) und bequem. Nur selten gibt es Anlässe, bei denen man sich in Schale werfen muß. Für Män-

*Unbedeckte Schultern, wie bei dieser Frau aus Kalimantan,erregen bei der über-
wiegend islamischen Bevölkerung zumindest Befremden.*

163

ner ist die **förmlichste Kleidung** der »Nadelstreifen«-Anzug, für Frauen ein Cocktail- bzw. kurzes Abendkleid.

Die meisten Indonesier (und in Indonesien lebenden Ausländer) lassen sich die Kleidung **maßschneidern**. Die Schneider/innen sind äußerst geschickt und auch nicht teuer.

Allerdings ist auch die »für die Stange« produzierende indonesische **Textilindustrie** im Wachstum begriffen. Sie finden hier nahezu alles, was Sie für eine vollständige und auch abwechslungsreiche Garderobe benötigen. Einschränkungen mögen allenfalls bei Farben, ausgeprägten Stilrichtungen oder westlichen »Groß-und-mächtig«-Größen bestehen. Indonesien wird für die Schönheit und Qualität seiner traditionellen **Batik- und Seidenstoffe** gerühmt und ist heute auch einer der großen Textillieferanten für den Weltmarkt.

Kleider-Ordnung und -Lexikon

Wenn Sie einer **offiziellen Einladung** folgen, sollten Sie sich nach den auf der Einladung kodiert genannten Kleidungsvorschriften richten:

Batik:	**Männer** sollten in langärmeligen Batik-Hemden und dunklen Hosen erscheinen, **Frauen** im dunklen Kleid mit langen Armeln.
»Lounge suit«:	»Nadelstreifen«-Anzug mit Krawatte für **Männer**, wenn der Anlaß *acara rasmi* (sehr förmlich) ist. **Frauen** sollten sich wie oben beschrieben kleiden.
PSH:	*(Pakaian Sipil Harian)* Gemeint ist die »offizielle« Beamten-»Uniform«: ein **kurzärmeliger Safari-Anzug**.
PSL:	*(Pakaian Sipil Lengkap) Lengkap* heißt »vollständig, komplett«. Ein Ausländer wäre im **dunklen Geschäftsanzug mit weißem Hemd und Krawatte** korrekt gekleidet. Indonesische Militärs oder Polizisten trügen hier ihre Uniform.
PSR:	*(Pakaian Sipil Rasmi)* Indonesische Beamte kämen in einem **langärmeligen Safari-Anzug**. *PSR* kann auch »Uniform« bedeuten. Ein Ausländer, der eine offizielle **Uniform** tragen darf, würde dies hier korrekterweise tun.

Sie werden bemerken, daß sich am **17. jeden Monats** die **Regierungsangestellten** morgens zu einer kurzen zeremoniellen Feier zusammenfinden. Zu dieser Gelegenheit tragen alle Hemden und Blusen im selben Batik-Muster. (Wenn schon Uniform – dann diese!)

Klima

Sie befinden sich in den Tropen – aber nicht im Paradies! Das tropische Klima zeichnet sich aus durch:
• **Hohe Luftfeuchtigkeit**, etwa 75% bei Tag und Nacht.
• **(Feuchte) Hitze**. Landesweit liegen die Temperaturen bei 30–34° C. In den **Bergen** kann es sogar »**kühl**« werden, d.h. daß die Temperaturen auf 18– 22° C fallen und Sie endlich Ihren Pullover auspacken können.
• Es gibt **zwei Jahreszeiten**: die **luftfeuchte Trockenzeit** und die **triefendnasse Regenzeit**.
• Die **Tage am Äquator sind gleichbleibend lang**. Die Sonne erwacht morgens gegen 6.00 Uhr und versinkt abends purpurfarben und rosa (vom Vulkanstaub) gegen 18.00 Uhr.

Klimaanlagen – Mit oder ohne?

Immer mehr Wohnhäuser, Büros und Autos sind mit Klimaanlagen ausgestattet. Sie schaffen – für bestimmte Gesellschaftsschichten und Ausländer – ein künstliches mitteleuropäisches Klima, in dem die Hitze nicht mehr lähmend auf Unternehmungslust und Arbeitsgeist einwirkt.
Für Indonesien läßt sich eine **klimatische Drei-Klassen-Theorie** entwickeln:
• Die **breite Mehrheit der (ländlichen) Bevölkerung** lebt und arbeitet wie eh und je im feuchtheißen Watteklima.
• Ein **weiterer Bevölkerungsteil (u.a. Büroangestellte)** lebt privat zwar klimatisch »*à la nature*«, arbeitet jedoch in klimatisierten Räumen und bildet so eine Risikogruppe für Erkältungskrankheiten.
• Die **indonesische Oberschicht (und der größte Teil der Ausländer)** arbeitet und wohnt in klimatisierten Räumen und überbrückt die räumliche Entfernung zwischen Wohnung und Arbeitsplatz in klimatisierten Verkehrsmitteln. Der tropische Hitzeschock ist nur ein gelegentliches exotisches Erlebnis.
Ohne hier in mißverständliche Kultur-Klima-Theorien verfallen zu wollen, scheint uns das Klima doch in bestimmter Weise werteprägend zu sein. Da hier nie mit den kalten Wintern der nördlichen Hemisphäre zu rechnen ist (wo das Holz vor dem ersten Frost in der Hütte sein muß), gibt es auch nicht den von der Natur vorgegebenen dynamischen »Vollendungs-Druck«. Es gilt: »Morgen ist auch noch ein Tag.«

Krankenhäuser

Für den Fall des Falles sollten Sie sich **vorab über das indonesische Gesundheitswesen informieren**, um nicht während der Krankheit zusätzlich durch einen Kulturschock geschwächt zu werden. Erfreulich ist immerhin die Feststellung, daß **alle Krankenhäuser verpflichtet sind, in dringenden Notfällen zu helfen**, ohne daß man Papiere einreichen oder seine Zahlungsfähigkeit unter Beweis stellen muß (die praktischen Gepflogenheiten widersprechen dem nur scheinbar; siehe nachfolgende Ausführungen).

Tip – Stellen Sie Ihre Papiere zusammen: Halten Sie sicherheitshalber wenigstens eine **Kopie Ihres Passes** bereit, gegebenenfalls das **KIM** (Dokument der Einwanderungsbehörde) und einige **Geldscheine.** Es ist üblich, bei Aufnahme in das Krankenhaus eine **Kaution** in bar zu hinterlegen.
Bereiten Sie sich außerdem darauf vor, in *Bahasa Indonesia* zu sprechen, oder nehmen Sie jemanden mit, der **dolmetschen** kann. Aufgeregtes Gestammel, gleich in welcher Sprache, hilft Ihnen nicht weiter.
Tip – Erwarten Sie nicht zuviel: Einige Dienstleistungen westlicher Hospitäler, die das Kranksein zumindest scheinbar erleichtern, werden Sie nicht in allen Krankenhäusern des Landes vorfinden. Deshalb **einige »Vorwarnungen«:**
• Erwarten Sie nicht, daß das Krankenhaus **Rechnungen an die zuständige Versicherung weiterleitet.** Man wird Ihnen aber in der Regel beim Zusammenstellen der Daten helfen.
• Manche Krankenhäuser gehen davon aus, daß **die Familie des Patienten notwendige Arzneien und Pflegemittel besorgt** und in das Hospital bringt.
• Nicht alle Krankenhäuser sorgen für **Patientenverköstigung.** Üblicher ist, daß die Familie den Kranken mit Essen verpflegt.
• Die künstliche **»Toten«-Stille unserer Krankenhäuser** werden Sie in Indonesien nicht vorfinden. Der Kranke ist immer Mittelpunkt eines lebendigen sozialen Treffens von Familienmitgliedern und Freunden.
• Die Patienten werden nahezu immer in **Gemeinschaftssälen** und nicht in Zimmern mit nur wenigen Betten untergebracht.
Natürlich gibt es zu den hier genannten Regeln Ausnahmen, insbesondere bei **privaten Missionshospitälern** und bei etlichen **Privatkrankenhäusern in den größeren Städten.**

Für viele Indonesier, vor allem in **ländlichen Gebieten**, kommt der Krankenhausaufenthalt einer Horrorvision nahe, denn das Krankenhausbett gilt als Sterbelager. Diese Angst ist wohl nicht ganz unberechtigt, da viele sich zunächst mit **traditionellen Heilmethoden** zu kurieren versuchen und sich erst dann, wenn diese versagen, dem Krankenhaus anvertrauen was häufig zu spät ist.

Krankenversorgung in der Provinz

Bei **Krankheit oder Unfällen auf dem Land** bleibt die **RSU** (Rumah Sakit Umum), die **öffentliche Krankenstation**, die letzte Zuflucht – vielleicht

Markt

auch tatsächlich die letzte, denn die RSU sind leider sehr schlecht ausgestattet. Ein **Arzt** ist nicht immer zur Stelle, und der diensthabende **Sanitäter** hat möglicherweise lediglich einen Erste-Hilfe-Kurs abgelegt. Häufig offenbart die Behandlung mehr guten Willen als medizinisches Können. Es scheint so, als wären in Indonesien Überlebenschancen bei Krankheit durchaus auch von Kontakten, Beziehungen und Einfluß abhängig.

Wenn Sie auf dem Land medizinische Hilfe benötigen und niemanden kennen, der Ihnen weiterhelfen kann, dann wenden Sie sich an die **Polizei** oder an andere **Verwaltungsstellen**. In **Provinzhauptstädten** können Sie das Gesundheitsamt (Kantor Dinas Kesehatan Propinsi) um Hilfe bitten, in **Kreisstädten** das Kantor Dinas Kesehatan Kabupaten und in **kleineren Städten** das Puskesmas (Gesundheitszentrum). Erwarten Sie aber keine **Amtsöffnungszeiten**, wie Sie sie aus Ihrer Heimat kennen.

Lebensmittelversorgung / Einkaufen

Indonesiens äußerlicher tropischer Reichtum ist leider teilweise trügerisch. Nicht überall ist die Erde so fruchtbar wie in Java und Bali. In **Bali** bringt die Natur drei Ernten hervor – man meint »den Reis wachsen zu hören«. Und **Java** scheint wie ein üppiger Garten Eden.

Verschiedene »kontraproduktive« Einflüsse wirken sich auf die **Fruchtbarkeit** der Erde und das **Warenangebot** aus. Dazu gehören die Launen der Natur: Vulkanausbrüche, Überschwemmungen, Dürren, Insektenplagen etc. Weiterhin bestehen Probleme beim **Warenfluß** bzw. der **Vermarktung**. Die Agrarprodukte werden herkömmlicherweise geerntet, wenn sie reif sind, und dann in der Region verkauft, in der sie angebaut wurden. Vergli-

167

chen mit den »äußeren Inseln« verfügt Java über ein gutes Straßen- und Schienennetz. Balis Straßensystem verbessert sich ständig; die Sumatra-Überlandstraße half Engpässe beseitigen.

Aber nicht alle Bauern sind mit diesen **Infrastrukturschneisen** verbunden. Unbefestigte Straßen, einsturzgefährdete Brücken und der magere Geldbeutel der kleineren Bauern, der es ihnen nicht erlaubt, die Transportkosten vorzustrecken, sind die Gründe dafür, daß die Bauern ihre Produkte lieber auf den **lokalen Märkten** verkaufen. Und dort ist das Angebot instabil, nicht immer reichhaltig, teilweise überaltert etc.

Auf den »inneren Inseln« Indonesiens haben sich bereits **Supermarktketten** festgesetzt, die sich immer weiter ins Umland vorschieben. In ihrem Schlepptau folgen wie zwangsläufig die **Fast-Food-Ketten**. Aber auch »Tante-Emma-Läden« (manche klimatisiert und mit Tiefkühltruhen und Kühlschränken ausgestattet) bieten eine zwar nicht allzeit verläßliche, jedoch überraschende Fülle von verarbeiteten Lebensmitteln an. **Importwaren** sind nicht überall erhältlich – weshalb sollten sie auch? Kaufen Sie Feigensirup, wenn Sie keine Erdbeermarmelade finden.

Stromversorgung und Elektrizitätsgesellschaft

Die **staatseigene Elektrizitätsgesellschaft PLN** (Perusahaan Listrik Negara) ist darum bemüht, ihren **Service** zu verbessern. Wenn Sie persönlich bzw. telefonisch Hilfe anfordern, sollten Sie in der Lage sein, in *Bahasa Indonesia* Namen, Adresse und Telefonnummer durchzugeben sowie den Defekt kurz zu schildern.

In den **größeren Städten** wird PLN binnen Stunden auf Ihren Anruf reagieren. In der **Provinz** hingegen muß man manchmal persönlich im Büro vorsprechen, um der Reklamation Nachdruck zu verleihen. Sucht ein »**Blackout**« ein größeres Gebiet heim, wird man Sie meistens über den Stand der Dinge informieren. Beschränkt der Defekt sich auf Ihr Haus, wird der PLN-Angestellte Sie ein Arbeitsprotokoll unterschreiben lassen. Ein kleines **Trinkgeld** bzw. *wang rokok* (Zigarettengeld) ist zwar nicht unbedingt notwendig, jedoch willkommen, wobei Sie allerdings nicht übertrieben großzügig sein sollten.

Vor allem sollten Sie (falls Sie Wohnung oder Haus mieten) schon vor Ihrem Einzug klären, wann und an wen die **Stromrechnung** zu zahlen ist.

Sie sollten sich darauf gefaßt machen, daß die **Stromkapazität auf dem Lande** meistens sehr gering und oft auch schwankend ist. Sie sollten daher **Ihren Strombedarf auf ein Minimum beschränken** und sich freuen, wenn die Sicherung eine höhere Belastung aushält.

Weitere Informationen zur Stromversorgung finden Sie weiter unten (bei »Wohnungs- und Hausbesichtigungen«, unter dem Stichwort »Elektrizität«).

Becak, *die traditionellen öffentlichen Verkehrsmittel, wurden inzwischen aus den größeren Städten verbannt.*

Transportmittel

Wir wollen Ihnen einige der Transportmittel vorstellen, die Sie in der Stadt sowie auf dem Lande nutzen müssen oder können. **Doch einige Tips vorweg:**

• Die meisten **Überlandbusse** fordern feste Preise (die sich natürlich hin und wieder ändern), aber die Mehrzahl der **kleineren privaten Personentransportunternehmen** läßt je nach Fahrt über den Preis »mit sich reden«.

• **Zugfahrkarten** werden nur einfach gelöst. Manche Schwarzmarkthändler horten Stapel von Tickets, um sie in Zeiten der Konjunktur (zum Beispiel während der Ferienzeit) überteuert wieder zu verkaufen.

• Wenn Sie **weitere Reisen** mit lokalen Verkehrsmitteln planen, sollten Sie sich **gut vorbereiten**, zum Beispiel indem Sie sich bei Leuten informieren, die diese Strecke bereits zurückgelegt haben. Planen Sie **Pufferzeit** ein, um möglichen Verspätungen vorzubeugen, und nehmen Sie genügend **Geld** mit, um sich im Zweifelsfall »absetzen« zu können und schnell (eventuell mit einem Taxi oder Flugzeug) den Heimweg antreten zu können.

Becak

Das indonesische Fahr-Drei-Rad, die **Fahrrad-Rikscha** *becak*, wurde gesetzlich aus den größeren Städten verbannt, weniger weil man sich um die Lungen der sich abstrampelnden Fahrradkulis sorgte, sondern da sie angeblich den Verkehrsfluß behinderten. Sie finden sich aber noch in **kleineren Städten** und **größeren Dörfern**. Das *becak* ist ein zwar langsames, aber bil-

169

liges, bequemes und gemütliches Transportmittel. Wenn Ihr Weg kurz ist und Sie nicht allzusehr von Eile getrieben werden, sollten Sie ein *becak* nehmen.

Bemo

Eine weitere Transportmöglichkeit sind kleine, **für den Personenverkehr umgebaute Laster** (»Pick ups«). Der *bemo*, vergleichbar den Jeepneys auf den Philippinen, verkehrt **auf festgelegten Strecken nahezu rund um die Uhr**. Halten Sie ein *bemo* einfach mit Handzeichen an, und zahlen Sie den Preis für die Streckenabschnitte, die Sie zurücklegen wollen.
Beim *bemo* sitzen die Fahrgäste auf längs montierten Bänken Knie zu Knie einander gegenüber. Oft platzen die *bemo* nahezu aus den (Schweiß-) Nähten, und unter den Passagieren befinden sich häufig auch Hühner, Taschendiebe, kranke Kinder (und hin und wieder eine meckernde Ziege). Ein uns bekannter Ausländer wurde einmal während einer solchen Fahrt von einem neben ihm sitzenden jungen Mann »angemacht«, bis ihm schließlich nichts anderes übrigblieb, als sich das Ohr des ungebetenen »Verehrers« zu schnappen, es kräftig gegen den Uhrzeigersinn zu drehen und lächelnd vorzuschlagen: *Jangan!* (»Laß das!«)

»Colt«

Kleinbusse, im Volksmund »Colt« genannt, holpern in die verstecktesten Winkel und abgelegensten Dörfer Indonesiens. Sie transportieren alles: Kohl und Rüben, Ziegen und Kokosnüsse – und die Menschen, die diese Waren begleiten. Sie schwitzen, schlagen sich die Knochen an, fühlen Ihre Sitzkeulen wund werden – aber Sie schließen **innigsten Kontakt mit dem ländlichen Leben** und kommen immerhin schneller voran als zu Fuß.

Ojek

Ojek, die **Motorrad-Taxis**, sind immer häufiger zu sehen. Sie finden sie an Straßenkreuzungen und Bushaltestellen der Hauptstraßen. Dort bieten sie sich als **Transportmittel in die Dörfer** an. **Kenntnis der Landessprache und des ungefähren Preises** sind bei den Verhandlungen wichtig.

Taxis

Reden Sie sich ein, daß indonesische Taxis sicher sind. Das schont die Nerven und lenkt von der Tatsache ab, daß die Taxifahrer sich offenbar noch nicht darauf einigen konnten, welche Straßenseite zu benutzen ist, und daß Geschwindigkeitsbeschränkungen als völlig unverbindliche Anregungen gelten.

Trinkgelder sind freiwillig, werden jedoch erwartet. Der **Fahrpreis** wird in den **großen Städten** vom Taxameter berechnet, in den **kleineren Städten** (wo die Taxis meist aus umgerüsteten Privatfahrzeugen bestehen) müssen Sie den Fahrpreis in *Bahasa Indonesia* aushandeln.

Meist fahren die Taxis auf der Suche nach »Aufhaltern« umher, es finden sich aber inzwischen auch die ersten Telefon-»**Call-cars**«.

Halten Sie das **passende Fahrgeld** bereit, denn die Fahrer können (oder wollen) oft nicht wechseln. Zeigen Sie nach Möglichkeit die Adresse Ihres Ziels auch schriftlich vor, damit keine Mißverständnisse entstehen. Und werden Sie nicht unruhig, wenn sich der Fahrer mehrfach bei Dritten nach dem Weg erkundigt.

Überlandbusse

Diese völlig überladenen, schwarze Abgase speienden Ungetüme schlingern, mahlen und röhren von Stadt zu Stadt – vergleichsweise **schnell und billig**. Pinkel- und Eßpausen sind eingeplant. Es gibt allerdings auch eine »**Senatoren**«-**Klasse** unter den Überlandbussen, mit Klimaanlage, Video und Bordservice.

Unfälle: Die meisten geschehen im Haushalt

In Indonesien werden viele Ausländer wieder daran erinnert, daß das Zusammenspiel von nackten Füßen und nassem Boden tödlich enden kann, zum Beispiel wenn man an elektrischen Schaltern hantiert oder mit elektrischen Geräten arbeitet, die nur selten geerdet sind.

Hier ist jeder Mieter oder Hausbesitzer zwangsläufig ein Hobby-Elektriker. Leitungen sind am laufenden Meter zu kaufen, und die Auswahl an Schaltern, Buchsen und allem erdenklichen elektrischen Kleinkram überwältigt. Die Wahrscheinlichkeit ist groß, daß auch **Sie notgedrungen zum Handwerker werden** und sich dem munteren Treiben anschließen.

Leider folgen die Indonesier nur allzugern der gefährlichen Neigung, solch kleinere **Reparaturen** mit Hilfe von Zellophan, Klebe- und elastischen Bändern auf die Schnelle zu erledigen. Und danach werden die Stecker auch noch an der Schnur aus der Dose gezogen – mit »zündendem« Erfolg! Oder die Wäscherin bügelt trällernd die feuchte Wäsche – und das nackte Kabel sprüht Funken.

Wohnen

Indonesien verfügt über eine stetig wachsende Zahl von **Hotels internationalen Standards**, eine hinreichende Anzahl von **Familienhotels der Mittelklasse**, über einige wenige Unterkünfte, die entfernt an **komfortable Mietwohnungen** erinnern, und eine beachtlich hohe Zahl der **teuersten**

Miethäuser der Welt. In den Hotels von Jakarta und den anderen internationalen Hotels im Land lungern **Immobilienmakler** wie Jagdhunde herum.
Ehe Sie das Wort »Haus« oder »Wohnung« auch nur aussprechen können,
werden diese längst Ihre Spur aufgenommen und Sie aufgestöbert haben.
Unter den Ausländern sind jene »*Sundowner*-Whiskyglas-Klimper-Ge-
schichten« sehr beliebt, die von Küchen erzählen, die nur durch einen tage-
langen Fußmarsch vom Haupthaus aus zu erreichen sind, und von Schlaf-
zimmern, deren Türen allesamt ins Freie führen. Zum Glück finden sich aber
auch **Häuser, die nicht nur groß genug, sondern deren Räume auch so
aufgeteilt sind, daß sie selbst den Ansprüchen verwöhnterer westlicher
Ausländer genügen** – und deren monatlicher Mietpreis Sie nicht zum
Riechfläschchen greifen läßt.

Wohnen auf dem Land

Bei der Frage der Unterkunft sollten Sie pragmatisch von zwei Standards
ausgehen: von Jakarta und dem »Rest des Landes«. **Die Mieten in der Provinz liegen wesentlich niedriger.** Allerdings sind hier die Häuser meistens
kleiner als in der Stadt und viele architektonische **Zwitter aus indonesischem und westlichem Stil.**
Dies bedeutet konkret, daß sie über ein angebautes **Bad** und eine Küche verfügen. Die meisten länger in Indonesien lebenden Ausländer lassen sich
zusätzlich Stehtoilette, Badewanne, Dusche und Heißwasserboiler installieren, sofern der Platz es zuläßt. (Handtücher werden übrigens fast immer
außerhalb des Badezimmers aufgehängt und aufbewahrt.)
Eine im westlichen Sinne betriebsfertige **Küche** herzurichten bedeutet in
den meisten Fällen, einen Küchenschrank aufzustellen, ein Spülbecken zu
installieren und Platz für einen Kühlschrank und einen (westlichen) Herd zu
schaffen. Indonesier bewahren ihre Küchenutensilien in Regalen auf, und da
sie täglich frisch einkaufen, benötigen sie auch kaum Lagerplatz für Lebensmittel.

»Ausländer-Ghettos«

In **Jakarta** leben sehr viele Ausländer in Menteng (in der Nähe des
Geschäftsbezirks) und in den »Vororten« Kebayoran Baru, Kemang,
Kemang Indah, Simpruk, Pertamina Oil Village, Kuningan und Permata
Hijau. Hier vermischen sich Indonesier der mittleren und höheren Einkom-
mensschichten mit der Ausländergemeinde.
Die Gebiete im Süden – Cilandak, Cipete, Pondok, Indah, das Country-
Woods-Wohngebiet und Bintaro – liegen zwar näher an der Internationalen
Schule von Jakarta, aber man benötigt je nach Verkehrsdichte bis zu 90
Minuten, um in die Innenstadt, zu den Botschaften und in das Geschäftszen-
trum zu gelangen.

Die traditionelle Wohnweise war ökologisch, luftig, kühlend und schützte vor
natürlichen Feinden.
(Hier: Haus in Lam Pisang bei Banda Aceh in Nordwest-Sumatra)

Wohnungs- und Hausbesichtigungen

Achten Sie besonders auf die folgenden Einzelheiten, wenn Sie ein Haus
oder eine neue Wohnung in Augenschein nehmen:

Elektrizität: Seit 1945 werden die **Städte** mit Strom versorgt. Allerdings
ging diese Entwicklung recht ungleichmäßig voran. Sie sollten sich daher
nicht wundern, wenn Sie in Ihrem Haus einen **220-** *und* einen **110-Volt-**
Stromkreis vorfinden! Aber man bemüht sich landesweit um eine einheit-
lich auf 220 Volt basierende Stromversorgung, eine ausreichende, störungs-
freie Energieversorgung und die Verbesserung des Service.
Obwohl plötzliche **Stromausfälle** heute immer seltener vorkommen, sollten
Sie sich für Notfälle mit Kerosinlampen, Kerzen und Taschenlampen aus-
statten. Weiterhin sollten Sie die Anschaffung von Stromregulatoren erwä-
gen, um Ihre elektrischen Geräte vor **Spannungsabfällen** zu sichern.
Gekocht wird meistens mit **Gas**, das in Flaschen zu beziehen ist. Inzwischen
sind in den größeren Städten aber zunehmend auch Mikrowellenherde zu
finden.

»Gefräßige Mitbewohner«: Häufchen von sehr feinem Sägemehl und Holz, das sich leicht mit dem Daumen bearbeiten läßt, weisen auf die Anwesenheit von *rayap*, **Termiten,** hin. Überlegen Sie sehr wohl, ob Sie in Ihrem Haus den regelmäßigen Einsatz der Chemiekeule wünschen oder ob Sie sich besser gleich nach einer anderen Unterkunft umsehen sollten.

Installationen und Abwässer: Betätigen Sie die **Toilettenspülung** und kontrollieren Sie den **Wasserdruck** an allen Hähnen in Ihrem zukünftigen Heim. Da in Indonesien die **Kanalisation** kaum ausgebaut ist, müssen sich die meisten Hausbesitzer auf **Sickergruben** verlassen, die von Zeit zu Zeit von Pumpwagen der JINJA (einer kommunalen Dienstleistung) geleert werden müssen. Der Tankinhalt wandert fast immer ungeklärt in die Flüsse.

Lage von Wohnung/Haus: Gehen Sie nicht von der im Stadtplan verzeichneten Luftlinie aus, sondern **erkundigen Sie sich genau nach dem Verkehrsfluß in den Hauptgeschäftszeiten.** Nur so werden Sie wissen, wie weit es tatsächlich zu Ihrem Arbeitsplatz bzw. zur Schule ist. Langschläfer sollten bei der Lage der Wohnung einen **Sicherheitsabstand zu Moscheen** wahren: Die mit Lautstärkern übertragenen Gebete beginnen allmorgendlich um 4.30 Uhr!

Moskitos: Als einfachster Schutz vor Moskitos dienen **Fliegengitter.** In den meisten größeren Städten besteht kaum mehr die Gefahr, an **Malaria** zu erkranken, da Moskitos, die diese Krankheit übertragen, sich bevorzugt in Reisfeldern und brackigem Wasser vermehren. Auf **Bali** finden sich die Brutstätten der Malaria-Überträger entlang der ganzen Küste. Achtung: Moskitos übertragen nicht nur Malaria, sondern auch andere gefürchtete Krankheiten.

Nachbarschaftspflichten: Als neuer Bewohner der Nachbarschaft müssen Sie sich **beim RT (Rukun Tetangga) melden** *(lapor).* (Der RT ist der gewählte Vorsitzende der Nachbarschaftsorganisation.) Dies sollten Sie so bald wie möglich nach Ihrem Einzug erledigen und die Angelegenheit auf keinen Fall länger als einen Monat hinausschieben. So unterschiedlich Engagement und Effektivität der RTs auch ausfallen mögen, sind sie doch in jedem Fall die Schlüsselpersonen für alle Angelegenheiten der Nachbarngemeinde.

Pflichten des Hausbesitzers: Klären Sie vor Ihrem Einzug genau ab, **was in der Miete enthalten ist.** Wer trägt die **Nebenkosten** und/oder **Reparaturen** am Haus? Manche Häuser werden möbliert bzw. teilmöbliert vermietet. In Indonesien ist der Begriff »unmöbliert« sehr konsequent auszulegen – manche Mieter mußten gar die Lichtleitungen legen.

Reparaturen: Es ist durchaus üblich, durch **Mieteinbehaltung** (manchmal über mehrere Jahre) den Vermieter zu veranlassen, versprochene Reparaturen oder sonstige Arbeiten am Haus durchzuführen.

Sicherheit: Leider sind **vergitterte Fenster und Türen** notwendig. Sie sollten den Zugang zum Dach sorgfältig unter die Lupe nehmen, den Zustand von Zäunen und Türen prüfen und sich die Hofbeleuchtung ansehen. Die meisten Hausinhaber heuern einen **Nachtwächter** *(jaga malam)* an, und der RT sorgt in der Regel für **Wachstreifen**, die von der Nachbarschaftsorganisation bezahlt werden und das Wohngebiet nachts kontrollieren. Viele Bewohner halten Wachhunde und lassen überdies **Alarmsysteme** einbauen. **Einbruch und Diebstahl** sind in allen sozialen Bereichen ein großes Problem, ganz besonders jedoch in den Städten.

Telefon: Das **Warten auf Telefonanschlüsse** (rechnen Sie in Lichtjahren!) gibt immer wieder Anlaß zu Klageliedern. Fairerweise muß aber gesagt werden, daß die Regierung sich sehr um den Ausbau der Kommunikationssysteme bemüht. So hat zum Beispiel der *Palapa*-Satellit für viele Regionen Verbesserungen bedeutet. Und mittlerweile sind in den **Städten** auch **öffentliche Telefonzellen** zu finden.
Die **Telefonnummer** wird im allgemeinen unter dem Namen des Hausbesitzers verzeichnet. Daraus ergeben sich **zwei Probleme**: Mieten Sie ein Haus, ist die Nummer nicht unter Ihrem Namen zu finden; und Sie erhalten möglicherweise Anrufe, die nicht Ihnen, sondern dem Hausbesitzer gelten, den Sie womöglich nicht einmal kennen.
Ihre **Telefonleitung** hat viele Feinde: die schweren Monsunregen, Blitzeinschläge, Nagetiere, umstürzende Bäume. Mitunter überkreuzen sich auch die Leitungen, so daß Sie gleichzeitig verschiedenen Unterhaltungen in unterschiedlichen Sprachen lauschen können. Ein kleiner Trost: Der **Stördienst** wurde verbessert.
Wenn Sie in **ländlichen Gebieten** ein Haus mieten, in dem noch kein Telefon installiert ist, stehen Ihre Chancen schlechter. Denn ein neues Telefon verlangt Zeit – Geld – Beziehungen. Sie werden sich höchstwahrscheinlich auf die Telefonapparate der Nachbarn, Ihrer Firma oder von Hotels verlassen müssen.

Unterbringung der Hausangestellten: Hausangestellte sollten weitgehend **separat wohnen** können, mit eigenem Eingang und eigenen Bade- und Kochmöglichkeiten.

Wasserversorgung: In den **Städten** werden manche Häuser vom städtischen Wasserwerk versorgt, andere besitzen eigene Brunnen mit elektrischen oder Handpumpen. Die meisten Häuser verfügen über Wassertanks zur Vorratsfassung.

In den urbanen Gebieten Indonesiens sind nahezu alle natürlichen Wasserquellen (umwelt-) verschmutzt. Angesichts dessen erschreckt die Tatsache, daß ein Großteil der städtischen Bevölkerung das Flußwasser zugleich zum Baden, Waschen, zur Abfall-»Entsorgung« und als Kloake benutzt. Seit kurzem ist, als Alternative zum abgekochten Wasser, **Trinkwasser** in Flaschen erhältlich. Möglichkeiten, das Wasser auf seinen Sauberkeitsgrad hin untersuchen zu lassen, sind äußerst rar.

10
Kulturschock

Brückenschlag statt Entfremdung

Reisekrankheiten

Es sind **im wesentlichen drei Krankheiten**, die den Reisenden befallen können. Zwei von ihnen, *Jet-lag* (Zeitumstellungsprobleme bei Fernflügen) und **Magenbeschwerden**, sind derart verbreitet, daß sie kaum der Erwähnung wert sind. Gerötete Augen, schwarze Augenringe und der »Hopplahopp«-Schlafrhythmus sind bekannte Symptome und entschuldigen die Stimmungen des Patienten: Trübsinn, schlechte Laune, Reizbarkeit und Erschöpfung. Von Magenbeschwerden geplagte Reisende sprechen wie selbstverständlich mit Fremden und Mitreisenden über ihre Darmprobleme und drohende Durchfall-Attacken. Und meistens können sie auf das mitleidende Verständnis des Zuhörers rechnen. Anders jedoch steht es mit dem **Kulturschock:**

177

Der Kulturschock berührt die Gefühlswelt, und seine Merkmale bestehen in Verwirrung, Angst, Wut, Weinerlichkeit, aggressiver »Frustrationskompensation« und/oder auch dem Gegenteil – wehleidigem Verkriechen ins Schneckenhaus. All dies sind Gefühlsaufwallungen, die die Umwelt belasten.

Mutmaßungen über den Kulturschock

Die **Krankheits- und Genesungsgeschichte des Kulturschocks** läßt sich in **vier Phasen** einteilen:

• Die **euphorische Kontaktphase**, in der wie während der Flitterwochen alles durch die rosarote Brille wahrgenommen wird.
• Die **Ernüchterungsphase**, wenn die Fänge und Zwänge des Alltags nach einem greifen. Die Ernüchterung kann in Aggressivität umschlagen, wenn Hilflosigkeit und Unverständnis zusammentreffen.
• In der dritten Phase schließt der Fremde **Kompromisse mit der Realität**, zähneknirschend – oder eine neue Welt entdeckend.
• Schließlich setzt die **eigentlich wichtige Phase** ein: **Überlebt der Fremde lediglich, um so bald wie möglich abzureisen, oder beginnt er neugierig offen und freundlich, diese neue Welt zu entdecken?**

Wir neigen natürlich dazu, unsere »Betriebsblindheit«, unsere **Verfangenheit in der eigenen Kultur**, zu unterschätzen. Wir sind verschanzt in der Sicherheit, in der »festen Burg« unserer kulturellen Identität, und nehmen das Fremde, Exotische im freundlichen Sinne als »bemerkenswert, interessant oder bezaubernd« wahr; oder als »anders«, was häufig auch »falsch« meint. Das Lächeln verkrampft sich allmählich, wenn sich im Alltag die Begriffe »bemerkenswert« zu »bedrängend«, »interessant« zu »lästig« und »anders« zu »anstrengend« verwandeln.
Fühlt der Fremde sich in einer verwirrenden Situation gefangen, ohne genau zu begreifen, was ihm widerfährt, erweist das **Handwerkszeug der Alltagsbewältigung** sich als untauglich – dann schlägt der Kulturschock zu.
Der Kulturschock ähnelt jenen Empfindungen, die zur Gänsehaut führen, man fühlt sich gepackt, wehrlos und schüttelt sich in Abwehr. Alle Verhaltensweisen, die während des kulturellen Lernens in der Heimat erworben wurden, greifen nicht mehr.

Denkweisen überdenken

Die **westliche Denkweise** gilt als logisch, linear, zielorientiert, »geradeaus« nach dem Motto: »Die Gerade ist die kürzeste Verbindung zwischen zwei Punkten.« Dieses Denken ist zudem geprägt von weiteren »-Ismen«: Materialismus, Funktionalismus, Strukturalismus etc.

178

Mittel gegen den Kulturschock:
Entdecken des indischen Kultureinflusses (hier: Borobodur, Zentral-Java)

Die **Indonesier hingegen** nähern sich Problemen eher von einer gefühls-
mäßig-intuitiven Seite. Das zu lösende Problem verändert sich ständig – und
somit auch der Wahrnehmungswinkel. Das erkenntnisleitende Interesse dieser Denklogik richtet sich nach folgenden Fragen: Wie wird die Harmonie
des Äußeren gewahrt? Was dient der Übereinstimmung der Gruppe, was
läuft ihr zuwider? Die westliche Logik gilt oft als gewaltsam, korsetthaft, die
sanften Regeln der sozialen Übereinkunft mißachtend.

Der Zeitplan des Kulturschocks

Der Kulturschock scheint **nahezu immer nach einem Zeitplan von sechs
Monaten** zu verlaufen, während derer der **Spannbogen der Empfindungen** in einer Achterbahnfahrt von schwindelnder Höhe in gähnende Tiefe
und wieder nach oben führt. (Sollten Ihre Krankheitssymptome sich nach

179

einem anderen Terminplan richten – Ausnahmen bestätigen womöglich auch hier die Regel –, so dividieren Sie die Gesamtzeit durch sechs.)

Vorfreude

• **Verhalten:** Planen, packen, Abschied feiern.
• **Einstellungen:** Vorerwartung auf das Neue, Abwenden von bislang Vertrautem.
• **Empfindungen:** Begeisterung und aufgeregte Vorfreude, gelegentlich auch die Kehrseite: Zukunftsängste, Gefühl der Entwurzelung, Heimatlosigkeit o.ä.
• **Reaktionen des Körpers:** Streß, Erschöpfung, herrührend sowohl aus der Hektik der technischen Vorbereitungen als auch aus der »manisch-depressiven« Widersprüchlichkeit der Empfindungen (Vorfreude – Zukunftsängste).

Erster Monat: »Honeymoon«

• **Verhalten:** Sie erleben eine Fülle an Neuem, Unbekanntem, Aufregendem. Die Sinne sind hellwach und aufnahmebereit.
• **Einstellungen:** Sie sind positiv voreingenommen. Alle Probleme schmelzen dahin in der Sonne der Freundlichkeit, die Ihnen entgegenstrahlt.
• **Empfindungen:** Sie wittern eine neue Aufgabe *(challenge and response)*. Sie haben einen Überseekoffer voller Ziele, Hoffnungen und Erwartungen mitgebracht. Sie sind Tourist und Kundschafter.
• **Reaktionen des Körpers:** Beim Höhenflug des Geistes bleibt der Körper allerdings bleiern am Boden. Die Hitze raubt Ihnen die Energie zur Ausführung von Großtaten, das scharfe Essen verursacht Magenverstimmungen, und zu guter Letzt ereilt Sie auch noch »Montezumas Rache« (Durchfall).

Zweiter Monat: Der veruntreute Himmel

• **Verhalten:** Sie kommen in Ihren Sprachstudien nur mühsam voran, die Luftfeuchtigkeit drückt schwer auf das Gehirn. Erstmals zeigt sich die Last der alltäglichen Probleme: Die Telefonleitung ist unterbrochen, das Auto hat seine erste Beule, eine Schlange im Garten läßt Ihnen die Haare zu Berge stehen, Küchenschaben krabbeln die Wände hoch, und der betörende Orchideenduft, der alles einzuhüllen schien, steigt mit einemmal als widerlicher Gestank in die Nase.
• **Einstellungen:** Skepsis vergiftet Ihre reinen Gefühle. Wird das verschiffte Gepäck noch vor der nächsten Eiszeit eintreffen? Wie kann man nur ohne warmes Wasser baden und duschen? Wer hat beim Renovieren sogar die toten Fliegen am Fensterrahmen überstrichen?

Mittel gegen den Kulturschock:
Entdecken der islamischen Kultur
(hier: Baiturrahman-Moschee, Nordwest-Sumatra)

• **Empfindungen:** Sie werden nervös, unsicher und ruhelos. Was haben Sie hier überhaupt verloren? Sie fliehen in die Geborgenheit des Vertrauten, verkehren nur noch in der Ausländergemeinde und sehnen sich nach gewohntem Essen (»Ein Königreich für einen Zwiebelrostbraten mit Spätzle!«). Oder Sie ziehen sich völlig zurück, denn bei diesen Verkehrsverhältnissen würde jeder Schritt außer Haus akute Lebensgefahr bedeuten!
• **Reaktionen des Körpers:** Erkältungen, Kopfschmerzen, Tropenmattigkeit, unspezifische Krankheitsgefühle zu bestimmten Tageszeiten. Dazu tritt die zwanghafte Neigung, allen von Ihrem Durchfall zu erzählen, so als wären Sie von einer äußerst seltenen, todbringenden tropischen Krankheit befallen.

Dritter Monat: Die Hölle auf Erden

• **Verhalten:** Sie brechen den Sprachkurs ab, verschanzen sich in den eigenen vier Wänden oder im Botschaftsklub, werden gar zum heimlichen Trinker, weil Sie nur am Whiskyglas festen Halt zu finden glauben.

181

• **Einstellungen:** Sie sind mutlos, reizbar und hyperkritisch. Sie entwickeln zum eigenen Erschrecken rassistische Gefühle. Sie übernehmen die dümmlichen Stereotypen und Vorurteile der blasierten und isolierten Ausländergemeinde. In Ihren Gesichtszügen zeigt sich jener starre Tropenkoller-Blick, der die allgegenwärtige Angst ausdrückt, bestohlen, betrogen, vergiftet oder tätlich angegriffen zu werden.
• **Empfindungen:** Sie fühlen sich »ausgepowert«, ausgebrannt. Die Freunde enttäuschen, weil sie Ihrem Klagelied nicht mehr lauschen. Sie mißtrauen den Hausangestellten, fühlen sich verfolgt in den eigenen vier Wänden. Sie leiden unter einem Hygienefimmel: »Ob man wohl die Luft abkochen kann?«
• **Reaktionen des Körpers:** Allgemeines Krankheitsgefühl, vollkommene Ermattung, Sehnsucht nach Heimaturlaub oder endgültiger Rückkehr.

Vierter Monat: Erste Wehen der Wiedergeburt

Die »Seelen-Akkus« laden sich wieder auf. **Kleine Energiefunken** führen zum wiedererwachten Interesse an der Umwelt (»Rate mal, was ich gestern auf dem Markt entdeckt habe!«). Soziale Kontakte bilden sich neu oder beleben sich wieder.

Fünfter Monat: Phönix aus der Asche

• **Verhalten:** Sie nehmen Ihre Sprachstudien wieder auf. Arbeit und Alltag gehen leichter von der Hand. Gekonnte Routine setzt ein, die Ziele sind abgeklärt, und Sie schmieden auch privat Pläne. Am nächsten Wochenende wollen Sie einen Ausflug zum Toba-See unternehmen.
• **Einstellungen:** Ihre Sichtweise ist konstruktiv und positiv, Ihr Verhalten im asiatischen Sinne kompromißbereit.
• **Empfindungen:** Sie spüren wieder Boden unter den Füßen, ein Alp ist von Ihrer Seele genommen.
• **Reaktionen des Körpers:** Normal.

Sechster Monat bis zum Ende des Aufenthalts: Daheim in der Fremde

• **Verhalten:** Das Leben läuft »wie geschmiert«, und Sie erfreuen sich mit angenehmen Unterbrechungen des Alltags. (»Nächsten Monat findet in Bali ein großes traditionelles Fest statt – da fahren wir hin!«)
• **Einstellungen:** Stabil.
• **Empfindungen:** Sie nehmen die Sorgen und Nöte des Alltags gelassen hin nach dem Motto: »Na, heute geht aber mal wieder alles schief!« Ihre Uhr ist stehengeblieben und deshalb ein Termin geplatzt. Der Monsunregen drückt bereits vom Toilettenabfluß hoch ... Oder drücken wir diese Gelassenheit

positiv aus. »Es ist mir gleichgültig, ob die Wäscherin die Handtücher wie Origami-Figuren faltet, Hauptsache, die Tücher sind sauber.«

• **Reaktionen des Körpers:** *Mens sana in corpore sano* – In einem gesunden Körper ruht ein gesunder Geist.

Abschiedsschmerz und Vorfreude

Wenn Sie Ihre Zelte abbrechen, sich im Geiste bereits auf Ihre »alte« Lebenssituation vorbereiten und natürlich auch auf daheim freuen – dann werden Sie wohl auch gelegentlich innehalten und sich vielleicht schmerzhaft bewußt werden, was Sie zurücklassen: das Land, in dem Sie eine **wesentliche und aufregende Selbsterfahrung** gemacht haben, nämlich die **Überwindung des Kulturschocks**.

Anti-Kulturschock-Quiz

Wenn Sie die psychologische Phasenbeschreibung des Kulturschocks (Euphorie, Schock, Anpassung, Eingliederung) zu trocken anmutet, dann nehmen Sie doch einfach am folgenden Spiel teil. **Wenn Sie bei mindestens der Hälfte der Punkte zustimmend nicken, sind Sie auf dem besten Wege, sich in Indonesien wohl zu fühlen.**

• Sie bewegen sich bereits mit weichem asiatischen Hüftschwung und glauben nicht mehr daran, daß Zeit Geld bedeutet.

• Sie drehen sich zufrieden murmelnd um und schlafen seelenruhig weiter, wenn der Muezzin zum ersten Morgengebet ruft.

• Sie kichern, während Sie Ihrer Familie mitteilen, einen kleinen Autounfall verschuldet zu haben.

• Sie bestellen im Restaurant Chilisauce nach.

• Sie verbringen von Durchfall geplagt eine peinigende Nacht auf der Toilette, angestrengt die Kacheln zählend, und vergessen am nächsten Morgen völlig, Ihr Leiden zu erwähnen.

• Sie sind zu einem festlichen westlichen Abendessen eingeladen und wundern sich, warum nicht nur Schüssel, Gabel und Löffel aufgedeckt sind.

• Während Ihres Heimaturlaubs drücken Sie all Ihren Gästen, die zur Toilette streben, Papiertaschentücher in die Hand.

183

• Sie erzählen eine brüllend komische Geschichte über die Fettnäpfchentritte eines Ausländers und vergessen dabei ganz zu erwähnen, daß Sie dieser Ausländer waren.

• Beim Autofahren ziehen Sie den frischen Fahrtwind der Klimaanlage vor.

Freunde gewinnen

In der Heimat sind Freunde ein gewachsener Teil der natürlichen sozialen Bindungen. In der Fremde, besonders unter den Bedingungen des Kulturschocks, sind sie möglicherweise ein **Rettungsring**, der Ihnen vorerst aber zugeworfen werden muß. Sie müssen Freunde, ausländische wie indonesische, zunächst also **selbst gewinnen**.

Eingewöhnung mit Familie

Als Einzelgänger können Sie den Kulturschock als Psychotest, Grenzwerterfahrung, eben als persönliche Herausforderung begleifen. Wenn Sie mit Familie nach Indonesien reisen, nimmt dieses »Problem« komplexere Ausmaße an.

Kinder

Natürlich suchen Kinder bei ihren Eltern Unterstützung und Antworten. Eltern von **Kleinkindern**, die während der Umzugsvorbereitungen die Veränderung noch nicht bewußt zu erleben vermochten, sollten sich jetzt darauf einstellen, ihnen den **Grund des Aufenthalts** zu erklären.
Dies ist besonders wichtig, wenn das Kind den Umzug als Verlust an Geborgenheit erfährt. Bereiten Sie sich darauf vor, **Fragen über das fremde Land beantworten** zu müssen. Ihre Fähigkeit, seine Neugierde zu stillen und auf seine Fragen einzugehen, wird das Kind beruhigen und positive Erwartungen wecken.
Die Kinder müssen sich in einer neuen **Schule** zurechtfinden und mit **Klassenkameraden** auskommen, die anders aussehen und sprechen. **Neuankömmlinge** haben es stets schwer, sich in bestehende Cliquen und die »Hackordnung« einzugliedern. Um einen Freund zu besuchen, müssen häufig aufwendige Transportvorbereitungen getroffen werden, wobei Mütter oder Hausangestellte als Chauffeur dienen. Für Kinder, die in kleinen Städten oder überschaubaren Stadtteilen aufgewachsen sind, mag dies eine grundlegende Umstellung bedeuten.
Das **Verhältnis der Hausangestellten zu Kindern** ist meistens von Zuneigung und Vertrauen gekennzeichnet. Sie sollten allerdings wissen, daß **indonesische Erziehungsmethoden sich sehr von westlichen unterschei-**

Mittel gegen den Kulturschock:
Entdecken der Folklore und klassischen Kunst (hier: javanischer Tanz)

185

den. Indonesische Kleinkinder können fast nichts »falsch« machen. Sie werden beschützt und ihr Verhalten wird entschuldigt, erklärt und hingenommen. Wird der Bogen überspannt, versucht man versöhnlich entgegenzuwirken, etwa mit Leckereien, Ablenkung oder anderen kleinen Aufmerksamkeiten. Die härteste pädagogische Maßnahme ist es, mit Geistern zu drohen. Kinder durchleben in Indonesien **bewußtseinsverwirrende Erfahrungen**. Situationen und Verhaltensweisen, die daheim als ungefährlich galten und akzeptiert wurden, lösen mit einem Male schrille Alarmglocken und strikte Verbote aus. Leitungswasser zu trinken und Obst zu essen ist plötzlich begleitet von Warnungen vor Bazillen, Würmern und anderen Krankheitserregern.

Das kleine Kind, das gerade zu sprechen beginnt, bemerkt, daß die anderen Bewohner des Hauses es nicht verstehen. Schlimmer ist jedoch, daß sogar die eigenen Eltern die fremde Sprache sprechen. Ein kleines Mädchen aus unserem Bekanntenkreis wünschte sich sehnlich ein Tomaten- und ein Marmeladenbrot. Die Köchin brachte ihm ein Marmeladenbrot mit Tomatenbelag – Kulturschock auf beiden Seiten, häufig mit der Folge, daß sich das Kind verstockt und trotzig eine Weile einkapselt.

In Indonesien lebende ausländische Kinder lernen sehr schnell, daß ein Hausangestellter fast nie »nein« sagt. Als eine europäische Mutter ihren kleinen Sprößling mit einem scharfen Küchenbeil spielen sah und entsetzt das Hausmädchen fragte, warum es dem Buben ein derart gefährliches Spielzeug gegeben habe, lautete die schlichte und logische Antwort: *Dia mahu!* (»Er wollte es haben!«)

Für viele kleine Kinder sieht das indonesische **Essen** ungewohnt und sonderbar aus, es schmeckt und riecht nicht »richtig«. Möglicherweise fühlen sie sich gezwungen, diese seltsamen Speisen zu essen, um damit ihre indonesischen Freunde zu beeindrucken. Fern sind die Delikatessen des europäischen Kinder-Schlaraffenlandes: »Schnipo« (Schnitzel mit Pommes frites und Ketchup) und Hamburger.

Wenn Sie in eine **abgelegene Gegend** ziehen, kümmern Sie sich rechtzeitig um die **Ausbildungsmöglichkeiten**. Es gibt **internationale Schulen**, die über das ganze Land verteilt sind. In **Jakarta** finden Sie die meisten und größten. Es handelt sich bei diesen aber nicht um Internatsschulen, die Ihnen die gesamte formale Ausbildungsfürsorge abnehmen.

Man benötigt keinen wissenschaftlichen Sachverstand, um zu wissen, daß es problematisch ist, **Teenager** während der Schulzeit aus ihrer vertrauten Umgebung herauszureißen. Für halbwegs selbständige junge Menschen wäre es sicher eine sehr verlockende Vorstellung, während der Schulzeit unabhängig (ohne elterliche Aufsicht) zu sein und die Ferien bei den Eltern im »exotischen« Indonesien zu verleben Wollen Sie Ihre Teenager-Familienangehörigen mit nach Indonesien nehmen, sollten Sie sich zuvor **einige spezifische Probleme** vor Augen halten. Zur möglicherweise vorhandenen pubertären Unsicherheit tritt verstärkend die **Außenseiter- bzw. Auslän-**

derrolle. In seiner positiven Auslegung heißt dies, daß der junge Ausländer als Repräsentant seines Landes, der Firma seines Vaters und seiner Familie gilt und so in die Pflicht genommen wird – eine Zumutung für einen jungen rebellischen Geist im Generationenkonflikt, der sich »abnabeln« will, um endlich selbständig zu werden. Ein westlicher Jugendlicher wird in Indonesien kaum Möglichkeiten für einen Ferienjob finden, wodurch ihm neben der Aufstockung des Taschengeldes vielleich auch eine wichtige soziale Erfahrung entgeht. Der Besitz eines Autos als vermeintliches Sinnbild von Freiheit und Unabhängigkeit liegt in Indonesien noch aus Kosten- (und Gefahren-) Gründen für Jugendliche in unerreichbarer Ferne, während dies im Westen häufig genug einen zwanghaften Fetisch des »Erwachsenseins« bedeutet – ein Problem, das Eltern im Einzelfall wohl am besten selbst einzuschätzen vermögen.

Rolle des Ehemannes und Vaters im Ausland

Es locken verschiedene Gründe, eine Arbeit in Übersee anzunehmen: Karriereförderung, Berufserfahrung unter extremen Bedingungen, Abenteuerlust oder schlicht Mangel an Stellenangeboten in der Heimat. **Die Arbeits- und Lebensbedingungen in Indonesien fördern nicht unbedingt das Ansehen und die Stellung des Mannes in der Familie.** Die belastende Arbeit unter tropischen und unbekannten Bedingungen hinterläßt oft nur mehr Erholungsbedürfnis und die Unfähigkeit, auf die Anpassungsprobleme der Familie im fremden Land verständnisvoll einzugehen. Leicht geschieht es dann, daß der Vater, der um seiner Karriere willen die Familie hierher »verschleppt« hat, als Buhmann für alle möglichen Probleme herhalten muß. Andererseits bietet die spannende Erfahrung des Lebens in »exotischer Fremde« einer Familie auch die Chance, einander näherzukommen, aus gemeinsamer Erfahrung auch gemeinsame Kraft zu schöpfen.

Rolle der Ehefrau und Mutter im Ausland

In den meisten Fällen wird der Mann das Haushaltseinkommen verdienen. Dies bedeutet, daß die Ehefrau und Mutter auf sehr **konservative Aufgaben** zurückverwiesen ist: »Guter Geist« der Familie, ausgleichendes, vermittelndes Zentrum, Haushaltsorganisatorin, Chauffeuse, Innenausstatterin, Sekretärin, Krankenschwester etc.
Wir wollen hier keine »Anleitung für die tugendhafte und tüchtige Hausfrau« im Stile des 19. Jh. abfassen, aber immerhin einige Hinweise anbieten, die wir Ihrer kritischen Überprüfung überlassen.
Eine deutsche Freundin führte ihre Probleme einmal zur tragik-komischen Erkenntnis: »Mein Mann ist im Geschäft, die Kinder sind in der Schule – ich aber bin in Indonesien.« Tatsächlich ist die Ehefrau und Mutter diejenige, die den **vielfältigsten Kontakt zum fremden Land** besitzt. Sie erleidet

ihren »Kulturschock«, wenn sie hektisch nach Möbeln und Vorhängen sucht und der Ladenbesitzer, der ihre Terminnot verspürt, ihr warmherzig die Lieferung binnen Stunden verspricht – um sie dann zwei Wochen warten zu lassen. Sie muß die **Landessprache** am besten beherrschen, um die Haushaltsangelegenheiten mit Lieferanten, Handwerkern und Hausangestellten zu regeln. Eine Ehefrau findet in Indonesien nur sehr **begrenzte Arbeitsmöglichkeiten.** Wollen Sie Ihre berufliche Karriere ausbauen und einem aktiven Berufsleben nicht den Rücken kehren, so sollten Sie sich die Folgen eines längeren Aufenthalts in Indonesien deutlich vor Augen führen. Neben der Hausfrauentätigkeit verbleibt es Ihnen im wesentlichen, sozialen und kulturellen Freizeitbeschäftigungen nachzugehen, worin viele Frauen auch tatsächlich eine pseudo-professionelle Betriebsamkeit entfalten.

Als Single in Indonesien

Alleinstehende menschliche Wesen, die diesen Zustand auch noch aus Überzeugung vertreten, treffen in Indonesien auf **Unverständnis**. Wie bereits erwähnt, liegt für Indonesier im Ledigsein der Sinn, es möglichst bald nicht mehr zu sein. Deshalb müssen Sie allzeit mit der besorgten Frage rechnen: »Warum noch nicht?« Man/frau tut es einfach – es ist wie ein Naturgesetz. Berufliche Entschuldigungsgründe stoßen auf Skepsis.

Für die zahlreichen in Indonesien lebenden und arbeitenden ausländischen **Singles männlichen Geschlechts** gestaltet sich das Leben recht komfortabel, mag ihr Seelenfriede auch beeinträchtigt werden durch die bohrende Neugier, den Grund für den Junggesellenstand zu erfahren. Die Möglichkeiten, gelegentliche Bekanntschaften zu schließen, sind sicherlich nicht allzu begrenzt. Und Waschsalon und »Fast Food« als Merkmale des Junggesellendaseins in der Heimat heißen hier Wäscherin und Koch.

Was alleinstehende **Frauen** betrifft, so ist es unter Indonesierinnen, obwohl sie in vieler Hinsicht sehr selbständig und selbstbewußt auftreten, kaum üblich, allein durch die Welt zu reisen oder allein im Ausland zu arbeiten. Eine junge ledige Ausländerin mag, obgleich hochqualifiziert und berufserfahren, Mühe haben, die ihr zustehende Anerkennung zu finden. Möglicherweise benötigt sie einen Mann als »Trojanisches Pferd«. Wir kennen eine im Gesundheitswesen tätige junge Frau. Obwohl von westlichen Kollegen sehr geschätzt, stellte sie einen Indonesier ein, der sie bei Terminen mit lokalen Behörden vertrat. Wesentlicher leichter kommen Frauen zurecht, die sich schon vor ihrer Reise intensiv mit **Sprache und Kultur** beschäftigt haben und sich als Kennerin von Land und Leuten hohen Respekt erwerben.

Privatsphäre

Eines der »heißesten« Themen für Ausländer in Indonesien ist ihre Privatsphäre, der von unserem westlichen Begriff des Individualismus nicht zu

Integrationshilfe Kultur

trennende persönliche Schutz- und Freiraum. Zu ihm zählen die Möglichkeit, sich in seine eigene Klause zurückzuziehen, das Vermeiden allzu »intimen« Körperkontakts und der Wunsch nach einer »privaten Aureole« auch in der Gruppe. Beim Reisen ist ein persönlicher Sitzplatz selbstverständlich, ein überfüllter Fahrstuhl oder mit mehr als vier Personen besetzter PKW lösen Klaustrophobien aus. Gruppen im Freibad, am Strand (Sandburgen!) oder im Park halten abgezirkelten Abstand.

In Indonesien dagegen ist **Konformität** der beherrschende sozial-ethische Grundsatz. Indonesier fühlen sich in einer großen Zahl von ihresgleichen sicher, geborgen und entspannt. Nur die intimsten Gedanken sind frei, d.h. »privat«, alles andere ist Teil der Gemeinschaft. Die westliche Vorstellung von Privatheit = Ungebundenheit stimmt Indonesier traurig denn sie bedeutet ihnen **Alleinsein = Einsamkeit.** Daher bereitet all dies Spaß: drei bis fünf Personen auf einem Motorrad; zum Bersten volle Busse, die nichtsdestotrotz neue Fahrgäste aufnehmen; wuselnden Bienenwaben gleichende Parks und Strände; Kohorten von Großfamilien auf den Straßen.

Lassen sich das westliche und östliche Verständnis des Privaten harmonisieren? Statt einer klippklaren Antwort wollen wir wieder eine kleine Anekdote anbieten: Schweizer Freunde in Indonesien planten einen Familienausflug mit dem Bummelzug in die Berge. Sehr früh am Morgen fuhren sie zum Bahnhof, und es gelang ihnen tatsächlich, Sitzplätze zu ergattern. Doch während der Zugfahrt veränderte sich alles. Die Sitzplätze erfuhren eine Zellteilung nach innen. Bei jeder Station kamen mehr Fahrgäste an Bord, und je länger der Zug vor sich hin ratterte, desto mehr Passagiere teilten sich einen Sitzplatz, crst eiuer, dann zwei, dann … Endlich am Ziel, fühlten die Schweizer sich wie Ameisen im Bau.

Später unternahmen sie nochmals einen solchen Ausflug – allerdings unter inzwischen völlig verändertem Blickwinkel. Die lebhafte Stimmung im Zug und am Ausflugsort ließ Erinnerungen an die Familienfeste der Kindheit aufsteigen; das Schaukeln auf den Gleisen und der dichte körperliche Kontakt hüllten wie ein Wiegenlied ein.

Alles ist nur eine **Frage der Wahrnehmung**, diese Binsenwahrheit wird immer wieder aufregend bestätigt.

Höhen und Tiefen eines Lebens mit Hausangestellten

Die Beschäftigung von Hausangestellten stellt viele »sozial gesinnte« westliche Ausländer vor ein schwerwiegendes Problem. Die Personalkosten sind gering, die Arbeitserleichterungen beachtlich – wäre da nur nicht die psychische Hemmschwelle, andere die »niedrigen« Arbeiten verrichten zu lassen. Denkwürdigerweise hält diese **erste Phase des Dienstboten-Kulturschocks** nie lange an. Die besorgte Frage: »Wie können diese Leute nur von dem wenigen leben, was wir ihnen bezahlen?« verwandelt sich bald in den (unter Ausländern verbreiteten) Argwohn: »Wird das Haushaltsgeld richtig abgerechnet? Warum um Himmels willen verbrauchen wir soviel Waschmittel?« o.ä.

Wertschätzung des »Dienens« in Indonesien

Sie werden insbesondere in **Java** auf eine **soziale Dienstleistungskultur** stoßen, bei der sich die komplementären Seiten Diener/Bediente sehr wohl miteinander eingerichtet zu haben scheinen. Wir wollen gar nicht so weit gehen, die »soziale Akzeptanz« des Dienens auf die überkomme »feudale« Struktur der indischen Königreiche zurückzuführen, wie dies manche Völkerkundler und Soziologen tun; es stellt gemeinhin eine Tatsache dar, daß sich in Zentral-Java ganze Dörfer als Hausangestellte verdingen. Die Familien der Hausangestellten waren traditionell über Generationen hinweg mit den Familien der jeweils »Bedienten« verbunden. Der sehr niedrige Lohn wurde so in gewisser Weise durch eine **lebenslange Versorgungsgarantie** verbessert.

Da der **Ausländer** meistens nur kürzere Zeit in Indonesien verweilt, ist er bereit, **höhere Löhne** zu zahlen und während der Beschäftigung zudem für Kost, Logis und medizinische Versorgung aufzukommen.

Auf anderen Inseln als Java und bei anderen Volksstämmen bildet der Dienstbotenkontrakt manchmal auch **Teil der Familienstruktur**: Reiche Verwandte beschäftigen ärmere und bieten als Entgelt Essen, Wohnung, Schulausbildung der Kinder und Gesundheitsfürsorge.

190

Einstellung von Dienstboten

Obwohl Indonesien mitunter als industrielles Schwellenland bezeichnet wird, weist es doch noch wesentliche **Merkmale eines sogenannten Entwicklungslandes** auf, zum Beispiel Slum- und Squattergebiete und eine teilweise verelendete ländliche Bevölkerung. Daraus ergibt sich ein **reichhaltiges Arbeitskräfteangebot für den einfachen Dienstleistungsbereich**, zu dem auch Haushaltstätigkeiten zählen.

Sie werden sich, kaum in Indonesien eingetroffen, einer Warteschlange von Jobanwärtern gegenübersehen. Verlassen Sie sich bei Ihrer Entscheidung auch auf die **Erfahrungen (und möglicherweise auch personellen Empfehlungen) anderer Ausländer.**

Es haben sich **informelle Gruppen von Hausangestellten** zusammengefunden (vielleicht aus der gleichen Region), die sich wiederum **bestimmten Gruppen von Ausländern** »andienen« – Angehörigen einer bestimmten Botschaft, eines Konzerns, Ölexperten usw.

Zu den **Mindesterwartungen hinsichtlich der Arbeitsbedingungen für Hausangestellte** zählen: Ein freier Tag (24 Stunden) pro Woche, der auch gesammelt 14täglich oder monatlich genommen werden kann; zwei komplette Sätze Arbeitskleidung pro Jahr; Gesundheitsversorgung (einschließlich zahn- und augenärztliche Behandlung und Krankenhausaufenthalt); sieben bis zehn Tage Urlaub am *lebaran* (oder einem anderen Feiertag); ein Monatslohn Sondervergütung am *lebaran.*

Wenn Sie eine Haushaltskraft einstellen wollen, gilt üblicherweise der erste Monat als **Probezeit**. Sind nach Ablauf dieser Zeit beide Seiten miteinander zufrieden, wird der Lohn meistens etwas angehoben, eine ärztliche Untersuchung durchgeführt und der erste Satz Arbeitskleidung übergeben. Dies gilt als **Besiegelung des Arbeitsverhältnisses.**

Lohn

In der **traditionellen indonesischen Gesellschaft** bedeutete Arbeitslohn kein »Privat«-Einkommen. Zwar besaß jeder Verdienende Anspruch auf Kostenersatz für Reis und Mahlzeiten und Verkehrsmittel, aber darüber hinaus galt sein Einkommen als **Familieneigentum** *(gaji).*

Heute hat sich diese Eigenart insofern geändert, als alle jungen Verdienenden ihr Geld bis zur Hochzeit der Familie zur Verfügung stellen, danach aber *pro forma* finanziell unabhängig sind – mit der kleinen Einschränkung, daß sie von anderen Familienmitgliedern »angepumpt« werden, ohne ablehnen zu können. Die **soziale familiäre Verteilung des persönlichen Einkommens** dient wichtigen Aufgaben: Schulgebühren, Gesundheitskosten, Hochzeits- oder Bestattungsfeiern (und den sonstigen Festen und Feiern im Lebensablauf) und natürlich den Grundkosten für das Leben. Eine etwas ungewöhnliche Art, »Sonderfinanzierungsquellen« für die Familie anzuzapfen, ist das »**Anpumpen**« von **Arbeitgebern**. Es kann Ihnen widerfahren, daß eine Hausangestellte, kaum hat sie ihre Stelle angetreten, sich Geld leihen will. **Geraten Sie nicht in Panik. Lernen Sie vielmehr aus der folgenden Anekdote:** Eine Wäscherin erfuhr, daß ihr im Heimatdorf lebendes Kind erkrankt war. Sie bat um Urlaub und ein Darlehen in Höhe eines Monatslohns. Anstatt ärgerlich zu werden und ihr Geldverschwendung vorzuwerfen (beide Reaktionen wären für Indonesier im übrigen völlig unbegreiflich), erkundigte sich die *nyonya*, die Gebieterin des Hauses, teilnahmsvoll nach dem Zustand des kranken Kindes. War es schon beim Arzt gewesen? Welche Diagnose hatte man gestellt? Alsdann erklärte die *nyonya* ihre Bereitschaft, einen halben Monatslohn als Vorschuß, nicht aber als Darlehen zu zahlen. Ihre Hausangestellte erklärte, sie werde wohl auch für Medikamente sorgen müssen. Daraufhin meinte die *nyonya*, daß das Geld, das sie womöglich doch nicht für diesen Zweck verwenden müßte, ihre Familie im Dorf verleiten könnte, andere Ansprüche zu stellen, so daß sie schließlich ohne einen Pfennig in der Tasche zurückkäme. Die Haushaltshilfe war erleichtert. Nun konnte sie ihrer Familie ohne Bedenken mitteilen, daß ihre finanziellen Möglichkeiten begrenzt waren, und zwar nicht deshalb, weil sie nichts zu geben bereit war, sondern aufgrund der Entscheidung der *nyonya* (die zugleich ihr Entgegenkommen bewiesen hatte).

Selbstverständlich steht es jedem Arbeitgeber frei, finanzielle Ansinnen solcher Art abzulehnen. Aber dies würde als brüsk und wider den **Geist der sozialen Oberflächen-Harmonie und der patriarchalischen Verantwortung** gerichtet gelten. Schließen Sie einen Kompromiß. Im Westen läuft die »protestantische Ethik« (frei nach Max Weber) darauf hinaus, den einzelnen anzuleiten, sorgsam und sparsam mit Geld umzugehen und Schulden zu vermeiden. In diesem Sinne versuchen manche Ausländer, Sparkonten für ihre Hausangestellten einzurichten – mit sehr unterschiedlichen Ergebnissen. Setzen Sie auf jeden Fall die **»Spielregeln« für Ihr hausinternes Bankgeschäft** selbst fest. Führen Sie sorgfältig Buch, man wird es Ihnen nicht verargen. Darlehensrückzahlungen ziehen sich meist sehr lange hin, weil sie dem geringen Lohn angepaßt sind. Bestimmen Sie eher den **Zeitrahmen der Rückzahlung** als die Höhe der Raten.

Das hausinterne »Betriebsklima«

Sie erwarten mit Fug und Recht, daß ein Gärtner Gras schneiden und eine Wäscherin waschen und bügeln kann. Wichtiger aber noch ist das »Betriebsklima«. Höchstes Ziel ist die **Zufriedenheit aller** (insbesondere Ihrer eigenen – *asal bapak senang*).

Appellieren Sie an den Geist des *cocok* (des gemeinschaftlichen Lebens und Einfügens in die Gruppe), und wünschen Sie sich ein **harmonisches Arbeitsteam** *(rukan)*, selbst wenn dies Ihrer individualistischen westlichen Vorstellung nicht entsprechen sollte. Bei Unzufriedenheit können Sie mit dem gewichtigen und sozial anerkannten Argument *tidak cocok* (»er/sie hat sich nicht in die Gemeinschaft eingefügt«) ein Arbeitsverhältnis lösen.

Von Ihnen als Arbeitgeber/in (*tuan* oder *nyonya*) erwarten die Hausangestellten eine »Richtlinienkompetenz«, eine **kontrollierende Verantwortung**, die sich allerdings nicht rücksichtslos autoritär äußern darf.

»Pflichtbewußtsein«

Unser zerteiltes soziales Sein (Arbeit hier, Privatleben dort) hat eine rigide Vorstellung von Arbeitseinsatz hervorgebracht. Vom Lohnabhängigen in einem freiwirtschaftlichen Betrieb wird während der Arbeitszeit erwartet, daß der Kopf raucht und der Körper dampft.

In Indonesien sind Hausangestellte im umfassenden Sinne engagiert: als materielle Hilfen und ideelle Gefährten in der Hausgemeinschaft. Dies erklärt vielleicht, weshalb sie sich **nicht dem strengen Arbeitszeit = Arbeitsleistung(s)-Prinzip unterwerfen** wollen.

Ihr Zornausbruch beim Anblick des Gärtners, der gerade seine zweite Morgenteepause einlegt oder nachmittags am Tor Karten spielt, wird auf Unverständnis und daher auch auf taube Ohren stoßen. Ebenso verhält es sich bei den Routinearbeiten. Sobald die alltäglichen Pflichten erledigt sind und Sie nicht ausdrücklich auf eine neue Aufgabe hinweisen, werden Ihre Haushaltshilfen die Arbeit als beendet ansehen. Der Nietzsche-Spruch »Wir sind nicht geboren, um glücklich zu sein, sondern um unsere (verdammte) Pflicht zu tun!« (freies Zitat) oder die philosophische Erkenntnis »Arbeit macht das Leben süß« oder die schwäbische Lebensweisheit »Schaffe, schaffe, Häusle baue, Hund verkaufe, selber belle!« sind glücklicherweise noch nicht bis Indonesien vorgedrungen.

Hinweise für die Beschäftigung von Hausangestellten

• **Arbeitskleidung:** Hausangestellte sehen sich in einem Dienstrang und legen Wert auf **ihrem Rang entsprechende Kleidung**. Ältere weibliche Angestellte bevorzugen traditionelle Kleidung, ältere männliche Hausbedienstete (wie Koch oder Chauffeur) tragen meist einen weißen Anzug als bequeme »Uniform«. Junge Mädchen legen durchaus Wert auf ansprechende Alltagskleider, während der Gärtner seiner Tätigkeit gemäß strapazierfähige Kleidung trägt (es sei denn, er erfüllt zudem Pförtneraufgaben).

• **Entlassung:** Meist ziehen Hausangestellte es vor, gekündigt zu werden, statt selbst zu kündigen. Wer aus freien Stücken kündigt, erhält lediglich den noch ausstehenden Anteil des Monatslohns, während ihm andernfalls als **Abfindung** ein zusätzlicher Monatslohn zustünde. Stirbt ein Angestellter, erwartet seine Familie zwei bis drei Monatslöhne, um für die mit der Bestattung verbundenen Kosten aufkommen zu können. Hat sich Ihr Verhältnis zu einem Hausangestellten sehr verschlechtert, dann vergeuden Sie keine Zeit. Wenn Sie bei der Einstellung Ihre Erwartungen deutlich ausgedrückt haben, dann sollten Sie ihm **ohne Umschweife erklären, daß er nicht länger in die Hausgemeinschaft paßt** *(tidak cocok)* und sich andernorts wohler fühlen wird. Zahlen Sie zügig den noch ausstehenden Lohn aus, und stellen Sie ein Empfehlungsschreiben aus. Es ist wichtig, sich nicht in Einzelheiten zu verstricken. Machen Sie es einfach, kurz und unpersönlich. Sprechen Sie dabei **unter vier Augen**, nicht vor anderen Angestellten oder Freunden, und seien Sie höflich, nie ärgerlich. (Ärger, persönliche Bemerkungen und Anschuldigungen können einen schlechten Nachgeschmack, *malu*, und mitunter sogar Gewalttätigkeiten hervorrufen.) Fühlen Sie sich bei dieser Angelegenheit unwohl, so bitten Sie einen indonesischen Freund um Beistand; in diesem Falle zählen sechs als vier Augen.

• **Ehrlichkeit:** Die meisten indonesischen Haushilfen sind ehrlich. Sie können diese Tugend nach dem Motto »Vertrauen ist gut, Kontrolle besser« vor der Versuchung schützen, indem Sie beispielsweise **klar regeln**, ob Ihre Haushilfen sich an Kaffee, Tee und Zucker oder anderen alltäglichen Konsumartikeln bedienen können und wer die Essenreste aus dem Kühlschrank erhält, welche Abrechnungen und Belege Sie erwarten, sowie Kilometerstand und Benzinverbrauch überprüfen.

• **Sonderleistungen:** Wurde eine große Gesellschaft bewirtet, sollten Sie dem Personal seinen Einsatz mit einer **Sondervergütung** von etwa einen Tageslohn vergelten.

• **Familienintegration:** Indonesier haben wir oft ihre Dienstboten als »**Teil der Familie**« bezeichnen hören. Unser erfreutes Lächeln über diese egalitäre Einstellung erstarb jedoch bei dem meist folgenden Zusatz: »Wir behandeln sie wie Kinder …« Der ausländische Beschäftigungsgeber ist nicht in Indonesien, um das Sozialsystem zu revolutionieren. Es zählt vielmehr zu seinen Pflichten als Gast, sich den Gegebenheiten anzupassen. Und die Erkenntnis, daß Dienstboten sich selbst als eine besondere (durchaus im positiven Sinn) Klasse von Arbeitern begreifen, zeugt keineswegs von neokolonialer, sozial hochnäsiger oder paternalistischer Einstellung. Sie besitzen einen sicheren Arbeitsplatz, ihre Grundkosten sind gedeckt, und sie erhalten einen Mindestlohn – **Arbeitsbedingungen, die für einen sehr kleinen Teil der Bevölkerung zutreffen**. Wollten Sie also in Ihrem Haushalt eine trotzkistische Mini-Revolution veranstalten, dann zerschlüge gewiß eine »Konterrevolution« aus Unverständnis und Kulturschock der »Befreiten« Ihre Ideale. Befreien Sie also lieber die Raumservice-Damen in Ihrem Heimatland.

• »**Hackordnung**«: Ihre Hausangestellten werden eine **Dienstboten-Rangordnung** festlegen, bei der Stammeshintergrund, Alter, Erfahrung und Geschlecht eine Rolle spielen. Akzeptieren Sie diese Festlegung, und richten Sie Ihr Verhalten danach. Meist zählt der Fahrer sich nicht zu den Hausangestellten, steht also außerhalb der Rangordnung; in der Regel steht der älteste Diener oder Koch an der Spitze und ist Sprecher der anderen.

• **Gäste der Hausangestellten:** Gastfreundlichkeit ist in jeder Lage eine hohe Tugend, und nahezu jede Verpflichtung steht hinter ihr zurück. Am freien Tag Ihrer Angestellten (besonders am Sonntag) müssen Sie damit rechnen, daß **Freunde und Verwandte sich zum Tee und Plausch einfinden** *(mampir)*. Seien Sie freundlich, wenn Sie den Gästen im Wohnbereich der Angestellten begegnen. Dies ist jedenfalls nicht der Zeitpunkt, Arbeitsanweisungen zu erteilen.

• **Gedächtnisstützen:** Wenn Sie Regelungen bezüglich Geld, Freizeit usw. treffen, sollten Sie dies vor den Augen aller schriftlich notieren. Bei möglichen späteren Unklarheiten dienen **schriftliche Notizen** als gesichtswahrende, neutrale Entscheidungsgrundlage.

Rückfall in den Kulturschock

Hari Nahas: Glücklose Tage

Es gibt glücklose Tage. Überall in der Welt tauchen sie mit gewisser statistischer Regelmäßigkeit auf. Wir neigen allerdings dazu, sie zu Hause weniger bewußt wahrzunehmen, weil wir uns geborgener fühlen als in unbekannten Landen. Wer sich länger in Indonesien aufhält, schließt mit **zwei Arten von glücklosen Tagen** Bekanntschaft. **Die erste ist »kosmischen« Ursprungs und liegt völlig außerhalb Ihrer Einflußnahme.** Glücklose Tage dieser Art bringen Zusammenbrüche der Hauptstromversorgung gerade dann, wenn Sie zwei Dutzend Gäste zum Abendessen erwarten und Sie lieber klimatisierte Luft als Essen servieren würden; sie bringen trommelnden Regen, bei dem sich die Straßen und das Dach über Ihrem Kopf zusammen mit Ihrer Geduld auflösen; sie bedeuten unter Umständen, in einen unendlichen Tatzelwurm von Verkehrsstau zu geraten und zur Erkenntnis zu gelangen, daß das großartigste Ereignis des Tages darin bestünde, wenigstens rechtzeitig zum Abendessen daheim zu sein.
Die zweite Art von glücklosen Tagen ist weniger »apokalyptisch« und liegt eher in den kleinen, jedoch gehäuften Tücken des persönlichen Alltags. Da stehen zu viele *tukang* (Handwerker) müßig herum, statt endlich die Toilette, die in die verkehrte Richtung spült, zu reparieren; das Telefon klin-

gelt nur dann, wenn Sie den Hörer abnehmen, um selbst nach draußen zu telefonieren; der Lieferant hat Ihre Adresse vergessen; Sie sind davon überzeugt, daß die sich um den Baum windende Stromleitung einzig und allein aus dem Grunde ausfällt, um Sie zu ärgern; Sie fragen sich, ob Schwitzen tödlich enden kann …

Keine einzige dieser Heimsuchungen wurde von Indonesiern erfunden, um Ihnen persönlich das Leben schwer zu machen. **Schlechte Tage sind Ihr Problem!** Die Indonesier nennen sie »glücklose Tage« – dies als Hinweis darauf, daß »gute Tage« reiner Zufall und pures Glück sind. Für Ausländer in Indonesien beinhalten glücklose Tage meist auch Zweifel an ihrem gesunden Menschen- und intakten Geisteszustand.

Glücklose Tage lösen häufig einen **Kulturschock-Rückfall** aus. Solche Rückfälle sind **vorhersehbar**. Oft liefern sie Pointen für wundersam komische Geschichten, die lediglich einen Nachteil haben: Der Hauptdarsteller sind Sie.

Das Unglückliche an glücklosen Tagen

Wenn sich abzeichnet, daß heute alles schief läuft, und Frustration, Wut und Ermattung Ihre Gefühlswelt bestimmen, dann sollten Sie den **Weg des geringsten Widerstands** gehen, die Lage als jenseits aller Hoffnung akzeptieren, das ganze Elend zu einem Bündel schnüren, mit der Bemerkung »Alles für die Katz'« beschriften und es an die Hölle adressieren.

In derlei Augenblicken fühlen Sie sich **in der Fremde ausgestoßen**, in die Ecke gedrängt und **ohne jegliche Kontrolle über die Lage**. Möglicherweise sind Zorn und Wut Zeichen ohnmächtiger Gegenwehr. Dann verkriecht sich der Hund vor dem Zorn der *nyonya*, huschen die Hausangestellten davon, um in einem entfernten Winkel längst vergessene Gegenstände abzustauben oder zu polieren. Ehepartner geraten einander in die Haare, Kinder werden angeraunzt und für den Rest des Tages der Fürsorge des Fernsehers überlassen.

Welche Alternativen bestehen? Nun, vielleicht helfen ein wenig die **folgenden Vorschläge**, die uns sehr indonesisch erscheinen, nicht nur in einem pragmatischen, sondern auch in einem geradezu lebensphilosophischen Sinne:

• **Meiden Sie den Ort der Turbulenzen.** Tauchen die Probleme in den eigenen vier Wänden auf, dann gehen Sie einfach aus. Besuchen Sie Freunde, gehen Sie in das Museum, das Sie längst besuchen wollten, treiben Sie Sport o.ä.

• Versuchen Sie nicht, gegen einen übermächtigen Strom anzuschwimmen. (Jakartas Verkehr zum Beispiel ist ein solcher Strom.) **Lassen Sie sich treiben**, und suchen Sie sich eine ruhige Insel. Ändern Sie Ihren Zeitplan, nehmen Sie ein Bad, lesen Sie ein Buch, halten Sie ein Nickerchen.

• **Setzen Sie keine Freundschaften aufs Spiel,** indem Sie jeden mit Ihrem Lamento langweilen.

• **Vermeiden Sie wichtige Entscheidungen.** Widerstehen Sie dem Drang, in solcher Stimmung Haushilfen einzustellen oder zu entlassen, größere Geldbeträge zum Fenster hinauszuwerfen oder Ihre Kinder als Hauptgewinn für die Schultombola anzubieten.

• **Lachen Sie und haben Sie Geduld.**

Kulturschock nach der Heimkehr

Heimatliche Fremde oder fremde Heimat – **die Rückkehr nach Hause ist nicht immer Heimkehr in den warmen Schoß der Vertrautheit und des Verständnisses.** Odysseus wurde nach langer Abwesenheit nur von seinem Hund wiedererkannt, Marco Polo gar ins Gefängnis geworfen.

Wenn Sie Indonesien verlassen, ist es nicht damit getan, einen Container mit Ihren Habseligkeiten abzusenden und Ihren Bekannten und Freunden ein *Selamat tinggal!* (»Friede den Zurückbleibenden!«) zuzurufen. Sie treten möglicherweise eine **Entdeckungsreise ins eigene Land** an. Wie aktuell und (wichtiger noch) lebensnah sind Ihre Kenntnisse von bewegenden gesellschaftlichen und politischen Themen im eigenen Land? Haben Sie technische Entwicklungen wie im Dornröschenschlaf erlebt? Wie werden Ihre Kinder zu den neuesten Trends bei den »Kids« in der Schule aufschließen? Werden die Haushaltsgeräte den Komfort von Hausangestellten ersetzen? Gelingt es Ihnen, Ihre mittlerweile verlangsamte Gangart in den schnelleren industriellen Lebensrhythmus zu übersetzen? Wie werden Sie mit der aggressiven sozialen Umgangsweise fertig? …

11
Kultur-Spiel

Situation 1

Sie haben sich mit einigen europäischen Bekannten in einem der indonesischen *warung* (Straßenrestaurants) niedergelassen und fühlen sich abenteuerlustig und voller Erwartung. Sie sind die einzigen Ausländer weit und breit. Die Bedienung bringt Ihnen die Speisekarte, ein Stück Papier und einen Bleistift und verschwindet wieder. Sie rätseln: Will man ein Autogramm von Ihnen? Sollen Sie »Stadt–Land–Fluß« spielen?
Wie verhalten Sie sich?

A Sie notieren Ihre Bestellung selbst.
B Sie unterschreiben schwungvoll und lächeln gönnerhaft.
C Sie bereiten das »Stadt–Land–Fluß«-Spiel vor und fordern die Bedienung zur Teilnahme auf.

Kommentar:

Vorgehen **A** ist eine in Indonesien gebräuchliche Art, Essen zu bestellen. Damit werden Erinnerungsfehler vermieden, und sogar Schreibunkundige können als Bedienung arbeiten. Neigen Sie zu **B**, dann vergessen Sie aber auch bitte nicht, zuvor die typische Kolonialherren-Kleidung mit Tropenhelm anzuziehen. Wahl **C** mag den Kellner erfreuen, wird Ihren Magen aber weiterhin knurren lassen.

Situation 2

Sie kaufen zusammen mit Ihren Kindern auf dem Markt ein. Mit ihren hell-blonden Lockenschöpfchen und himmelblauen Augen fallen die Kleinen in der fremden Umgebung auf. Immer wieder streicheln Indonesier Ihren Kindern übers Haar, betasten sie oder zwicken ihnen in die Ärmchen. Ihre Kinder werden allmählich nervös, ängstlich oder gar wütend. Ihnen ist bewußt, daß Sie nicht laut oder ärgerlich werden sollten.
Wozu entscheiden Sie sich?

A Sie schleudern mit den Augen Zeus'sche Blitze um sich und rauschen mit den Kindern davon.
B Sie versuchen zu erläutern, warum Ihre Kinder nicht betatscht und befingert werden wollen.
C Sie gehen so bald wie möglich nach Hause, um Ihren Kindern in Ruhe erklären zu können, wie Indonesier Zuneigung zum Ausdruck bringen.

Kommentar:

Ihre richtige Wahl ist **C**. Sie sollten allerdings mit Ihren Kindern darüber sprechen, schon ehe Sie Märkte besuchen oder durch die Straßen bummeln. Indonesier lieben Kinder heiß und innig – die eigenen ebenso wie Ihre. Bereiten Sie Ihr Kind also auf diese zärtliche »Tuchfühlung« vor. Variante **B** führt in die Irre, ebenso **A**, denn man würde Sie nicht verstehen, handelt es sich doch bei den »Annäherungsversuchen« lediglich um eine natürliche und freundlich gemeinte Reaktion.

Situation 3

Bei einer Fahrt durch sintflutartigen Regen bleibt Ihr Auto in einem Wasserloch stecken. Eine Rasselbande von kleinen Jungen taucht auf, die das Auto mit vereinten Kräften herausschieben und es dann umringen. Sie erwarten offensichtlich Geld als Belohnung.
Wie verhalten Sie sich?

A Sie rufen den Buben ein fröhliches »Danke schön« zu, werfen einige Münzen aus dem Fenster und fahren von dannen.

B Sie winken den ältesten Jungen (bzw. den erkennbaren Anführer der Gruppe) zu sich und geben ihm etwas Geld für jeden seiner Freunde, der sich tatkräftig an der Rettungsaktion beteiligt hat, und bitten ihn, den Betrag zu verteilen *(Bagi-bagi!)*.

Kommentar:

Die bessere Entscheidung ist selbstverständlich **B**. Dies setzt voraus, daß Sie darauf achten, wer und wie viele Jungen tatsächlich zugepackt haben – andernfalls stellen sich sämtliche Lausbuben Indonesiens hinten an und warten auf Belohnung.

Situation 4

Sie wohnen eine Weile in Indonesien, laden Gäste zum Essen ein und möchten als Vorspeise halbierte Pampelmusen, garniert mit je einer Kirsche, servieren. Sie haben versucht, der Köchin, die Englisch ebenso dürftig beherrscht wie Sie *Bahasa Indonesia*, Ihren Wunsch zu erklären. Sie beschreiben ihr die Kirschen als klein, rund und rot und weisen darauf hin, daß sie im Kühlschrank lagern. Bei Tisch stellen Sie zu Ihrem Entsetzen fest, daß jede Grapefruit von einem fiebersenkenden pinkfarbenen Kinderzäpfchen gekrönt ist. Ihre Köchin indes wartet nach getaner Arbeit stolz auf ein Lob von Ihnen.
Was nun?

A Sie erklären Ihren Gästen gelassen und ruhig, daß bei der Garnierung ein Mißgeschick geschehen ist, und legen die Zäpfchen auf einen Teller außer Reichweite.
B Sie erkennen entsetzt den Irrtum, entreißen dem Mädchen das Tablett und tragen es hastig in die Küche zurück.
C Sie lachen herzlich und bereichern mit dieser Anekdote Ihre Kuriositäten-Erzählsammlung.

Kommentar:
Sie sollten nach Vorschlag **A** vorgehen; hat das Mädchen den Raum bereits verlassen, nach **C** – auf keinen Fall nach **B**.

Situation 5

Sie überprüfen einen wichtigen Kostenvoranschlag, den ein indonesischer Mitarbeiter erstellt hat, und entdecken dabei einige der simpelsten Rechenfehler, die nicht einmal einem Grundschüler unterlaufen sollten. Sie sind aufgebracht und drauf und dran, dem Missetäter Ihre Empörung in allen Einzelheiten darzulegen und mit ihm ein Hühnchen zu rupfen.
Was tun Sie?

A Sie leiten die Aussprache mit der Frage ein, ob bereits das Einmaleins als höhere Mathematik anzusehen sei.

B Sie stürmen in sein Arbeitszimmer, nageln den Angestellten mit dem Zeigefinger fest und fragen lauthals, ob er eins und eins zusammenzählen könne.

C Sie schlendern langsam in seinen Büroraum, überzeugen sich davon, daß Sie diskret sprechen können, und beginnen mit: »Ich glaube, wir haben da ein kleines Problem ...«

Kommentar:

Bei Lösung **C** vermeiden Sie eine Situation, die *malu* erzeugen könnte. Werden Sie nicht persönlich, und betonen Sie die Schwierigkeit der Arbeit, nicht seinen Fehler. So wird vermutlich alles wieder ins rechte Lot gelangen, ohne daß jemand Gesicht verliert. Die Lösungen **A** und **B** würde man Ihnen als schiere Feindseligkeit auslegen, und sie würden unweigerlich *malu* verursachen.

Situation 6

Sie halten sich länger in Indonesien auf und benötigen für Ihr Heim unbedingt eine Klimaanlage, kennen aber noch kein verläßliches Fachgeschäft. Sie erkundigen sich bei einem indonesischen Geschäftsmann, den Sie oberflächlich kennen. Er ist sehr hilfsbereit und erkundigt sich eingehend nach Ihren Bedürfnissen. Sie sind vollkommen überrascht, als wenige Tage später ein Lastwagen mit einer Klimaanlage vorfährt und Arbeiter erscheinen, um die Anlage zu installieren – ohne daß Ihnen Kosten entstünden. Wie reagieren Sie?

A Sie glauben ein »Sesam-öffne-Dich!« gefunden zu haben und erkundigen sich beim nächsten indonesischen Bekannten nach einem Kühlschrank.

B Sie schicken die Arbeiter mit dem Gerät davon und belehren sie über Geschäftsgepflogenheiten

C Sie erkennen, daß Sie mit Ihrer Frage ein kulturelles Mißverständnis ausgelöst haben, und schicken Ihrem freundlichen Helfer einen Scheck in Höhe des abzuschätzenden Betrags.

D Sie rufen Ihren Gönner an und erklären ihm, daß es sich um ein Mißverständnis handelt und Sie ein solches Geschenk nicht annehmen können. Dürfen Sie ihm die Ausgaben rückerstatten? Falls nicht, senden Sie das Gerät zurück.

Kommentar:

Sie können zwischen **C** und **D** wählen. Sie können in Indonesien leicht in derartige Lagen geraten, sollten sie aber möglichst vermeiden, da sie zu wechselseitiger Verpflichtung führen könnten. Vorgehen **B** wäre sehr unfreundlich, bei Verhalten **A** könnte der legendäre »Schnorrer-Poldi« von Ihnen noch lernen.

Situation 7

Sie lernen bei einer Gesellschaft eine sympathische Indonesierin kennen und stellen erfreut fest, daß sie in Ihrer Nachbarschaft wohnt. Spontan laden Sie sie zu sich nach Hause ein, und sie sagt auch für den nächsten Tag zu. Sie kaufen Kekse, kochen Tee und warten. Doch sie erscheint nicht. Was ist geschehen? Und was bleibt Ihnen zu tun?

A Sie glauben etwas falsch gemacht zu haben und verbringen den Rest des Nachmittags mit quälenden Selbstzweifeln. Sie fühlen sich entwurzelt und vollkommen fehl am Platz und wollen nur noch zurück in die Heimat.

B Sie haben Ihre erste leidvolle Erfahrung mit dem indonesischen Begriff von »morgen« *(besok-besok)* gemacht und verfassen alsdann das erste Kapitel eines dramatisches Buches mit dem Titel: *Zwielicht in den Tropen – Ein »morgen« gibt es nie.*

C Sie begraben endgültig die Hoffnung, jemals indonesische Freunde kennenzulernen, und schließen sich einer Bowlinggruppe der Ausländergemeinde an.

Kommentar:

Wahl **B** wäre am vernünftigsten. Auch wenn Sie vielleicht nie ein Buch schreiben wollen, werden Sie lernen, daß »morgen« ein sehr dehnbarer Begriff ist. Er kann tatsächlich »morgen«, aber auch »nie« bedeuten. Wollen Sie sich wirklich mit jener Indonesierin anfreunden, sollten zuerst Sie sie besuchen. Lösung **A** kann einen Rückfall in den Kulturschock zur Folge haben. Mit Lösung **C** werfen Sie die Flinte ins Korn, ehe überhaupt der erste Treffer hätte erzielt werden können.

Situation 8

Sie besuchen mit Ihrer Familie einen Park.
Dort werden Sie von Indonesiern angesprochen mit der Bitte, ein gemeinsames Familienfoto mit Ihrer Familie machen zu dürfen.
Sie wissen nicht so recht, wie Sie reagieren sollen.
Wofür entscheiden Sie sich?

A Sie sagen mit Vergnügen zu.
B Sie geben vor, nichts zu verstehen, und gehen.
C Sie versuchen zu erklären, weshalb Sie diesen Vorschlag eigenartig finden.

Kommentar:
Je nach Lust und Laune sollten Sie zwischen **A** und **B** entscheiden; **A** wäre natürlich liebenswürdiger, **B** mit freundlichem Lächeln auch kein Affront; **C** führte erneut in eine Sackgasse.

Situation 9

Sie nehmen an einem Treffen von verschiedenen Firmenangehörigen teil. Plötzlich fragt man Sie unverblümt, welche Art von Verhütungsmitteln Sie verwenden (oder auch nicht). Sie spüren, wie Sie unwillkürlich erröten, und wissen nicht recht, was Sie antworten sollen.
Wie sollten Sie sich verhalten?

A Sie antworten der Wahrheit entsprechend.

B Sie reagieren mit einem Scherz, der die Angelegenheit harmlos ins Lächerliche zieht.

C Sie weisen darauf hin, daß dies niemanden etwas angeht.

Kommentar:

Die Wahlmöglichkeiten **A** und **B** sind beide akzeptabel, je nachdem wie Sie selbst die Situation wahrnehmen. Die Indonesier sprechen ohne Scheu über Sex und Verhütungsmittel, reden hier also nicht »um den heißen Brei herum«. Außerdem lieben Indonesier spaßige und kecke Antworten, und eine schlagfertige Bemerkung wie: »Mein Mann hat sich im vergangenen Jahr die Gebärmutter entfernen lassen!« wird herzliches Gelächter hervorlocken und die Unterhaltung von Ihrem Unterleib wegführen. Wahl **C** käme als ungeschicktes und engstirniges Verhalten an.

Situation 10

Sie halten sich eine Weile in Indonesien auf und beschäftigen Hausangestellte. Ihre dienstbaren Geister scheinen sich verschworen zu haben, um Sie
in den Wahnsinn zu treiben. Nichts kehrt auf seinen Platz zurück, und Sie
spüren, daß Sie bald zu einem Amoklauf ansetzen werden. Sie fühlen sich
entfremdet und entmündigt im eigenen Haushalt.
Was können Sie unternehmen?

A Sie trommeln alle Hausangestellten zusammen und halten ihnen eine
Standpauke.
B Sie legen nochmals Ihre Ansprüche fest und setzen sie in diskreten
Gesprächen mit den Hausangestellten durch.
C Sie folgen Ihren Haushaltshilfen wie ein Schatten, räuspern sich vermerk-
lich, wenn sie einen falschen Handgriff tun, und lächeln anerkennend, wenn
sie Ihre Zustimmung finden.

Kommentar:

Die beste Lösung ist in diesen Fall **B**. Ohne zu zeigen, daß Sie erbost waren,
und ohne eine direkte Anrede zu verwenden, führen Sie den einzelnen Angestellten vor, wie die Arbeit nach Ihren Vorstellungen zu verrichten ist. Sprechen Sie in ruhigem Tonfall und unter vier Augen, und hoffen Sie auf Erfolg.
Entscheidung **A** zöge großes *malu* nach sich, und Ihre Hausgehilfen würden
Gründe erfinden, um zu kündigen oder einfach zu gehen. Bei Wahl **C** böten
Sie sicher reichhaltigen Gesprächsstoff für sämtliche Hausangestellten der
Nachbarschaft, aber Ihre eigenen Haushaltshilfen zögen, da sie Ihr Verhal-
ten nicht verstehen würden, kaum die erwünschten Konsequenzen.

Situation 11

Sie sind der »Neue« im Büro und müssen zunächst herausfinden, wie die Statushierarchie der ausländischen und indonesischen Mitarbeiter aufgebaut ist. Man hat Ihnen lediglich mitgeteilt, daß »jeder seinen Platz und Rang« besitzt. Sie wollen nun erkunden, wie es sich damit genau verhält. Wie gehen Sie vor?

A Sie bitten den Personalchef um eine Liste der Angestellten, die nach Rang (Funktion und Seniorität) gegliedert ist.

B Sie beobachten Ihre Arbeitskollegen, um die »Hackordnung« festzustellen, und skizzieren diese Rangleiter zur Erinnerung.

C Sie bitten die Sekretärin, alle im Büro Beschäftigten in eine Liste für Weihnachten, Neujahr und *lebaran* aufzunehmen, damit Sie zu diesen Zeitpunkten Grußkarten versenden können.

Kommentar:
Wahl **C** ist wohl der beste Treffer.
Wenn Sie die Sekretärin unverfänglich bitten, wird sie die Personalliste instinktiv nach Rangordnung erstellen.
Die Entscheidungen **A** und **B** könnten Ihnen den Ruf eines wunderlichen Kauzes eintragen.

Situation 12

Während eines festlichen Abendessens bewundert eine an Ihrem Tisch sitzende Indonesierin Ihren Halsschmuck und bemerkt: »Eine wunderschöne Kette! Sie sieht sehr kostbar aus. Wie teuer war sie?« Sie suchen verlegen nach einer Antwort.
Welche wählen Sie?

A Sie lächeln, indem Sie »bekennen«, sie sei gestohlen.
B Sie entgegnen, die Kette sei ein Geschenk Ihres Mannes und somit von unschätzbarem Wert.
C Sie werfen der Fragenden einen vernichtenden Blick zu und belehren sie, daß Sie nie über Preise von Schmuck sprächen.

Kommentar:

Lösung **A** ist ein Treffer, wenn Sie sich durch den Klang Ihrer Stimme, ein Lächeln oder Augenzwinkern als »charmante Lügnerin« zu erkennen geben. Wenn eine solche Bemerkung nicht als persönlich gemeinter Sarkasmus aufgefaßt wird, werden die Anwesenden Ihre Schlagfertigkeit mit bewunderndem Lachen belohnen. Lösung **B** wirkt sehr galant und, wenn Ihr Mann anwesend sein sollte, taktisch nicht ungeschickt, da er sich vielleicht sanft aufgefordert fühlen könnte, seine Großzügigkeit erneut zu beweisen. Lösung **C** werden Sie inzwischen wohl selbst bewerten können. Ansonsten zurück zu den Anfängen! Sie sollten dieses Buch dann besser nochmals von vorne lesen oder nie nach Indonesien reisen.

Tu! und Tabu!
Von A–Z

Ärger sollten Sie nie zeigen. All seine Äußerungsformen (bis hin zu Schreien, Drohgebärden und Wutausbrüchen) gelten als Aggressionshandlungen, die zu Gesichtsverlust und schließlich *malu* führen. Ventilieren Sie derlei Gefühle besser durch schweißtreibende Sportarten, zum Beispiel ein anstrengendes Tennisspiel. (Vielleicht stellen Sie sich dabei vor, Sie wollten »Bumm-bumm-Boris-Becker« zu seiner berühmten aggressiven Verzweiflung treiben …)

Aufmerksamkeit auf sich ziehen: Dies erreichen Sie am besten, wenn Sie die entsprechenden indonesischen Rufwörter *mas* (»junger Mann«), *pak* (»alter Mann«) oder *sus* (»junge Frau«) verwenden. Sie rufen jemanden höflich herbei, indem Sie mit den geschlossenen Fingern nach unten in Ihre Richtung winken. Pfeifen Sie niemals! Gleiches gilt (vor allem im Restaurant) für »Hallo Sie!«-Rufe, »Schschscht!«-Laute, Knöchelklopfen, Klappern mit dem Besteck o.ä.

Besuch: »Mal kurz vorbeischauen« *(mampir)* ist eine indonesische Lieblingsbeschäftigung. Es steht Ihnen ebenso frei, unangemeldet bei indonesischen Freunden vorbeizuschauen.

Bezahlen wird im Restaurant immer derjenige, der die Einladung ausgesprochen hat. Getrennt zahlen ist sehr ungewöhnlich und wird auch bei Europäern als »ungezogen« bewertet.

Bitte: Indonesier hören es gern, wenn Sie Sätze, die im Deutschen meist mit »Bitte« beginnen, mit einem entsprechenden höflichen Ausdruck der *Bahasa Indonesia* einleiten.

Diskretion wird sowohl im Privat- wie auch im Geschäftsleben geschätzt. Sie ist wichtig, um die »Harmonie des Äußeren« zu wahren.

Einladungen zu großen Anlässen, etwa einer Hochzeit, erreichen auch die äußersten Verästelungen von Familie, Freunden und Bekannten. Mit der Versendung der Einladung ist die äußere organisatorische Vorbereitung beendet. Eine Rückantwort ist nicht nötig, denn die Indonesier scheuen sich, verbindliche Zusagen für die Zukunft einzugehen. (Dies käme einer Herausforderung der Souveränität des Schicksals gleich.)

Essen im Kreis der Familie geschieht meist auf lockere und muntere Weise. Die Essenszeiten sind weniger präzise festgelegt als bei uns. Man benutzt meistens die rechte Hand, einen Löffel oder eine Gabel für die »Nahrungszufuhr«. Bei Festessen zu zeremoniellen Anlässen biegt sich oft die Tafel unter dem überreichen Angebot. Wappnen Sie sich dann mit Zurückhaltung oder Pfauenfeder (altes römisches Gourmandzubehör).

Füße sollten nie dazu dienen, auf Dinge oder Personen zu zeigen; sie sollten unter dem Schreibtisch bleiben oder beim Sitzen auf dem Boden seitlich angelegt werden. In den Innenräumen geht man oft barfuß.

Geduld sollte in Indonesien als Bedingung für die Erteilung des Visums gelten. Wenn Sie bei den Geduldproben Verkehrsstau, Straßenüberflutung, Telefonverbindung usw. »ruhig Blut« bewahren, dann gewinnen Sie bei Indonesiern Respekt.

Genießen Sie Indonesien und seine Bewohner. Und verkünden Sie, daß es Ihnen hier gefällt. Damit machen Sie sich und den Indonesiern das Leben angenehm.

Handeln ist mehr als das Erschachern eines Preisnachlasses beim Einkauf. Es ist vor allem eine soziale Handlung, auf die man sich freut und die beide Seiten ausgiebig genießen.

Hausangestellte bilden einen wesentlichen Teil des umfassenden Dienstleistungsbereiches der indonesischen Wirtschaft. Diese Tatsache steht in gewissem Widerspruch zu den egalitären Vorstellungen westlicher Ausländer, doch diesen harmonisiert die familiäre Zusammengehörigkeit von Dienstgebern und Dienstnehmern.

Hunde werden von Muslimen als unsauber betrachtet, sind aber auch geschätzte Haustiere und/oder Leckerbissen auf der Speisekarte verschiedener ethnischer Gruppen Indonesiens. Manche »Gast-Arbeiter« in Indonesien halten sie als Haustiere und Wachhunde. Sie müssen vor Tollwut geschützt werden.

Kleidung: Frauen sollten sich nicht zu »offenherzig« und auffällig kleiden. Schlichte Kleider oder Röcke und Blusen mit Ärmeln bieten sich hier an. Shorts und schulterfreie Sonnentops sollten Sie in der Öffentlichkeit nicht tragen. Bei formellen Anlässen sollten sich Frauen weder hervorstechend modisch noch in hellen Farben kleiden. Männer tragen geschäftlich »tropische Safari-Anzüge« oder die international verbreitete »Business-Uniform«. Shorts sind sportlichen Anlässen vorbehalten und werden üblicherweise nicht in der Öffentlichkeit getragen. In einem Batik-Hemd (bei formellen Anlässen sollte es langärmelig sein) sind Sie für nahezu alle Anlässe »gerüstet«.

Kleinkinder werden verhätschelt und geliebt. Indonesier hören gern Komplimente über ihre Kinder und wenden ebensogern auch Ihren kleinen Kindern liebevolle Aufmerksamkeit zu. Freuen Sie sich darüber, denn Sie haben ein ganzes Volk als »Großfamilie« für Ihre Kinder gewonnen (und denken Sie dabei vielleicht an die kinderfeindlichen Vermieter, Hausmeister und Nachbarn zu Hause).

Kopf und Haar: Der Kopf gilt als heilig. Es ist daher tabu, den Kopf eines anderen zu berühren. Lassen Sie sich auch nicht dazu verleiten, den Kopf eines kleines Kindes zu tätscheln.

Kritik gilt es zu vermeiden. Erscheint sie unbedingt notwendig, sollte man sie diskret und feinfühlig äußern. Man sollte sie niemals direkt an eine Person richten und nicht in der Öffentlichkeit, auch nicht vor einzelnen Zeugen, kundtun.

Lachen ist in Indonesien oft zu hören. Es drückt jedoch nicht immer Erheiterung und Befreiung aus, sondern gibt häufig auch Gefühle wie Nervosität, Angst, Verlegenheit, Entschuldigungsbereitschaft, Wut oder Trauer wider. Seien Sie hellhörig, um je nach Lage die Bedeutung des Lachens zu verstehen.

Lächeln ist schön, macht schön und sichert die Oberflächenharmonie. Lächeln auch Sie – heimgekehrt, werden Sie das Lächeln vermissen.

Lärm entsteht bedauerlicherweise durch Autos und Hunde und erlaubterweise durch Kinder. Wird ein ernsthaftes Thema besprochen, sollte die Stimme verhalten, sanft und ruhig klingen. Laute Stimmen gelten als brutal und aggressiv.

Namen: Wenn Sie vorgestellt werden oder sich selbst vorstellen, sollten Sie Ihren Namen klar und deutlich aussprechen. *Vice versa* können Sie einen Indonesier ruhig bitten, seinen Namen zu wiederholen. Allerdings verbietet es die soziale Etikette, Ihre/n Gastgeber/in später nach den Namen der Gäste zu fragen.

Parties: Viele westliche Ausländer neigen dazu, alle sozialen Feiern als »Parties« zu bezeichnen. Für Indonesier sind die wichtigsten »Parties« zeremonielle Feste.

Reis ist das Hauptnahrungsmittel aller Indonesier. Er ist dem Auge wie ein grünes, wogendes Meer, ist neben der Sprache über den Magen das Bindeglied der Nation, inspiriert Maler und Sänger ...

Schenken macht Freude. Wenn Sie privat zum Essen oder einer Feier eingeladen werden, sollten Sie bei Ihrer Ankunft der Gastgeberin ein kleines Geschenk (Leckereien oder Blumen) überreichen. Erwarten Sie nicht, daß Geschenke vor Ihren Augen geöffnet werden und man Ihnen dafür Dank ausspricht.

Schuhe werden meistens an der Eingangstür abgestreift.

Schweinefleisch wirkt auf jeden Muslim wie ein Brechmittel; bei balinesischen Hindu gilt dies für Rindfleisch. Denken Sie als (möglicher) Gastgeber an diese Widersprüche und Besonderheiten.

Sitzordnung: Wenn man Ihnen diskret oder offensichtlich einen Platz zuweist, sollten Sie ihn beibehalten und nicht im Sinne westlicher Höflichkeit einem anderen anbieten.

Sprache: Viele Indonesier können sich außer in Englisch auch in Holländisch, Deutsch und Französisch und anderen Sprachen verständigen. Man wird es allerdings sehr schätzen und Ihnen auch dabei helfen, wenn Sie versuchen, sich in *Bahasa Indonesia* zu unterhalten. Denken Sie daran, daß diese Sprache Sinnbild der Einheit des Landes ist.

Status: Sie sind Teil einer Rangordnung, ob Sie es wollen oder nicht. Sie müssen nur lernen, wie diese Rangordnung jeweils feststellbar ist und wie Sie sich in ihr einzugliedern haben.

Toiletten sind »Wasserzimmer«, also nützlich und naß. Informieren Sie sich als allererstes über die Besonderheiten der indonesischen »Bedürfnisanstalten« (Hocktoilette mit Keramikfußtritten, Spülkübelchen für die Naßhygiene etc.). Erwarten Sie kein Toilettenpapier, am besten wäre es, auch Sie gewöhnten sich an die Naßhygiene.

Überreichen (im Sinne von Geben, Weiterreichen, Empfangen) geschieht nie mit der linken Hand. Wenn Ihnen eine Dienstleistung oder ein Gegenstand in gebeugter Haltung angeboten wird – keine Panik! Die Hausangestellte (der Kellner etc.) leidet nicht an einer Kolik, sondern drückt vielmehr auf traditionelle Weise Respekt aus.

Verkehr – ein Nerven und mitunter auch Menschen tötendes Thema. Verkehrsregeln sind in der Regel dazu da, ignoriert zu werden. Die weiße Trennungslinie in der Mitte der Straße scheint nur für Ausländer vorhanden. Allgemein gilt das Recht des Stärkeren. Ansonsten: siehe nach unter Geduld!

Zeigen: Mit dem Zeigefinger auf jemanden deuten kommt einer Beleidigung gleich. Wenn Sie nicht umhin können, direkt auf jemanden zu weisen, dann tun Sie dies mit dem Daumen oder einer leichten Kinnbewegung. Üben Sie diese Gesten ruhig zunächst im stillen Kämmerlein, auch wenn Sie sich dabei wie ein Schauspieler ohne Engagement vorkommen.

Zeit: Die Indonesier nennen sie *jam karet* (»Gummi-Zeit«). Zeit ist relativ. Eine Verabredung für 3.00 Uhr kann 4.00 Uhr bedeuten. Sie als Ausländer sollten aber nicht zu spät kommen, da man Ihnen (westliche) Pünktlichkeit unterstellt.

Zuneigung in der Öffentlichkeit durch Händchenhalten, Umarmen (oder mehr) zu zeigen, dies ist zwischen den Geschlechtern tabu. Gleichgeschlechtliche Freunde/innen hingegen dürfen dies unbekümmert tun.

Zwicken: Indonesier zwicken als Zeichen von Zuneigung kleine Kinder gern sanft in die Wangen oder die Oberarme. Festeres Kneifen bedeutet Bestrafung.

Persönliche Notizen